校企合作电子商务专业精品教材
互联网＋教育改革新理念教材

网店美工与店铺装修

WANGDIAN MEIGONG YU DIANPU ZHUANGXIU

主编　张卫林　邱雪红　邓　敏

教·学
资　源

上海交通大学出版社
SHANGHAI JIAO TONG UNIVERSITY PRESS

内容提要

本书结合编者多年的网店装修实战经验和当下流行元素，按照网店装修的实际操作流程，从网店装修基础知识和软件运用两方面入手，全面、系统地介绍了利用 Photoshop、Premiere 软件对网店进行装修的实用知识和技巧，以帮助读者打造出独具特色的网店。

本书共分 10 章，内容包括：认识网店美工与店铺装修、熟悉店铺装修设计工具——Photoshop、流量引导——商品主图、精准转化——商品详情页、视觉聚焦——店铺海报、不言而信——店铺页头与页尾、锦上添花——辅助模块、相映成趣——商品短视频、PC 端电子产品店铺装修、手机端电子产品店铺装修。

本书结构编排合理、语言通俗易懂、案例翔实生动，不但注重基础知识的系统性，更强调内容的实用性，可作为各类院校电子商务相关专业的教材，也可作为相关从业人员的自学用书。

图书在版编目（CIP）数据

网店美工与店铺装修 / 张卫林，邱雪红，邓敏主编. -- 上海 : 上海交通大学出版社，2023.3
ISBN 978-7-313-27974-3

Ⅰ. ①网… Ⅱ. ①张… ②邱… ③邓… Ⅲ. ①网店－设计－教材 Ⅳ. ①F713.361.2

中国版本图书馆 CIP 数据核字（2022）第 223004 号

网店美工与店铺装修
WANGDIAN MEIGONG YU DIANPU ZHUANGXIU

主　　编：张卫林　邱雪红　邓　敏
出版发行：上海交通大学出版社　　地　　址：上海市番禺路 951 号
邮政编码：200030　　电　　话：021-64071208
印　　制：北京鑫益晖印刷有限公司　　经　　销：全国新华书店
开　　本：787mm×1092mm 1/16　　印　　张：14.25
字　　数：286 千字
版　　次：2023 年 3 月第 1 版　　印　　次：2023 年 3 月第 1 次印刷
书　　号：ISBN 978-7-313-27974-3
定　　价：69.80 元

本书编委会

主　编：张卫林　邱雪红　邓　敏
副主编：黄红兵　郑洁琼　唐智芳
刘文娟

前言

PREFACE

在“互联网＋”时代，实体经济向互联网经济转化的趋势非常明显，这种趋势使电商企业之间的竞争愈演愈烈，以至于各电商企业和电子商务平台对网店美工的技能要求越来越高。

为了更好地帮助读者了解网店美工与店铺装修，掌握网店美工装修店铺所需要的技能，我们组织专业教师和企业专家共同组成教材编写团队，编写了这本校企合作教材。

本书特色

1 春风化雨，立德树人

党的二十大报告指出：“育人的根本在于立德。”本书有机融入党的二十大精神，积极探索“价值塑造、能力培养、知识传授”三位一体的立德树人新路径，尽可能选取既对应相关知识点，又能够体现核心素养并与实际应用紧密相关的案例，将能够体现文化素养、道德修养、职业理想和职业道德等的内容潜移默化地融入知识和技能教育，努力做到既育才更育人，让学生自觉将人生追求同国家发展进步紧密结合起来。

2 校企合作，案例实用

本书在编写过程中得到了一线企业的大力支持，书中所选取的案例均与实际应用紧密相关，不仅可以使学生更好地理解和掌握所学知识，做到即学即练、学以致用，还可以锻炼学生的工作思维和实践技能，帮助学生更快地适应企业岗位。

3 全新理念，守正创新

本书采用改进的章节式结构，以“理论知识 + 实践操作 + 本章实训”的形式编写，每讲完理论知识后会安排一个精心设计的实战操作案例，使学生可以边学边练。在每章最后还安排了本章实训，让学生在学完本章内容后能对所学知识和技能进行练习和巩固。

此外，各章首页均安排有“章前导读”“知识目标”“技能目标”和“素质目标”，能够让学生在学习本章内容前做到心中有数。并且，在各章的关键位置还安排有“提示”“知识库”“实用技巧”等栏目，适时提醒学生在学习过程中需要注意的问题和重难点，拓宽学生的知识面等。

4 资源丰富，平台加持

本书将“互联网 +”思维融入教材，为每个实践操作提供了视频讲解，读者可借助手机或其他移动设备扫码观看，以便更好地理解和掌握书中内容。此外，本书还提供了书中用到的全部素材和制作的全部实例、优质课件、综合教育平台等丰富的教学资源，读者可以登录文旌综合教育平台“文旌课堂”（www.wenjingketang.com）查看和下载。如果读者在学习过程中有什么疑问，也可登录该网站寻求帮助。

本书编写队伍

本书由张卫林、邱雪红、邓敏担任主编，黄红兵、郑洁琼、唐智芳、刘文娟担任副主编。

由于编者水平有限，书中存在的不妥之处，恳请各位读者批评指正。

目录

CONTENTS

基础篇

实践篇

应用篇

基础篇

第1章 认识网店美工与店铺装修

章｜前｜导｜读

随着电子商务的不断发展，网上购物已经成为人们常用的购物方式之一。对于消费者而言，在浏览网店时，合理的店铺布局、协调的色彩搭配、与商品属性相符的店铺风格等能为其提供良好的浏览体验，进而刺激其购买欲望，迅速达成交易。由此可见店铺装修至关重要。

为了帮助大家更好地认识网店美工和学习店铺装修，本章将介绍网店美工的能力要求与岗位职责，店铺装修的作用、基本原则和基本流程，以及店铺装修规划。

知｜识｜目｜标

- 了解网店美工的能力要求与岗位职责。
- 了解店铺装修的作用、基本原则和基本流程。
- 掌握店铺的典型布局、配色技巧和常见的装修风格。

技｜能｜目｜标

- 能够搜集并分析不同旺铺的布局、配色方案和装修风格。
- 能够独立搜索并了解网店美工的发展前景。

素｜质｜目｜标

- 增强自主学习、探究学习的意识。
- 通过旺铺装修赏析，提升观察事物的能力和审美能力。
- 提高网络素养，学会利用网络搜集信息、整理信息。
- 增强爱国意识，厚植家国情怀。

1.1 初识网店美工

1.1.1 网店美工简介

网店美工是随着电商企业的发展而兴起的职业，负责网店的整体布局规划，店铺首页、商品详情页等页面的设计、制作与展示，以及商品图片处理等工作。其工作能有效提升店铺和商品的美观度、观赏性，从而吸引消费者的关注，进而提高商品点击率和成交转化率。

1.1.2 网店美工的能力要求与岗位职责

1. 能力要求

一名合格的网店美工要具有艺术表现能力和适应消费者的能力。

艺术表现能力体现在两个方面：一是艺术功底，包括扎实的美术功底、对美好事物的鉴赏能力等；二是艺术创作的能力，能够熟练使用设计工具 Photoshop、视频编辑软件 Premiere 等，将艺术性的想法具象化为实际作品。

适应消费者的能力是指通过网店页面准确地向消费者传达商品的特点并挖掘消费者真实需求的能力。其具体表现为：通过图片、文字和色彩搭配等，表达出商品的独特性；从运营的角度去思考，提升商品点击率和成交转化率等。

2. 岗位职责

（1）装修店铺。目前，各电商平台网店页面同质化严重，若想让自己的店铺在诸多店铺中脱颖而出，吸引消费者驻足，就需要构建视觉舒适而有特色的网店页面。网店美工的职责就包括对网店页面的创意设计和艺术美化，即店铺装修。

（2）美化商品图片。大部分商品图片的原片都存在偏色、暗角、瑕疵等问题，不能直接用于店铺装修。为了使商品图片呈现最佳的视觉效果，网店美工需要对商品图片进行美化。

（3）设计促销活动页面。通常，电商平台会不定期举行各种促销活动，商家可根据需要报名参加。为了增强商家在活动中的竞争力，得到消费者的青睐，网店美工需要设计出契合活动主题、美观且拥有独特亮点的促销活动页面。

（4）处理网店页面图片的减色、切片与压缩。电商平台中，店铺信息的加载速度会对消费者的浏览体验、购买欲望等产生重要影响。消费者在某一网店页面的等待、浏览时间通常在 10 秒左右。为了提升网页的加载与响应速度，就要对网店页面的图片进行减色、切片与压缩。因此，网店美工的岗位职责也包括网店页面图片的减色、切片与压缩处理。

知识库

网店美工的成长之路

通常，网店美工新手会对如何提高职业技能水平感到迷茫。为解答这一问题，下面分阶段讲述网店美工的成长之路。

第一阶段：了解店铺布局规划及运营基础知识。其中，店铺布局规划就是了解和管理页面构成模块，包括店铺招牌、导航、店铺海报等；运营基础知识包括如何推广商品、增加销量等。

第二阶段：学习并熟练使用美工常用软件，如 Photoshop、Premiere 等。

第三阶段：赏析优秀店铺装修。掌握软件操作后，若还是感觉无从下手，此时可学习优秀店铺的装修，包括页面的布局、色彩的搭配、商品的陈列、文案的组合等，以激发和培养自己的设计灵感和能力。

第四阶段：拓展行业知识，提升视觉审美。具备基本店铺装修技能后，可通过行业研究报告、专业领域网站、专业领域杂志等途径拓展行业知识，并通过多学、多看、多做提升视觉审美，最终创作出既满足消费者需求又具有自己独特风格的作品。

1.2 速识店铺装修

简单来说，店铺装修就是对网店页面进行设计与美化，它是提高成交率的重要途径。

1.2.1 店铺装修的作用

（1）**激发消费欲望，提高成交率。**在当前开放的互联网环境下，电子商务实现了线上交易，商家和消费者只需要通过电商平台就可以完成交易活动。在这种交易活动中，网店作为直接的交易场所，其装修效果会直接影响消费者的视觉体验。科学合理的店铺装修可以让整个网店的视觉效果更好，让消费者在浏览过程中获得更舒适的视觉体验，从而产生消费欲望，进而提高店铺的成交率。

（2）**提升品牌形象。**好的店铺装修能塑造店铺形象，让消费者借此识别品牌，从而加深消费者对品牌的印象。

1.2.2 店铺装修的基本原则

店铺装修不只需要将商品摆放到网店中，更需要将商品的特点、卖点、用途等都体现出来。为了更好地展示商品以引起消费者关注，在店铺装修时应遵循以下基本原则。

（1）符合商品的属性及行业特征。店铺装修前，一定要明确商品的属性（如尺寸、大小、颜色、功能等）及行业特征，在此基础上选择店铺装修时所用的色彩、插图等。例如，装修五金制品店铺时，通常用灰色（见图 1-1），以贴合五金制品颜色这一属性。

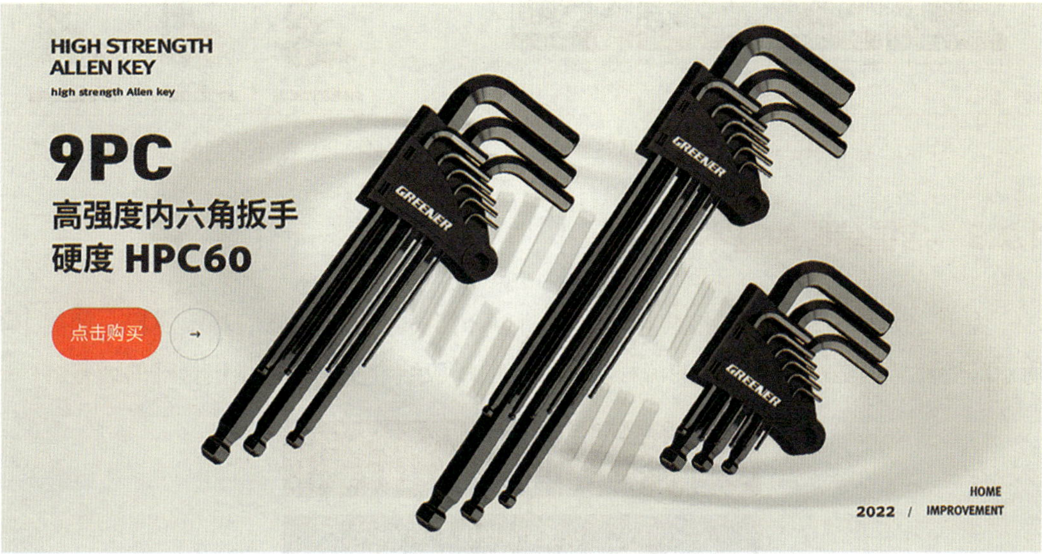

图 1-1　五金制品店铺中的海报

（2）布局合理。店铺布局一定要主次分明，确保各模块之间搭配协调，以获得视觉舒适的页面效果。

（3）色彩搭配协调。协调的色彩搭配能给人赏心悦目的感觉。通常，在店铺装修时，避免采用纯度过高的单一色彩，否则容易造成视觉疲劳；一旦确定主色，其他颜色的应用都必须与主色高度协调，以获得和谐统一的页面效果。例如，如图 1-2 所示的店铺首页页面配色杂乱，主色与搭配色无法分辨，给人眼花缭乱的感觉；如图 1-3 所示的店铺首页页面配色协调，以坚果色为主色、马卡龙色为搭配色，给人干净清爽的感觉。

（4）商品分类明确。明确的商品分类能帮助消费者快速找到需要的商品，大大提升消费者的购物体验。在店铺装修中，应将商品按照种类或价位分成不同的类别，如按照种类将服装类店铺的商品分为上衣、裤子等类别，让消费者一看分类列表就知道目标商品所在。

图 1-2　配色杂乱的店铺首页（局部）

图 1-3　配色协调的店铺首页（局部）

1.2.3　店铺装修的基本流程

为了让大家快速了解店铺装修，本节简单介绍一下店铺装修的基本流程，如图 1-4 所示。要注意的是，店铺装修的流程不是固定的，应结合实际情况做出合理的调整。

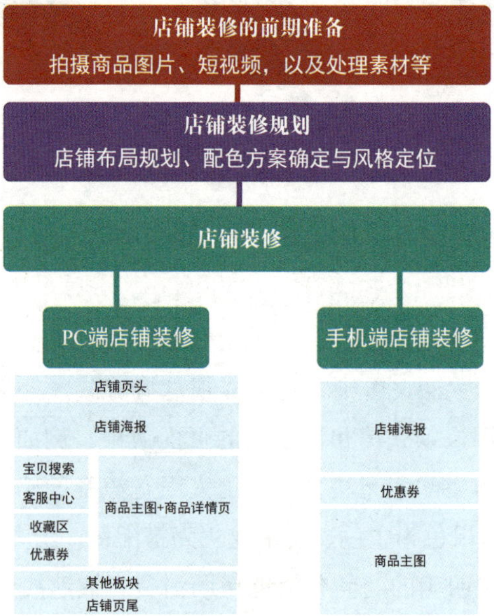

图 1-4　店铺装修的基本流程

（1）**店铺装修的前期准备**。在装修店铺之前，需要做好充分的准备，首先是收集大量的素材，包括商品图片、短视频和页面装饰素材等；然后是处理素材，包括美化商品图片、剪辑商品短视频等。

知识库

商品图片和短视频的拍摄技巧

（1）**准备并检查拍摄器材**。开拍之前，拍摄者要准备好拍摄会用到的所有器材，如相机、三脚架、照明灯、背景布、柔光箱、反光板等，并检查是否损坏，以保证拍摄的顺利完成。

（2）**确定构图方式**。在商品拍摄中，画面由商品、道具等元素组成，构图就是要在画面中处理好这些元素之间的关系，它对整个画面的视觉效果有着巨大的影响。例如，对角线构图能让商品图片显得活泼有张力，竖式构图使商品图片直观有序，如图 1-5 所示。

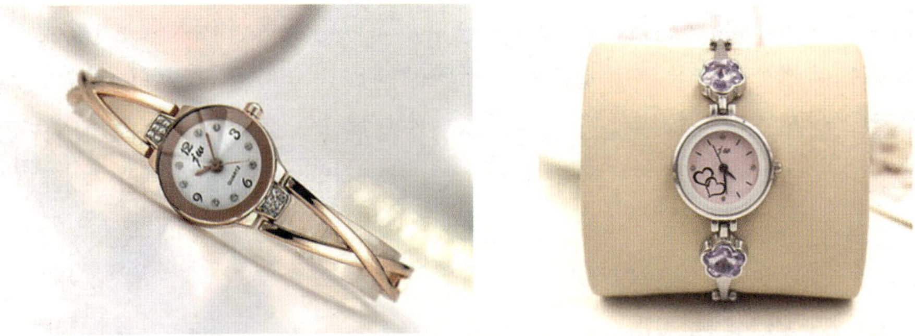

图 1-5　对角线构图和竖式构图

（3）**布置拍摄环境**。首先要根据商品大小选择合适的拍摄环境，如拍摄小件商品可选择便携式摄影棚或静物台；然后根据拍摄需要摆放商品，应注意商品摆放的位置和角度；最后为商品搭配合适的背景与道具，通常，无色（黑色、白色、灰色）的背景给人一种干净的感觉，也是棚拍时最常用的背景，有色的背景给人一种强烈的感觉，尤其是背景颜色与商品颜色形成对比时，反差感极强，而道具可选择日常生活中的常见用品，如书籍、水果、玩具等，如图 1-6 所示。

图 1-6　合适的背景与道具

（4）**布光**。众所周知，肉眼所看到的一切事物都是因为物体对光线的反射所致。拍摄商品时，要如实描述商品本身的结构、形态、颜色、质感，就要通过布光来实现。通常，拍摄反光类商品时要用柔和的光线照明，以免商品表面出现难看的光斑；拍摄吸光类商品时，如果商品表面比较细腻，可用柔和的光线照明，如果商品表面比较粗糙，可用硬朗的光线照明，以表现其质感。

另外，应尽量多拍摄一些素材，便于挑选的同时，可避免返工情况的发生。

（2）**店铺装修规划**。店铺装修规划是从页面的布局、配色、风格等方面规划店铺。其中，布局就是对店铺页面中模块的摆放位置加以设计，以达到最优的视觉效果；配色就是为店铺页面中的模块设置合适的颜色，给消费者带来愉悦的心理感受；风格其实是一种“感觉”，根据商品的属性选择合适的风格，可以将消费者代入营造的氛围中。

（3）**店铺装修**。店铺装修就是依据前面所做的规划，利用准备好的素材，对店铺中的商品主图、商品详情页等模块进行设计、制作与展示。通常，每个模块需先确定设计思路，包括色彩搭配、构图方式或布局方式等，然后用相应的软件制作出来，最后展示到店铺中。

1.3 店铺装修规划

1.3.1 店铺布局

店铺装修中涉及的页面类型较多，每类页面都有各自的功能和设计要求，其中最关键的就是店铺首页和商品详情页，它们在商品销售过程中发挥着重要作用。

（1）**店铺首页**。店铺首页是店铺的门面，代表着店铺的形象，它的装修效果会影响消费者对店铺的第一印象。店铺首页一般由页头、页中和页尾 3 个部分组成，如图 1-7 所示。

页头：是指店铺的最顶端，包括店铺招牌和导航。其中，店铺招牌包括店铺标志、品牌口号、促销信息等内容，起到展示店铺形象、信息的作用；导航通常包括商品类别和搜索框，便于消费者快速查找所需商品。

页中：是指店铺首页的中间部分，包括店铺海报、优惠券、商品展示区等。其中，店铺海报用于展示店铺活动与促销信息，以吸引消费者注意，让消费者了解店铺动态；优惠券用于展示优惠信息，引导消费者在店内消费；商品展示区用于展示店铺中出售的商品，便于消费者选购。

页尾：是指店铺的底部，内容包括店铺声明、宣传语、品牌授权认证等，目的在于提高消费者对店铺的信任度。

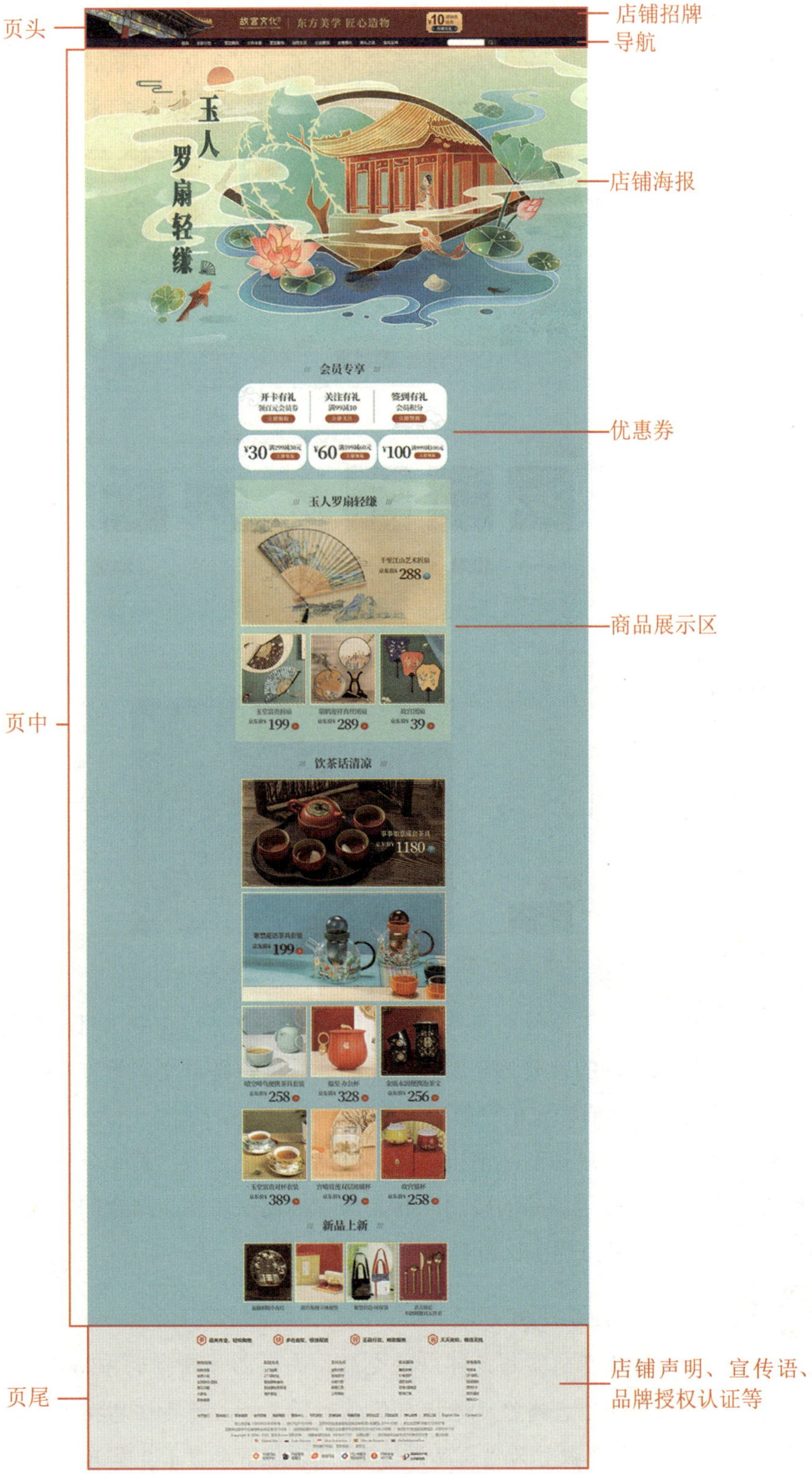
页头
店铺招牌
导航
故宫文化
东方美学 匠心造物
店铺海报
玉人罗扇轻缘
会员专享
开卡有礼
关注有礼
签到有礼
优惠券
¥30
¥60
¥100
玉人罗扇轻缘
商品展示区
288
页中
199
289
39
饮茶话清凉
1180
199
258
328
256
389
99
258
新品上新
页尾
店铺声明、宣传语、品牌授权认证等

图 1-7　店铺首页

（2）**商品详情页**。商品详情页以图片、文字、短视频的方式向消费者展示商品的规格、材质、颜色、产地、卖点等，让消费者全面了解商品，从而产生消费欲望。商品详情页一般由商品基础信息和商品描述信息两部分组成，如图 1-8 所示。

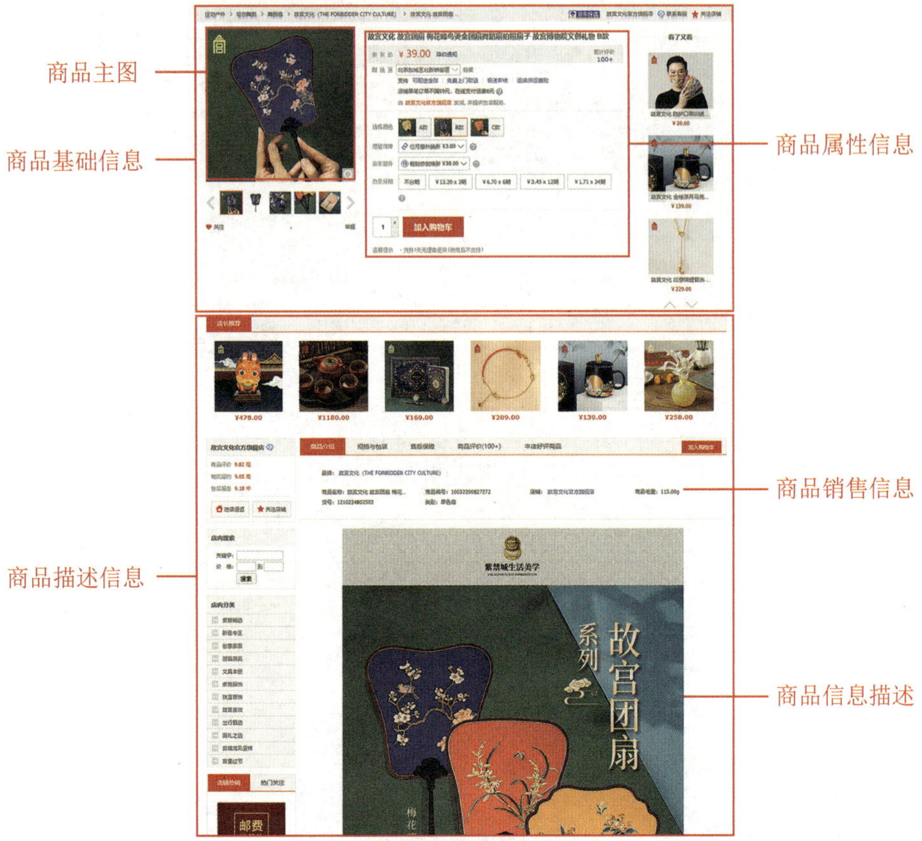

图 1-8　商品详情页（局部）

商品基础信息：主要包括商品主图和商品属性信息。其中，商品主图是以图片和短视频的方式展示商品的首要外观属性；商品属性信息是以文字的方式描述商品的主要属性，让消费者对商品有一定的了解。

商品描述信息：包括商品销售信息、商品信息描述等。其中，商品销售信息是以文字的方式向消费者传达商品的属性；商品信息描述是以图文结合的方式向消费者展示商品的材质、款式、卖点等，让消费者深入了解商品。

提　示

通常，店铺首页的布局是可以改变的，而商品详情页的布局是不可以改变的。因此，用户仅可以对店铺首页进行布局规划。另外，商品信息描述区虽然是商品详情页的一部分，但多被称为“商品详情页”（详解请参考第 4 章）。

1.3.2 店铺配色方案

色彩是影响视觉效果的重要因素，店铺配色方案对于店铺的整体装修效果是至关重要的。不同的色彩组合能够获得不同的视觉效果，要想得到满意的色彩搭配效果，就需要了解色彩的基础知识及传递的情感，掌握色彩搭配的技巧。

1. 色彩基础知识

1）色彩分类

色彩大致可以分为无彩色系与有彩色系两类，其特点如下。

无彩色系：是指金色、银色、黑色、白色及黑白两色按不同比例混合所得到的深浅各异的灰色系列。如图 1-9 所示为无彩色系中的黑白灰。

有彩色系：是指可见光谱中的红色、橙色、黄色、绿色、青色、蓝色、紫色 7 种基本色（见图 1-10）和它们之间的混合色，以及基本色与无彩色之间的混合色。

图 1-9　无彩色系中的黑白灰

图 1-10　有彩色系中的基本色

2）色彩三要素

在有彩色系中，任何一种颜色都具有色相、纯度、明度这 3 个基本属性，它们被称为色彩三要素。

色相：是指色彩的相貌，它是色彩的首要特征，用于区别不同的颜色，如红色、橙色、黄色、绿色、蓝色、紫色等，如图 1-11 所示。

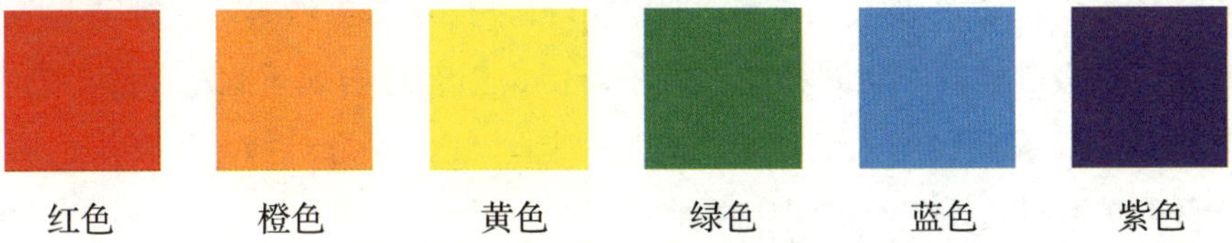

图 1-11　色相

纯度：是指色彩的纯净程度，也称饱和度、彩度或艳度。色彩纯度的高低取决于该色彩中主色和杂色的比例。主色比例越大，纯度越高，色彩越鲜艳；反之，纯度越低，色彩越暗淡。例如，若红色为主色，灰色为杂色，为红色加入不同比例的灰色后，红色的纯度变化，如图 1-12 所示。

图 1-12　纯度

明度：是指色彩的明暗程度，也称亮度或深浅度。色彩的明度有两种情况，一是同一色相的不同明度，如在同一种颜色中加入不同比例的黑色后产生不同的明暗层次（见图 1-13），二是各种色相之间的明度差别，如在同样的纯度下，黄色的明度最高，紫色的明度最低。

图 1-13　明度

综上所述，有彩色的色相、纯度、明度这 3 个基本属性是不可分割的。只有色相而无纯度和明度的色彩是不存在的；反之，只有纯度和明度而无色相的色彩也是不存在的。因此，在认识和应用色彩时，必须同时考虑这三要素。

2．色彩的视觉效应

色彩本没有具体的意象，但人们却能感受到色彩传递的情感，这是因为人们在这个五彩缤纷的世界中积累了许多关于色彩的视觉经验，当这些经验与外来色彩产生一定的呼应时，就会在人们的心理上引发某种情绪，这就是色彩带给人的视觉效应。因此，在店铺装修配色时，应根据商品的属性，恰当地使用色彩。

（1）红色系。红色易使人联想到太阳、节日、火焰、血液等，象征着喜悦、热情、自信、活泼、积极等，同时也容易令人产生恐惧、愤怒等心理感觉。以红色为主的画面视觉冲击力强，能瞬间吸引人们的目光。在我国，红色还是一种具有喜庆色彩的颜色，常用于节日促销海报及婚庆类等网店页面中。

（2）黄色系。黄色是有彩色系中明度最高、最活跃的颜色，象征着活力、轻快、开朗、辉煌、希望等（橙色是红色和黄色的中间色，其视觉效应与黄色相似），常用于童装类（见图 1-14）、食品类等网店页面中。

（3）绿色系。绿色象征着健康、自然、清新、安全，是所有色彩中最能让人放松的颜色，它对人的精神有镇静和恢复的作用，常用于化妆品类、药品类等网店页面中。

（4）蓝色系。蓝色易让人联想到高远的天空、广阔的海洋、深邃的宇宙等，象征着静谧、深邃、理智、深沉、现代等（青色是蓝色和绿色的中间色，其视觉效应与蓝色相似），常用于数码类、生活电器类等网店页面中。

图 1-14　黄色系童装店铺海报

（5）紫色系。紫色是由温暖的红色和静谧的蓝色混合而成的颜色，其视觉效应比较复杂，明度不同，表现出的情感截然不同。例如，深紫色给人神秘、忧郁等感觉；浅紫色给人清新、梦幻等感觉；而明度适中的紫色给人高贵、浪漫、优雅等感觉。在店铺装修配色中，紫色常用于首饰类、化妆品类等网店页面中。

（6）无彩色系。金色和银色是最华丽的颜色之一，恰当地使用这两种颜色有利于提升商品的品质与档次。白色象征着纯洁、神圣、干净、雅致，一些文艺、高雅的商品中，常使用白色作为画面主色，从而突显商品格调。黑色象征着深沉、庄重、严肃，属于百搭色，与其他颜色结合使用，能表现出丰富多变的效果。在店铺装修配色中，无彩色系常用于数码类（见图 1-15）、高档饰品类等网店页面中。

图 1-15　无彩色系运动耳机详情页（局部）

3. 色彩搭配技巧

（1）**色相对比的搭配**。色相环上颜色间的距离决定了色相对比的强弱。距离愈近，对比愈弱；距离愈远，对比愈强，这就是色相对比的规律。

同类色对比：色相环上相距 15° 左右的色彩称为同类色，如图 1-16 所示。同类色对比通常是同一色相中的不同纯度与不同明度的色彩对比，易产生柔和、协调的画面效果。例如，同类色对比在女士挎包海报中的应用，如图 1-17 所示。

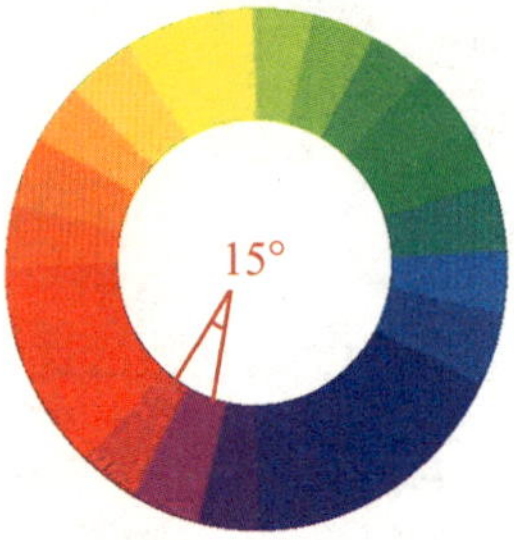

图 1-16　同类色

图 1-17　同类色对比在女士挎包海报中的应用

近似色对比：色相环上相距 30° 左右的色彩称为近似色，如图 1-18 所示。运用近似色对比的画面色调和谐统一，具有雅致、柔和的特性。例如，近似色对比在化妆品海报中的应用，如图 1-19 所示。

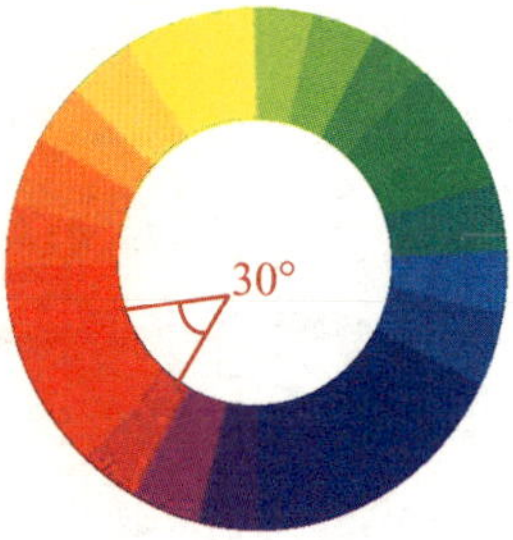

图 1-18　近似色

图 1-19　近似色对比在化妆品海报中的应用

邻近色对比：色相环上相距 60° 左右的色彩称为邻近色，如图 1-20 所示。邻近色对比拥有近似色对比的特性，又较近似色对比显得更加丰富、活泼。例如，邻近色对比在服装海报中的应用，如图 1-21 所示。

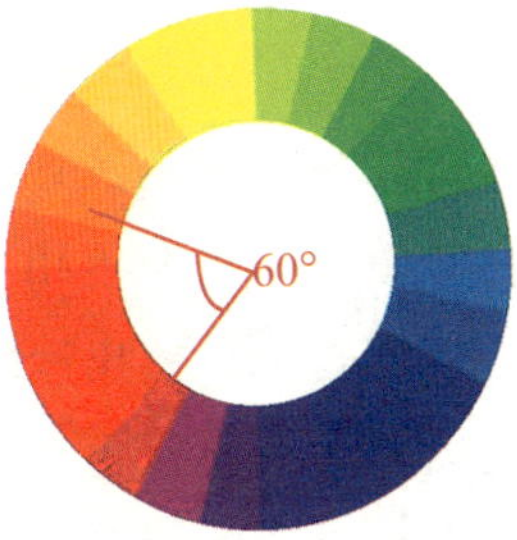

图 1-20　邻近色

图 1-21　邻近色对比在服装海报中的应用

对比色对比：色相环上相距 120° 左右的色彩称为对比色，如图 1-22 所示。运用对比色对比的画面具有醒目、饱满、动感等视觉效果。但对比色在色相环上的跨度较大，容易使人产生视觉及精神上的疲劳感，因此适当改变对比色的纯度与明度，可为画面增添和谐之感。例如，对比色对比在服装海报中的应用，如图 1-23 所示。

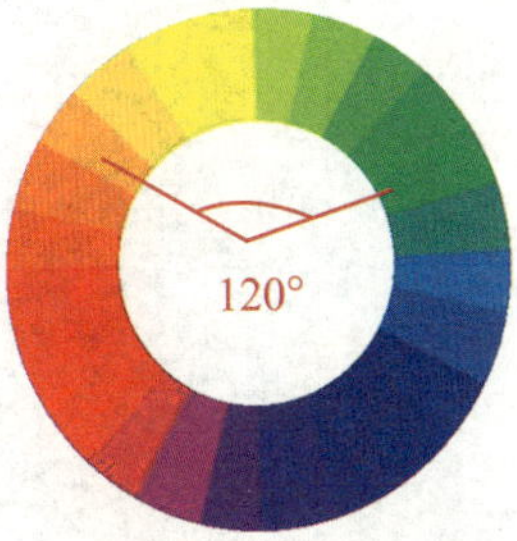

图 1-22　对比色

图 1-23　对比色对比在服装海报中的应用

互补色对比：色相环上相距 180° 的色彩称为互补色，如图 1-24 所示。互补色对比是色相对比中最强烈的色彩搭配，因此运用互补色对比的画面具有极强的视觉冲击力。例如，互补色对比在服装海报中的应用，如图 1-25 所示。

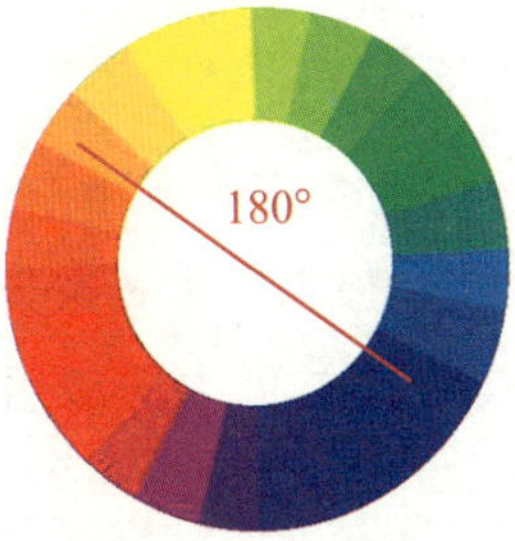

图 1-24　互补色

图 1-25　互补色对比在服装海报中的应用

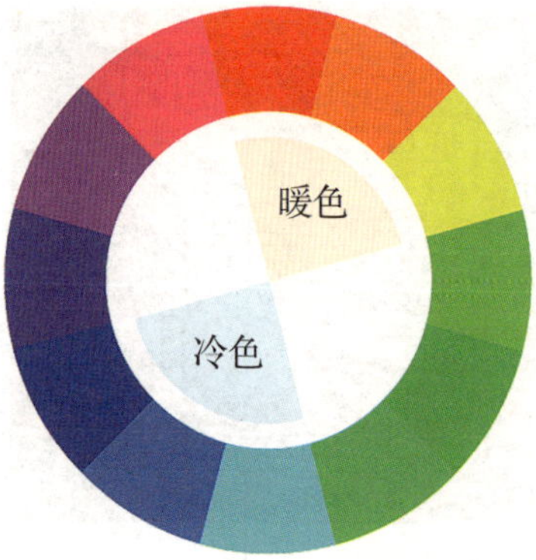

图 1-26　冷暖色彩划分

（2）冷暖对比的搭配。色彩的冷暖对比是指因色彩感觉的冷暖差异而形成的对比，色相是影响色彩冷暖的主要因素。从色彩心理学的角度来说，最冷的颜色是蓝色，最暖的颜色是橙色，蓝色与橙色是色彩冷暖的两个极端，同时也是一对互补色。如果在色相环上将冷暖的两极互相连线，就可以清楚地区分出冷暖两组色彩，即红色、橙色、黄色为暖色，蓝紫色、蓝色、蓝绿色为冷色，如图 1-26 所示。此外，绿色、紫色为中性色。

对比性暖色调：是指画面中面积最大、作用最强的色彩属于暖色调，只辅以小面积的冷色调。

对比性冷色调：是指画面中面积最大、作用最强的色彩属于冷色调，只辅以小面积的暖色调。例如，对比性冷色调在母婴用品海报中的应用，如图 1-27 所示。

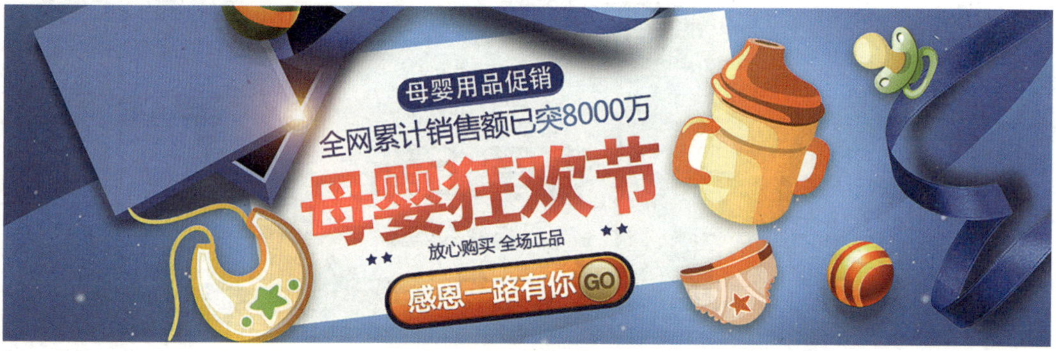

图 1-27　对比性冷色调在母婴用品海报中的应用

中性色调：是指画面中面积最大、作用最强的色彩属于中性色，只辅以小面积的冷、暖色调。

1.3.3　店铺风格

在装修店铺时，不仅要根据商品的属性恰当地使用色彩，还要为店铺选择合适的风格。下面简单介绍一下店铺装修中常见的几种风格。

（1）中国风。中国风是在中国优秀传统文化的基础上设计出的页面效果，其中蕴含大量中国元素，尽可能地为消费者展现古风古韵。这种风格在古玩、旗袍、中式家具、地方特产等类目的店铺中应用较多。例如，中国风在中式家具店铺首页中的应用，如图 1-28 所示。

图 1-28　中国风在中式家具店铺首页中的应用

（2）简约风。这种风格的店铺页面排版简约，没有过于复杂的装饰和设计，在简单、舒适处体现出页面的精致，可以使消费者更加直观地从中获取信息。简约风可以应用到各个类目的店铺中，它能满足消费者对页面简洁、易操作的需求。例如，简约风在现代家具店铺首页中的应用，如图 1-29 所示。

图 1-29　简约风在现代家具店铺首页中的应用

（3）**科技风**。科技风在家用电器、电子产品、汽车用品等类目的店铺中应用较多，这种风格常以无彩色系为主色调，从而表现出商品和店铺的高质感和时尚感。例如，科技风在家用电器店铺详情页中的应用，如图 1-30 所示。

（4）**可爱风**。可爱风在食品、儿童用品、母婴用品、家居用品等类目的店铺中应用较多，这种风格充满活力，同时给人无比甜蜜、无比幸福的感觉。例如，可爱风在母婴用品店铺首页中的应用，如图 1-31 所示。

图 1-30　科技风在家用电器店铺详情页中的应用

图 1-31　可爱风在母婴用品店铺首页中的应用

（5）**手绘风**。手绘一直是页面设计中流行的时尚元素。手绘风在食品、母婴用品、宠物用品、儿童用品等类目的店铺中应用较多，页面主要以手绘元素为主，为消费者带来浓浓的趣味。例如，手绘风在食品店铺首页中的应用，如图 1-32 所示。

图 1-32　手绘风在食品店铺首页中的应用

（6）小清新风。小清新风在服装、化妆品、饰品等类目的店铺中应用较多，塑造了一种区别于形式主义的另类页面潮流，为消费者展示了随性、舒服、自然的风格。例如，小清新风在服装店铺首页中的应用，如图 1-33 所示。

图 1-33　小清新风在服装店铺首页中的应用

1.4 店铺装修赏析

下面以京东商城鸿星尔克官方旗舰店首页（见图 1-34）为例赏析店铺装修。

店铺布局：首页页头添加了店铺标志、促销信息等内容，帮助消费者识别品牌、了解主推商品；页中以主推单品海报为引导，搭配商品分类展示、优惠券模块，引导消费者在店内消费；页尾包括店铺声明、品牌授权认证等内容，用于提高消费者对品牌的信任度。另外，整个页面使用统一的设计和陈列风格，使得页面的整体性很强，给消费者和谐、柔和的感觉。

店铺配色：店铺页面以浅蓝色为主色，呈现出清爽、洁净的视觉效果。

店铺风格：店铺页面采用简约风，没有过多的装饰，给消费者简洁、大气的感觉，同时方便消费者在页面中的观看和操作。

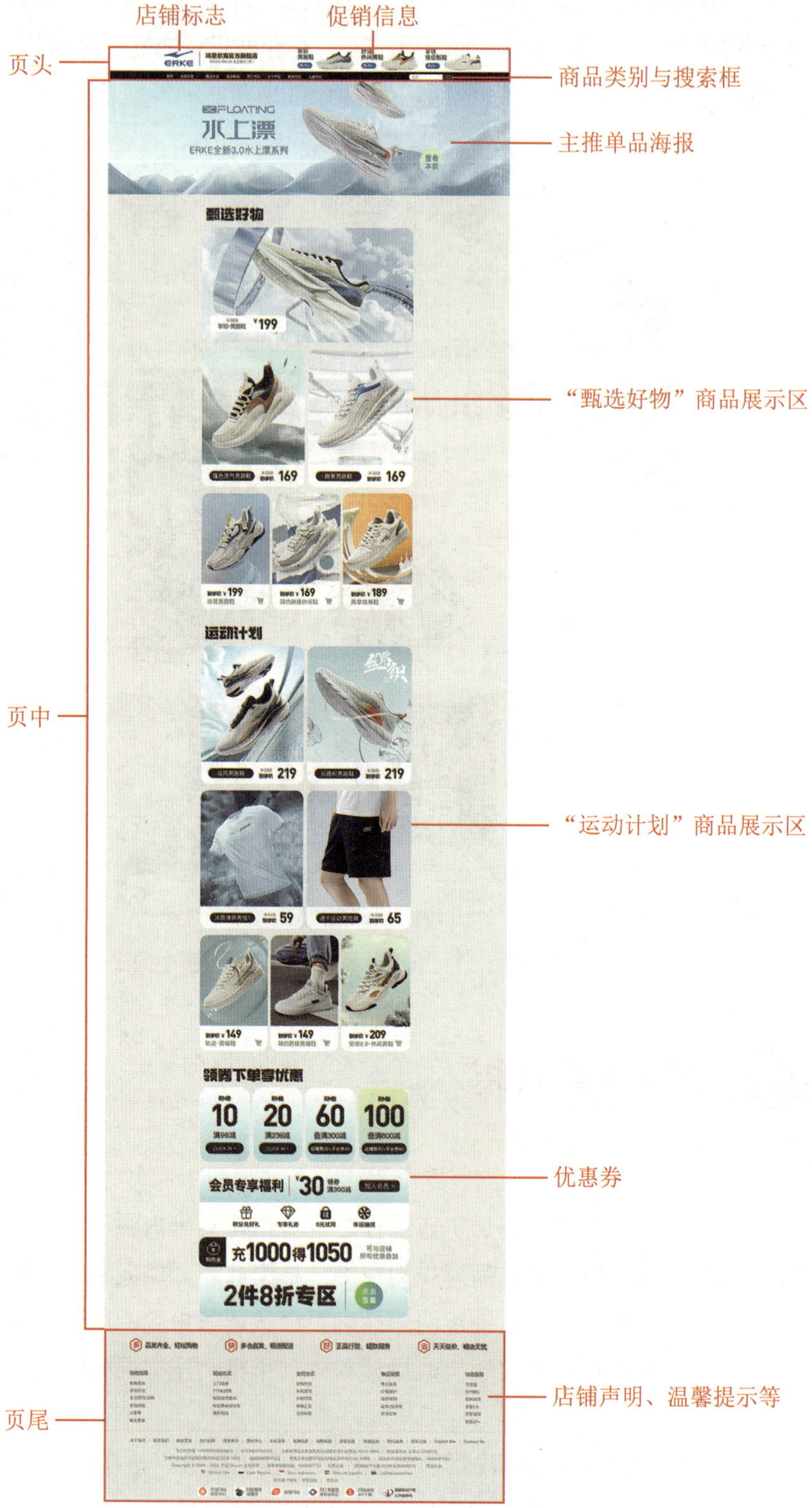

图 1-34　鸿星尔克官方旗舰店首页

培根铸魂

2021年7月，河南省遭遇特大暴雨灾情。一方有难，八方支援，众多企业以捐款、捐物等多种形式驰援河南。运动服饰品牌鸿星尔克在自身举步维艰之时，低调捐赠5 000万元物资。在这次事件中，中国人的家国情怀得到了充分的展现和诠释。

本章实训——了解网店美工的发展前景

请参照如下提示搜集资料，了解网店美工的发展前景。

（1）查找国家为扶持电子商务发展出台的政策、举办的会议（如中国电子商务大会），分析网店美工的发展前景。

（2）借助一些网站的资讯、报告了解电子商务行业情况，如全国电子商务公共服务网（https://dzswgf.mofcom.gov.cn），分析网店美工的发展前景。

（3）阅读一些关于电子商务行业深度调研及前景预测的书籍，分析网店美工的发展前景。

（4）调研网店美工相关岗位的薪资及涨幅情况，分析网店美工的发展前景。

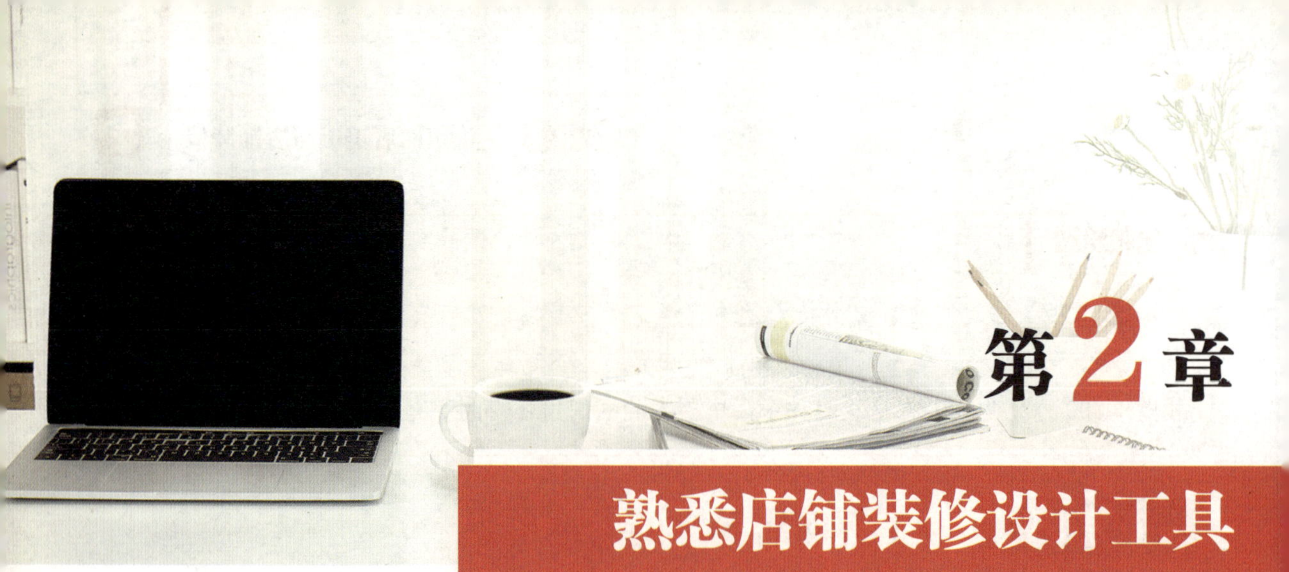

第2章 熟悉店铺装修设计工具——Photoshop

章｜前｜导｜读

精美的图片可为店铺增添光彩，使店铺在众多网店中脱颖而出，从而招徕更多的人气。而制作精美的图片需要借助一款功能强大、使用方便的设计工具——Photoshop。本章将介绍 Photoshop 的工作界面和基本操作，以及使用 Photoshop 处理店铺图片的方法与技巧。

知｜识｜目｜标

- 熟悉Photoshop工作界面。
- 掌握Photoshop中文档、图层的基本操作。
- 掌握店铺图片的处理技巧。

技｜能｜目｜标

- 能够分析图片优缺点并为其选择合适的处理方法。
- 能够独立完成图片的二次构图、修图、调色或抠图等处理。

素｜质｜目｜标

- 培养多维度思考问题的意识，提高分析问题和解决问题的能力。

2.1 熟悉 Photoshop 工作界面

使用 Photoshop（本书使用 Adobe Photoshop 2020）打开任意图片，即可进入其工作界面。Photoshop 工作界面主要由菜单栏、工具箱、工具属性栏、图像编辑区和各种面板组成，如图 2-1 所示。

图 2-1 Photoshop 工作界面

（1）**菜单栏**。Photoshop 将大部分命令分门别类地放在“文件”“编辑”“图像”“图层”“文字”“选择”“滤镜”“3D”“视图”“窗口”“帮助”11 个菜单中。要执行某项命令，只需单击相应的菜单名打开其下拉菜单，然后从中选择相应的菜单项即可。

（2）**工具箱**。Photoshop 的工具箱中包含 70 余种工具，按照用途不同，这些工具大致可分为选区制作工具、绘图工具、修饰工具、颜色设置工具及显示控制工具等。一般情况下，要使用某个工具，只需单击该工具对应的图标即可。另外，部分工具的右下角带有小三角，这表示该工具中还隐藏着其他同位工具。例如，在“钢笔工具”上按住鼠标左键不放，即可打开隐藏的工具列表，如图 2-2 所示。

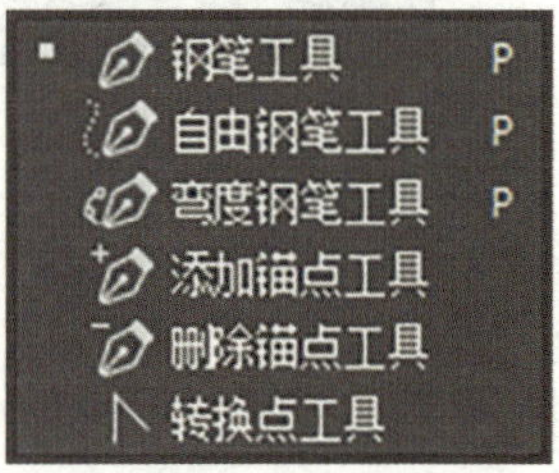

图 2-2 工具箱中隐藏的同位工具

（3）**工具属性栏**。它是工具功能的延伸与扩展。在工具箱中选择某个工具后，可在工具属性栏中对其属性和参数进行设置。

（4）**图像编辑区**。它是显示和编辑图像文档的工作区域。

（5）**面板**。Photoshop 提供了很多面板，可用于查看图像信息，调整图像颜色，管理图层、通道、路径等。

2.2 掌握 Photoshop 的基本操作

本节将介绍 Photoshop 中文档和图层的基本操作。

2.2.1 文档的基本操作

1. 新建文档

启动 Photoshop，选择“文件”→“新建”菜单项或按“Ctrl+N”组合键，打开“新建文档”对话框，如图 2-3 所示。根据需要在该对话框中设置文档名称、大小、分辨率和颜色模式等相关参数，然后单击“创建”按钮，即可创建一个新的空白文档。

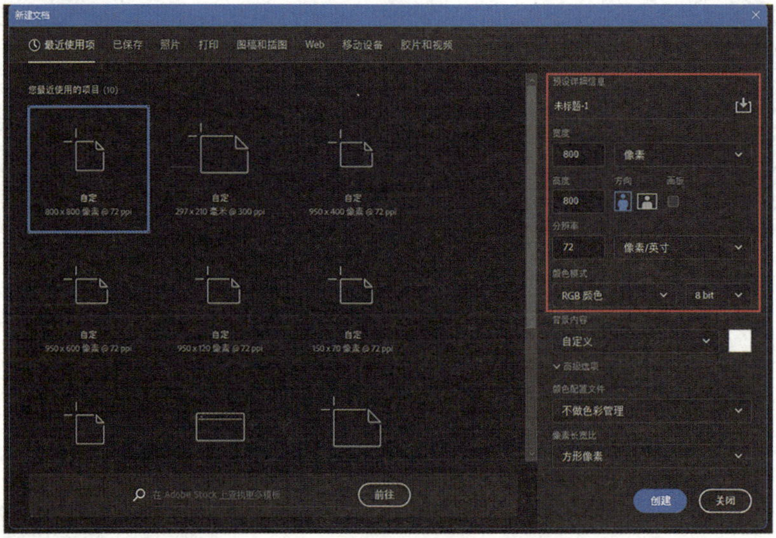

图 2-3 “新建文档”对话框

提 示

新建文档时默认选择的颜色模式是“RGB 颜色”，该颜色模式常用于屏幕显示，如电视、电脑等。

2. 打开文档

选择“文件”→“打开”菜单项或按“Ctrl+O”组合键，打开“打开”对话框，如图 2-4 所示。在该对话框中选择需要打开的文档，然后单击“打开”按钮，即可将文档打开并显示在图像编辑区中。

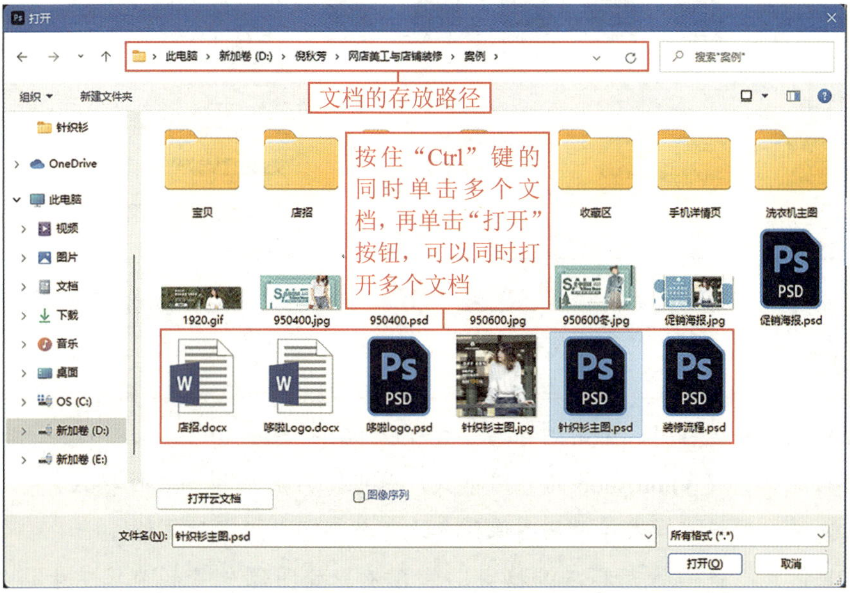

图 2-4 “打开”对话框

实用技巧

默认情况下，在 Photoshop 中新建或打开多个文档时，文档会以选项卡的形式在图像编辑区上方显示，且每个文档都有自己的标签，上面显示了文档名、显示比例和颜色模式等信息，如图 2-5 所示。要将某个文档设为当前文档，可在文档选项卡中单击该文档标签。此外，按“Ctrl+Tab”组合键也可在各文档之间切换。

图 2-5 文档选项卡

3. 存储文档

如果是第一次存储文档，可选择“文件”→“存储”菜单项或按“Ctrl+S”组合键，打开“另存为”对话框，如图 2-6 所示。在该对话框中定义文档的存放路径，设置文件名与保存类型（此处保持默认的 PSD 格式），然后单击“保存”按钮，即可存储文档。

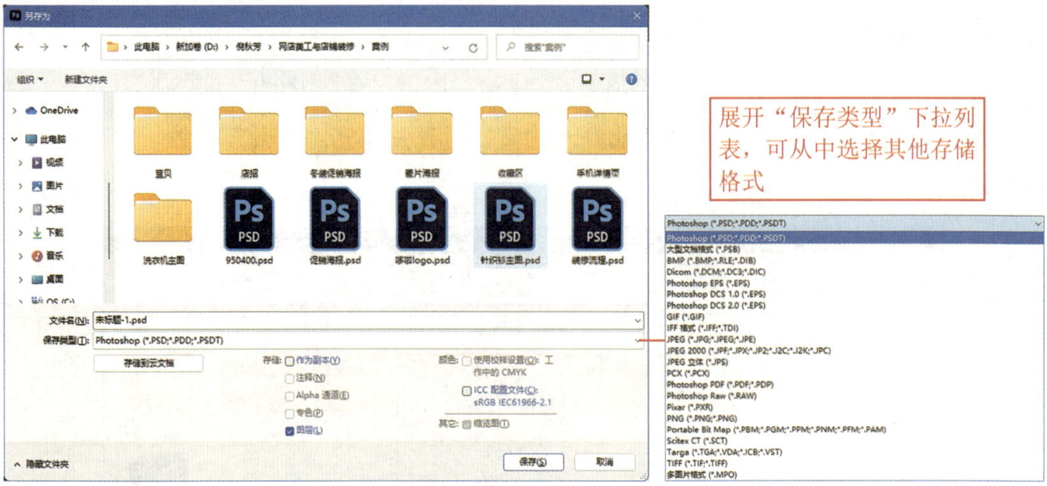

图 2-6　“另存为”对话框

知识库

在处理图片过程中，常用的存储格式有以下几种。

PSD 格式：是 Photoshop 的专用格式，是可以再次编辑的文件格式，它包含了图层、通道、蒙版、样式等原始图像信息，适合存储未完成的文档。

GIF 格式：是一种无损压缩格式，能在不影响图像质量的前提下生成很小的文件，且支持透明背景。GIF 格式的最特别之处在于，可以将多个图像存储在一个 GIF 文件里，逐帧读取即可获得连续动画。但是，由于它只支持 256 色以内的图像，因此只适合存储一些颜色数量较少的图像，如按钮、图标等。

JPEG 格式：是一种压缩率很高的图像格式，在存储图像时，能够将很多肉眼无法分辨的图像像素删除，从而高效地压缩文件。但是，由于其采用的是具有破坏性的压缩算法（有损压缩），因此该格式仅适用于存储不含文字或文字尺寸较大的图像，否则将导致图像中的字迹模糊。

PNG 格式：是一种无损压缩图像格式，可以在不影响图像质量的前提下将文件压缩到极致。这种格式的图片只需下载图像信息的 1/64 即可显示低分辨率的图像，显示速度极快，且支持透明背景。PNG 格式可以为原始图像定义 256 个透明层次，使图像边缘能与背景平滑衔接，不产生锯齿效果。

TIFF 格式：是一种应用非常广泛的图像格式，几乎所有的扫描仪和图像处理软件都支持该格式。它采用无损压缩方式存储图像信息，可支持多种颜色模式，可存储图层和通道信息，可设置透明背景。

如果不是第一次存储文档，那么执行存储操作时，将不会打开“另存为”对话框。如果想另存文档，可选择“文件”→“存储为”菜单项或按“Shift+Ctrl+S”组合键，打开“另存为”对话框，在该对话框中定义文档的存放路径，设置文件名与保存类型，然后单击“保存”按钮即可。

4. 关闭文档

选择“文件”→“关闭”菜单项或按“Ctrl+W”组合键，可关闭当前文档。如果关闭文档时，尚未对其执行存储操作，系统将会弹出提示框（见图2-7），提示是否存储该文档。

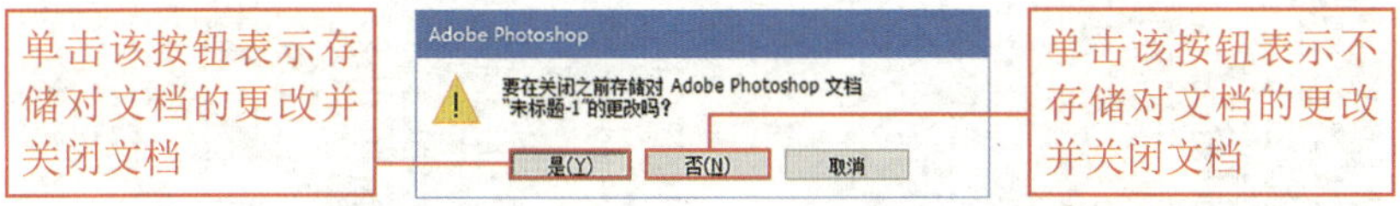

图 2-7　提示框

5. 导出文档

Photoshop 中常用的“导出”命令有两个，一个是“导出为”命令，另一个是“存储为 Web 所用格式（旧版）”命令。

（1）**导出为**。如果要导出方便查看作品效果或适合上传网络的图片，选择“文件”→“导出”→“导出为”菜单项，打开“导出为”对话框，如图2-8所示。在该对话框中可对图像的格式、品质、大小等信息进行细微的调整，此时需保证压缩后的图像依然清晰。参数设置完成后，单击“导出”按钮，将打开“导出”对话框，在其中定义图像的存放路径，设置文件名，然后单击“保存”按钮，即可导出图像。

图 2-8　“导出为”对话框

（2）存储为 Web 所用格式（旧版）。如果要导出 GIF 动画和切片，选择“文件”→“导出”→“存储为 Web 所用格式（旧版）”菜单项，打开“存储为 Web 所用格式”对话框，如图 2-9 所示。根据需要在该对话框中设置图像信息，此时同样要保证压缩后的图像依然清晰。参数设置完成后，单击“存储”按钮，将打开“将优化结果存储为”对话框，在其中定义图像的存放路径，设置文件名，然后单击“保存”按钮，即可导出图像。

图 2-9　“存储为 Web 所用格式”对话框

2.2.2　图层的基本操作

图层是一个比较抽象的概念，可以将其看作透明纸，在不同的图层上绘制或放置不同的对象（图形、图像和文本），然后将多个图层叠加起来，就组成了一幅完整的平面作品，如图 2-10 所示。用户可以单独对某个图层上的对象进行处理，而不影响其他图层。

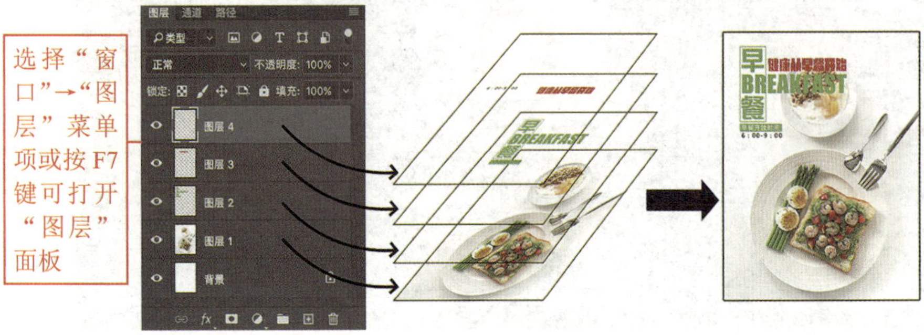

图 2-10　图层

1. 新建、复制与删除图层

新建图层：单击“图层”面板底部的“创建新图层”按钮⊞，即可在当前图层上方新建一个图层。

复制图层：单击选中“图层”面板中的图层，将其拖至面板底部的“创建新图层”按钮⊞上，释放鼠标即可复制图层，如图 2-11 所示。此外，选中图层后，选择面板菜单中的“复制图层”项或按“Ctrl+J”组合键，也可复制图层。

删除图层：要删除图层，可将选中的图层拖至面板底部的“删除图层”按钮🗑上后释放鼠标，或者选择面板菜单中的“删除图层”项。删除图层时，系统将会弹出提示框（见图 2-12），提示是否删除图层。

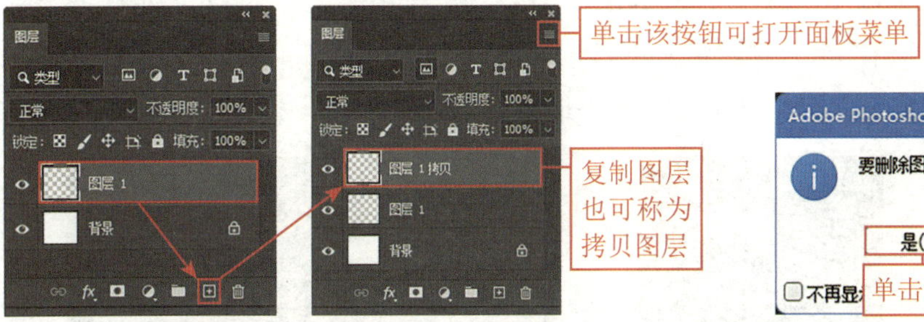

图 2-11 复制图层

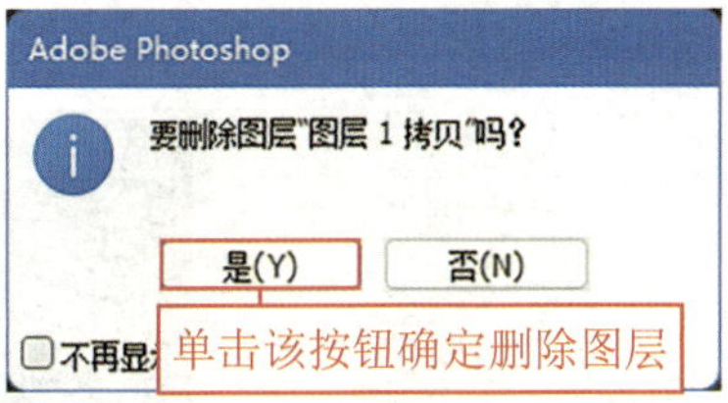

图 2-12 提示框

2. 显示与隐藏图层

默认情况下，图层为显示状态（图层左侧的眼睛图标呈打开状态👁），单击眼睛图标👁可隐藏图层，此时该图层中的对象不可见（图层左侧的眼睛图标成关闭状态■），再次单击眼睛图标■可重新显示被隐藏的图层。

当文档中图层较多，而用户只想查看某个图层时，逐个隐藏其他图层实在太麻烦，这时按住“Alt”键并单击想要单独显示图层的眼睛图标👁后，除该图层外的其他图层都将被隐藏。如果想要恢复显示所有图层，可重复上述操作。此外，按住“Shift”键并分别单击连续图层中的首尾两个图层，可以选中多个连续图层，或者按住“Ctrl”键的同时依次单击多个不连续的图层，可以将它们同时选中，然后在这些图层中的任一眼睛图标👁上右击，从弹出的快捷菜单中选择“隐藏本图层”项可隐藏多个图层。

3. 锁定与解锁图层

在制作平面作品时，如果有些图层已经完成编辑，不再需要改动，此时可使用锁定图层命令将这些图层锁定，以免编辑其他图层时误操作。

首先选中需要锁定的图层，然后单击“图层”面板中的“锁定全部”图标🔒，此时图层右侧出现🔒图标，表示该图层已被锁定，将不能进行任何编辑。若想解锁图层，重复上述操作或单击图层右侧的🔒图标即可。

4. 图层编组与取消编组

在制作较复杂的平面作品时，如果逐个图层做标记、重命名，显然太麻烦，此时可对图层编组，便于后期同时对多个图层进行编辑。图层编组最快捷的方法是选中要编组的图层后按“Ctrl+G”组合键。取消编组最快捷的方法是右击图层组，从弹出的快捷菜单中选择“取消图层编组”项。

5. 调整图层排列顺序

位于“图层”面板上方图层中的对象将覆盖下方图层中的对象，调整图层的排列顺序，可改变图像的显示效果。

要调整图层的排列顺序，首先要选中图层，然后按“Ctrl+]”组合键可将其上移一层（见图 2-13），按“Ctrl+[”组合键可将其下移一层，按“Shift+Ctrl+]”组合键可将其移至最顶层，按“Shift+Ctrl+[”组合键可将其移至最底层（背景图层上方）。

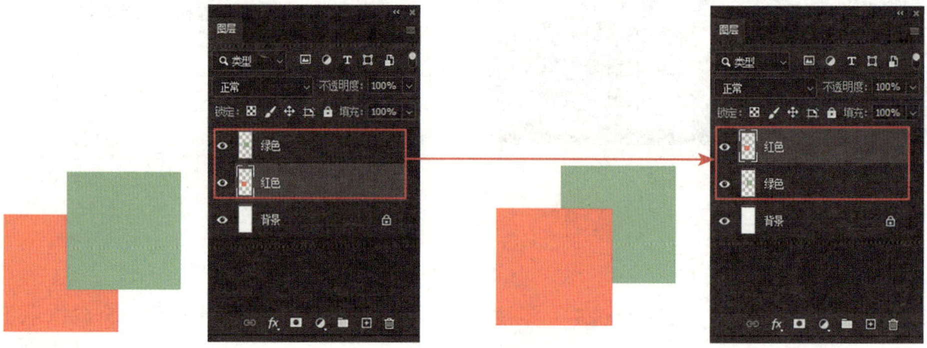

图 2-13　调整图层排列顺序

2.3 店铺图片处理技巧

店铺图片处理技巧包括二次构图、修图、调色、抠图等。

2.3.1 二次构图

1. 重置图片大小

电商平台通常对上传图片的大小有要求，这是为了保证图片能够在网络中快速地传输与显示。因此，在获取拍摄的商品图片素材之后，大多数情况下需要先对其的大小进行重置，使其符合店铺装修的需要。

打开图片，选择“图像”→“图像大小”菜单项，打开“图像大小”对话框，在其中重新设置图像的宽度、高度、分辨率等，然后单击“确定”按钮，即可完成图片大小的重置，如图 2-14 所示。

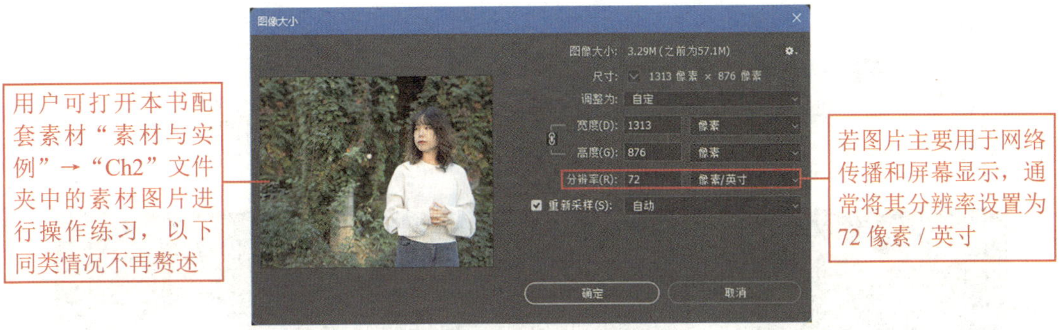

图 2-14 设置图像参数

知识库

> 像素（pixel）是一个有着固定位置和色彩数值的小方格子，是组成图像的基本单位，它的多少决定了图像的大小［图像大小 = 宽度（像素）× 长度（像素）］。此外，像素在单位面积上的密度（点密度）决定了图像的分辨率，单位面积内像素个数越多，分辨率越高，图像质量越高；相反，单位面积内像素个数越少，分辨率越低，图像质量越低。

2. 裁去图片多余部分

在拍摄商品图片的过程中，可能会拍摄到过多的周边环境，如果在店铺中直接使用该图片，会使消费者降低对商品的关注度，这时就需要裁去图片中多余的部分，重新定义图片的构图。

打开图片，选择工具箱中的“裁剪工具”，在图像编辑区中可以看到图片周围自动添加了一个裁剪框，单击并拖动裁剪框的边线，就可以调整裁剪框的大小。完成裁剪框的调整后，按“Enter”键即可裁去图片多余部分，如图 2-15 所示。

图 2-15 裁去图片多余部分

实用技巧

使用“裁剪工具”还可以解决图片倾斜问题。首先打开倾斜图片，然后选择“裁剪工具”，当显示裁剪框后，将鼠标移至裁剪框四角中的任意一角，当光标呈↻状时单击并拖动鼠标旋转图片至合适角度后释放，最后按“Enter”键确认即可，如图 2-16 所示。

图 2-16　校正倾斜的图片

2.3.2　修图

1. 去除图片中多余元素

在拍摄商品图片时，难免会将一些杂物收入画面中，只有将其去除，才能更好地突出商品。Photoshop 提供了“修复画笔工具”、“污点修复画笔工具”、“修补工具”等去除图片中多余元素的工具，用户可以根据图片的实际情况灵活使用。

方法 1：打开图片，选择“仿制图章工具”，在工具属性栏中设置画笔大小及硬度后，按住“Alt”键的同时单击干净的墙面进行取样，然后释放“Alt”键，接着在瑕疵处涂抹，此时瑕疵被取样图像覆盖，如图 2-17 所示。

方法 2：选择“修复画笔工具”，在工具属性栏中设置画笔属性后，按住“Alt”键的同时单击干净的墙面进行取样，然后释放“Alt”键，并在瑕疵处涂抹，即可将其去除，如图 2-18 所示。

图 2-17　使用“仿制图章工具”去除瑕疵

图 2-18　使用“修复画笔工具”去除瑕疵

提 示

“仿制图章工具”和“修复画笔工具”的用法相同。不同的是，使用“修复画笔工具”修复的图像边缘与周围环境融合效果更好，这是因为“修复画笔工具”有一定的智能性，能使修复的图像边缘自动与周围环境进行融合。使用“仿制图章工具”和“修复画笔工具”处理图片的效果对比如图 2-19 和图 2-20 所示。

图 2-19　使用“仿制图章工具”处理效果

图 2-20　使用“修复画笔工具”处理效果

方法 3：选择“修补工具”，在瑕疵周围圈选以绘制选区，然后将带有箭头的光标置于选区中，接着按住鼠标左键并将其拖至干净的墙面上后释放鼠标，此时选区中的瑕疵会被干净的墙面替换，最后按“Ctrl+D”组合键取消选区完成修复，如图 2-21 所示。

图 2-21 使用“修补工具”去除瑕疵

2. 美化模特皮肤

通常，化妆品、饰品等类别的商品会通过模特展示使用或穿戴效果，如果模特皮肤有瑕疵，会影响商品图片美观，此时可用“污点修复画笔工具”、模糊命令等进行处理。

（1）祛痣祛斑祛痘。打开图片，选择“污点修复画笔工具”，在工具属性栏中设置画笔大小（画笔大小最好大于要修复的区域），然后分别在面部和脖子上的痣处单击或涂抹，即可将其去除，如图 2-22 所示。

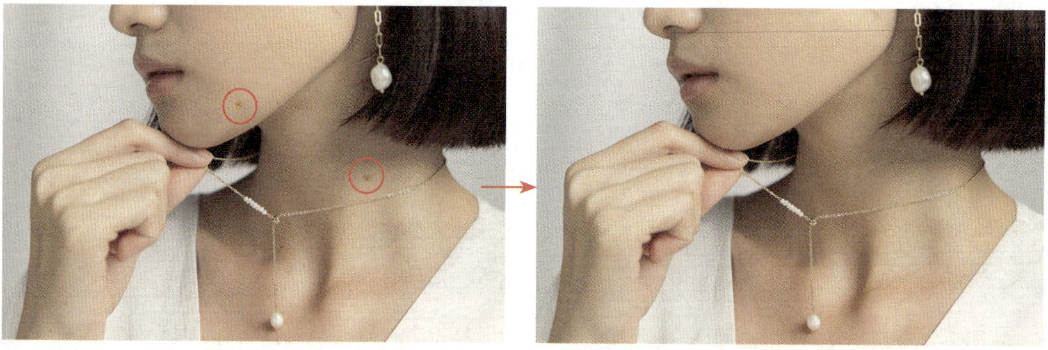

图 2-22 祛 痣

（2）磨皮。打开图片，按“Ctrl+J”组合键复制一个图层，然后选择“滤镜”→“模糊”→“高斯模糊”菜单项，打开“高斯模糊”对话框，在其中设置“半径”值（一般为 8 像素），单击“确定”按钮模糊图像，接着在按住“Alt”键的同时单击“图层”面板底部的“添加图层蒙版”按钮，添加黑色图层蒙版，最后选择“画笔工具”，设置前景色为白色，自定义画笔大小与不透明度（一般为 40%）后涂抹模特面部即可磨皮，如图 2-23 所示。

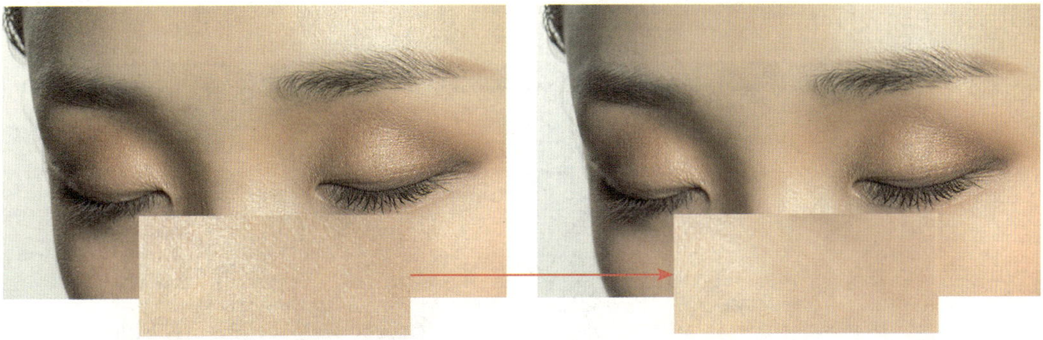

图 2-23 磨 皮

提 示

磨皮时，不要涂抹模特脸颊边缘、鼻梁等位置，否则会使其面部失去立体感；也不要涂抹模特嘴唇、眼睛、眉毛、头发等位置，否则会使其失去质感。

3. 修饰模特脸部与身形

对于服装类商品来说，通常会由模特进行穿着展示，让消费者产生代入感，从而促进商品销售。但在实际拍摄中，会因模特自身问题，使得拍摄出的商品图片达不到预期的视觉效果，这时可利用“液化”命令对模特进行修饰。

打开图片，选择“滤镜”→“液化”菜单项，打开“液化”对话框，展开“人脸识别液化”设置区，再展开“脸部形状”设置区，向左拖动“下颌”滑块，或者在“下颌”编辑框中输入相应参数，此处为 -100，为模特瘦脸，然后展开“眼睛”设置区，在“眼睛大小”两个编辑框中分别输入相应参数，此处为 100，放大模特眼睛，如图 2-24 所示。

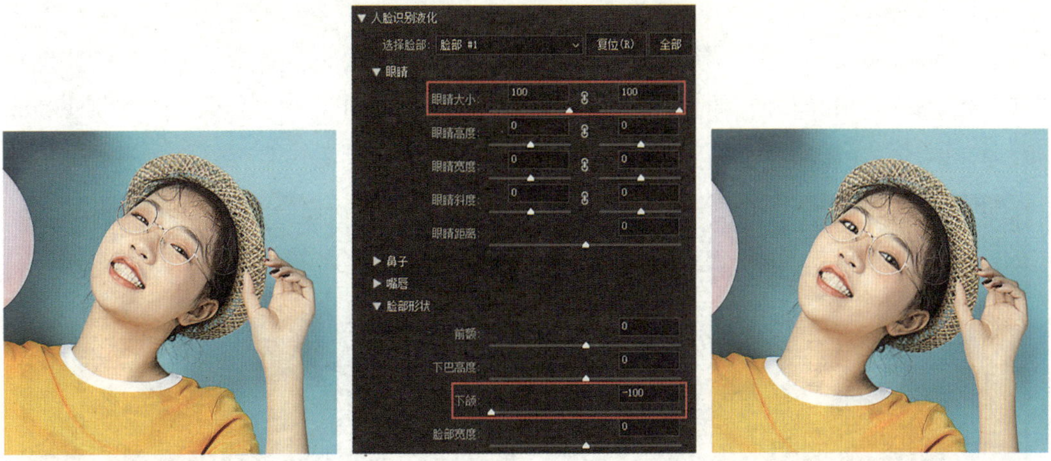

图 2-24 瘦脸与放大眼睛

选择对话框左侧工具箱中的“向前变形工具”，自定义画笔大小后，沿模特腰部外轮廓向内轻轻推动，为模特瘦身（见图 2-25），最后单击“确定”按钮完成修饰。

图 2-25　瘦　身

2.3.3　调色

拍摄商品时，可能因光线、角度等问题，导致拍摄的商品图片出现偏色、曝光不足等情况，这时就需要通过调色处理，还原商品真实的样貌。

1. 快速调整图片色调

在 Photoshop 中，利用“图像”下拉菜单中的“自动色调”命令，可以自动将图像每个颜色通道中最亮和最暗的像素分别映射到纯白和纯黑中，中间像素值按比例重新分布，从而调整图像的色调，如图 2-26 所示。

图 2-26　快速调整图片色调

2. 调整曝光不足的图片

打开图片，选择“图像”→“调整”→“曝光度”菜单项，打开“曝光度”对话框，其中有3个关键调整项，分别是“曝光度”“位移”“灰度系数校正”，分别用于调整图像的高光、阴影和中间调。根据图片的实际情况设置相应的调整项参数，即可改善图片曝光不足的情况，如图2-27所示。

图2-27 调整曝光不足的图片

实用技巧

“曝光度”命令除了可以通过菜单栏调用，还可以通过“调整”面板调用。选择“窗口”→“调整”菜单项，打开“调整”面板（见图2-28），单击该面板中的“创建新的曝光度调整图层”按钮，在添加一个调整图层的同时会打开“曝光度”调整面板（见图2-29），其中所有调整项与“曝光度”对话框中相同。

图2-28 “调整”面板

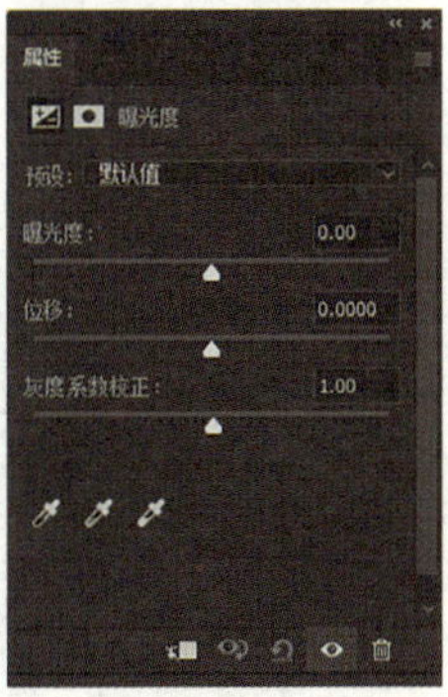

图2-29 “曝光度”调整面板

3. 校正偏色的图片

利用“色彩平衡”命令可以快速校正偏色的图片。打开图片，选择“图像”→“调整”→“色彩平衡”菜单项，打开“色彩平衡”对话框，其中有3个颜色滑块，每个滑块的两端分别对应一组互补色，拖动不同的颜色滑块，可改变对应两种色彩的比例，从而校正图片偏色问题。

例如，向右拖动“色彩平衡”对话框中的“青色 - 红色”滑块，可减少画面中青色的比例，使画面偏红、偏暖，如图 2-30 所示。

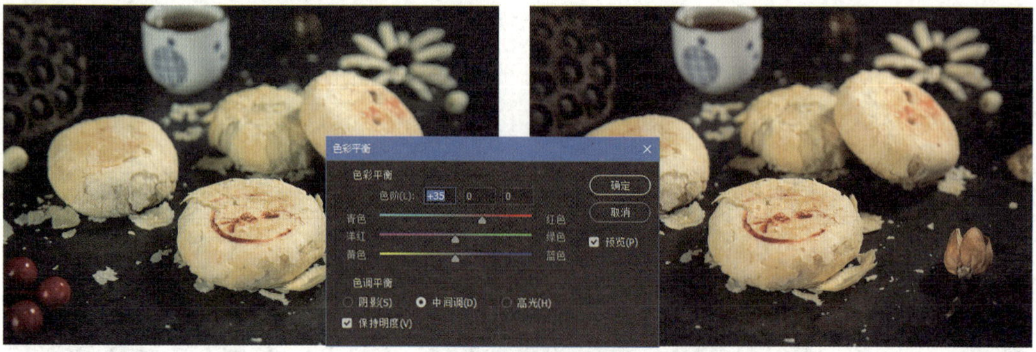

图 2-30　校正偏色的图片

4. 精确调整图片中的某个色系

利用“色相/饱和度”命令可精确调整商品图片中的某个色系。打开图片，选择“图像”→“调整”→“色相 / 饱和度”菜单项，打开“色相 / 饱和度”对话框，其中主要的调整项有色相、饱和度和明度。在“全图”下拉列表中有“全图”“红色”“黄色”“绿色”“青色”“蓝色”“洋红”7 种通道，想要调整哪种色系就选择相应的通道。

例如，要将图片中的蓝色调成红色，可在“全图”下拉列表中选择“蓝色”项，然后向右拖动“色相”滑块，将蓝色改为红色，接着向右拖动“饱和度”滑块，增加红色的饱和度，最后向右拖动“明度”滑块，提高红色的亮度，如图 2-31 所示。

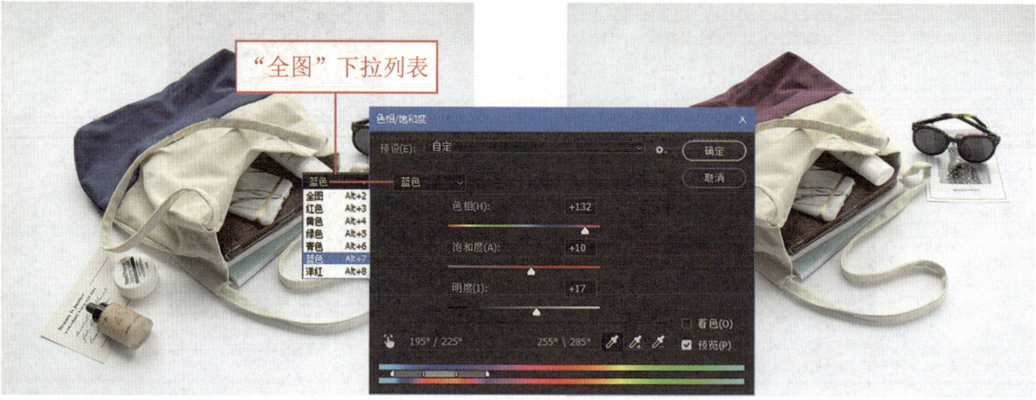

图 2-31　精确调整图片中的某个色系

2.3.4　抠图

抠图是利用不同的抠图工具和命令把图片中想要保留的区域精准地抠取出来，为后期合成做准备。

1. 抠取单色背景中的商品

单色背景的商品图片可直接使用“快速选择工具”、“魔棒工具”抠取商品，其抠取方法基本相同。打开图片，选择“魔棒工具”，在背景区域单击以创建选区，然后按“Shift+Ctrl+I”组合键反选选区，接着按“Ctrl+J”组合键复制选区内容，此时可隐藏“背景”图层，以便观察抠图效果，如图2-32所示。

图2-32　抠取单色背景中的商品

实用技巧

按“Ctrl+J”组合键复制选区内容能起到保存选区的作用，避免因误操作导致花费大量时间抠出的对象丢失。

2. 抠取轮廓清晰的商品

如果商品图片背景较为复杂，但商品轮廓清晰，且与背景对比明显，可先使用“磁性套索工具”创建选区，再抠取商品。打开图片，选择“磁性套索工具”，在商品边缘任意一点单击创建锚点（起点），然后沿着商品边缘移动光标，此时光标经过处会产生一定数量的锚点，当光标回到起点处时再次单击即可创建选区，接着按“Ctrl+J”组合键复制选区内容，最后隐藏“背景”图层，观察抠图效果，如图2-33所示。

图2-33　抠取轮廓清晰的商品

3. 抠取杂乱背景中的商品

当商品图片中商品轮廓和背景都比较复杂，且分界不明显时，可利用“钢笔工具”来抠图。下面以汽车的抠取为例，讲解杂乱背景中商品的抠取方法。

步骤 1 打开本书配套素材“素材与实例”→“Ch2”文件夹中的“杂乱背景商品.jpg”文件，选择“钢笔工具”，在工具属性栏的“选择工具模式”下拉列表中选择“路径”项，然后在汽车边缘单击创建锚点，接着在汽车边缘的其他位置（邻近已创建的锚点）单击继续创建锚点（单击并拖动鼠标可创建平滑的锚点），此时两个锚点之间形成路径，重复此操作直至描摹整个汽车，如图 2-34 所示。

图 2-34　绘制路径

步骤 2 按“Ctrl+Enter”组合键将路径载入选区，选择“选择”→“选择并遮住”菜单项，进入一个专门的调整界面，在界面右侧的“视图”下拉列表中选择“图层”项，设置“平滑”为 7，“羽化”为 1.3 像素，单击“确定”按钮细化选区。

步骤 3 单击工具箱中的“以快速蒙版模式编辑”按钮，进入快速蒙版编辑状态，在确保前景色为白色的前提下，选择“画笔工具”，设置画笔大小为 500 像素，硬度为 0%，不透明度为 60%，然后涂抹汽车阴影。涂抹完成后，单击工具箱中的“以标准模式编辑”按钮，可以看到已将汽车阴影添加到选区，如图 2-35 所示。

图 2-35　将阴影添加到选区

步骤 4 按“Ctrl+J”组合键复制选区内容，将背景图层填充为白色，效果如图 2-36 所示。

图 2-36 汽车抠图效果

4. 抠取半透明商品

使用一般的抠图工具抠取半透明商品（如玻璃杯、婚纱、冰块等）时，很难得到想要的半透明效果，此时可结合通道进行抠图。下面以玻璃杯的抠取为例，讲解半透明商品的抠取方法。

步骤 1 打开本书配套素材“素材与实例”→“Ch2”文件夹中的“半透明商品.jpg”文件，使用“钢笔工具”沿着杯子轮廓绘制路径，如图 2-37 所示。按“Ctrl+Enter”组合键将路径载入选区，然后单击“通道”面板底部的“将选区存储为通道”按钮，将选区保存在 Alpha 通道中，如图 2-38 所示。

图 2-37 绘制路径

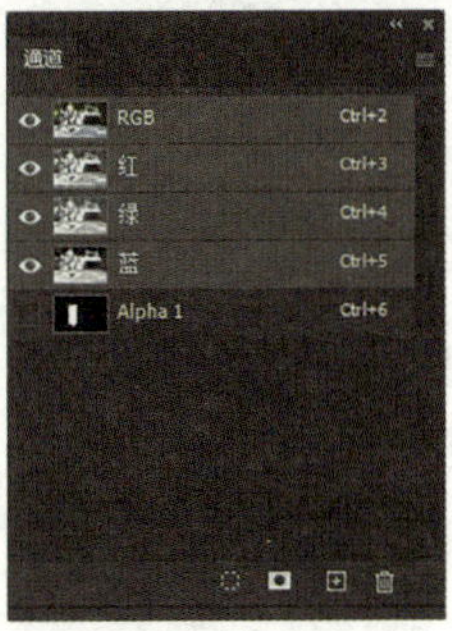

图 2-38 将选区保存在 Alpha 通道中

步骤 2 选择“红”通道，单击面板底部的“将通道作为选区载入”按钮，创建选区，如图 2-39 所示。按“Ctrl+C”组合键复制选区内容，在“图层”面板中新建一个图层并重命名为“红”，然后按“Ctrl+V”组合键粘贴选区内容，接着隐藏“背景”图层观察抠图效果，如图 2-40 所示。

图 2-39　将红色通道作为选区载入

图 2-40　复制选区内容

步骤 3　按住“Ctrl”键的同时，单击“通道”面板中的 Alpha 1 通道缩览图，载入步骤 1 中创建的选区，保持“红”图层处于选中状态，按“Shift+Ctrl+I”组合键反选选区，然后按“Delete”键删除杯子之外的部分，接着按“Ctrl+D”组合键取消选区，如图 2-41 所示。

步骤 4　按住“Ctrl”键的同时，单击“红”图层缩览图，将杯子载入选区，然后将前景色设置为红色（#ff0000），按“Alt+Delete”组合键填充杯子，接着按“Ctrl+D”组合键取消选区，最后将“红”图层混合模式设置为“变亮”，效果如图 2-42 所示。

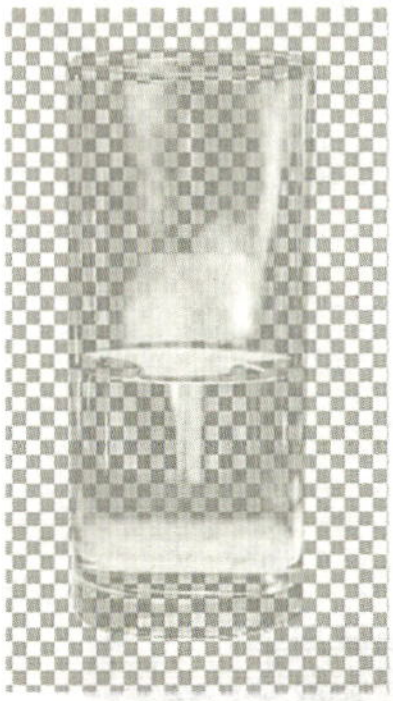

图 2-41　删除杯子之外的部分

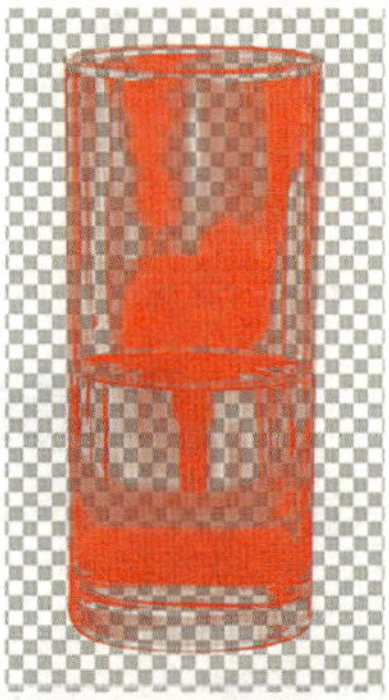

图 2-42　将杯子填充为红色并设置其图层混合模式

步骤 5　显示“背景”图层，并将其选中。选择“通道”面板中的“绿”通道，采用步骤 2 的方法，将通道作为选区载入，然后复制选区内容，接着在“图层”面板中创建一个新图层并命名为“绿”，最后将选区内容粘贴到图层中。

步骤 6　隐藏“红”和“背景”图层，采用步骤 3 的方法，删除杯子之外的部分。采用步骤 4 的方法，将杯子填充为绿色（#00ff00），并设置“绿”图层混合模式为“滤色”，效果如图 2-43 所示。

步骤 7　显示“背景”图层，并将其选中。选择“通道”面板中的“蓝”通道，将其作为选区载入，然后复制选区内容并将其粘贴到新建的“蓝”图层上，接着删除杯子之外的部分，并将杯子填充为蓝色（#0000ff），最后设置“蓝”图层混合模式为“滤色”，效果如图 2-44 所示。

图 2-43　将杯子填充为绿色并设置其图层混合模式

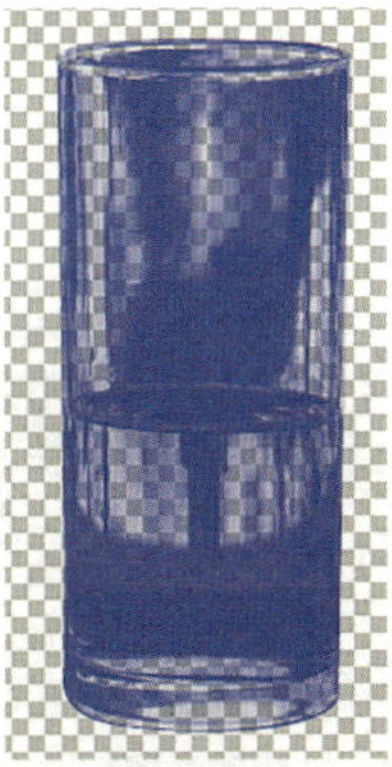

图 2-44　抠取“蓝”通道中的玻璃杯并处理

步骤 8　只显示“红”“绿”“蓝”图层，并在“背景”图层上方新建一个黑色图层（可以更好地观察抠图效果），此时观察玻璃杯，可以发现玻璃杯带有颜色，如图 2-45 所示。

步骤 9　单击“调整”面板中的“创建新的色相 / 饱和度调整图层”按钮，添加一个“色相 / 饱和度”调整图层并在其打开的调整面板中设置参数，此时可以看到玻璃杯的半透明效果很好，抠图效果比较理想，如图 2-46 所示。

图 2-45　观察抠图效果

图 2-46　降低玻璃杯饱和度

5. 抠取复杂的对象

在店铺装修过程中，可能还会遇到一些更为复杂的对象，如动物的毛发。这些对象的抠取要用到一些特殊的命令或面板，并通过一些较为复杂的操作才能完成。下面以猫咪的抠取为例，讲解复杂对象的抠取方法。

步骤 1　打开本书配套素材“素材与实例”→“Ch2”文件夹中的“复杂抠取 .jpg”文件，选择“通道”面板中的“蓝”通道（猫咪与背景的明暗反差最大），然后将其拖至面板底部的“创建新通道”按钮上，将其复制。

步骤 2 保持“蓝 拷贝”通道处于选中状态，按“Ctrl+L”组合键打开“色阶”对话框，在其中设置好参数后单击“确定”按钮，增大猫咪与背景的明暗反差，如图 2-47 所示。

图 2-47　增大猫咪与背景的明暗反差

步骤 3 选择“画笔工具”，设置前景色为黑色，画笔不透明度为 100% 后涂抹猫咪身上的白点，如图 2-48 所示。

步骤 4 按“Ctrl+L”组合键再次打开“色阶”对话框并设置参数（见图 2-49），然后单击“确定”按钮，使猫咪与背景的明暗反差更大。

图 2-48　涂抹猫咪

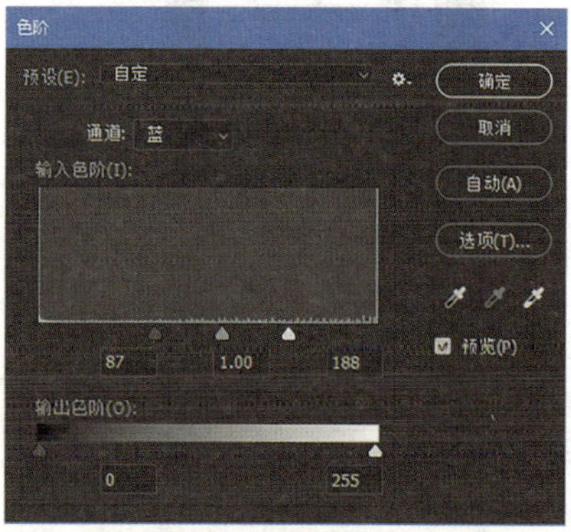

图 2-49　调整色阶参数

步骤 5 单击“通道”面板底部的“将通道作为选区载入”按钮将“蓝 拷贝”通道载入选区，然后选择“RGB”通道，接着按“Shift+Ctrl+I”组合键反选选区，如图 2-50 所示。

步骤 6 选择“快速选择工具”，然后在按住“Shift”键的同时涂抹猫粮盆，将其添加到选区中，接着在按住“Alt”键的同时涂抹猫粮盆右侧的选区，将其在当前选区中减去，效果如图 2-51 所示。

图 2-50 创建选区

图 2-51 调整选区

步骤 7 选择“选择”→“选择并遮住”菜单项，进入一个专门的调整界面，在“视图”下拉列表中选择“叠加”项，然后选择“调整边缘画笔工具”，自定义画笔大小和硬度（硬度不能太高，否则会让毛发边缘显得生硬），单击按钮，涂抹选区边缘以细化选区（见图 2-52），细化完成后单击“确定”按钮。

步骤 8 按“Ctrl+J”组合键复制选区内容，将背景图层填充为黑色，此时可以看到猫咪比较细碎的毛发都被抠取出来，抠图效果比较理想，效果如图 2-53 所示。

图 2-52 细化选区

图 2-53 猫咪抠图效果

2.4 口红图片处理训练

本节以口红图片处理为例，巩固所学知识。口红图片处理前后的效果对比，如图 2-54 所示。

扫一扫

图 2-54　口红图片处理前后的效果对比

图 2-55　绘制裁剪框

步骤 1　打开本书配套素材“素材与实例”→“Ch2”文件夹中的“口红.jpg”文件，观察口红图片发现，口红整体偏暗，需进行提亮处理；口红管体反光严重，需进行修复处理等。

步骤 2　选择“裁剪工具”，在口红周围绘制一个裁剪框（见图 2-55），然后稍微旋转裁剪框后按“Enter”键确认，校正倾斜的口红。

步骤 3　添加一个“曲线”调整图层并在其打开的调整面板中设置参数，调亮画面，再添加一个“色相/饱和度”调整图层并在其打开的调整面板中设置参数，增加画面饱和度，如图 2-56 所示。

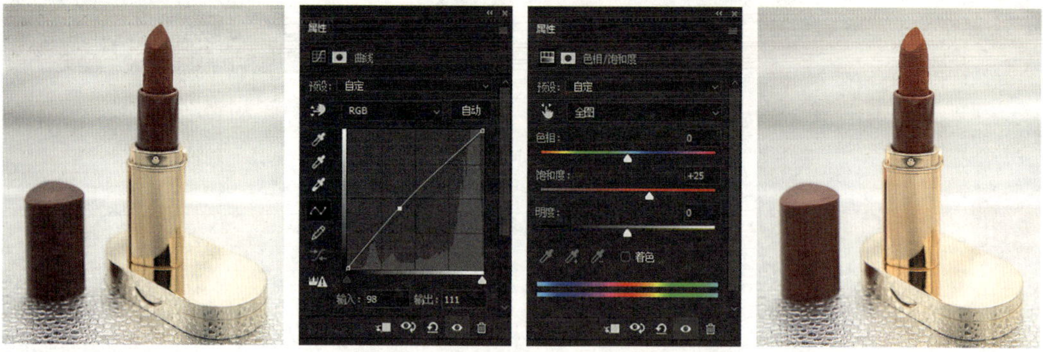

图 2-56　调整图片的亮度和饱和度

步骤 4　按“Shift+Ctrl+Alt+E”组合键盖印一个图层，选择“仿制图章工具”，在口红黄色管体反光处的周围按住“Alt”键并单击进行取样，然后在反光处涂抹，重复此操作直至口红黄色管体反光部分的颜色变得自然，如图 2-57 所示。

图 2-57　调整口红管体部分

实用技巧

盖印命令能将所有可见图层合并到一个新图层中，且这个新图层将自动创建到当前图层的上方。

步骤 5　使用“快速选择工具”在口红盖子上创建选区，然后添加一个“可选颜色”调整图层并从打开的调整面板中设置参数，调整口红盖子颜色，如图 2-58 所示。

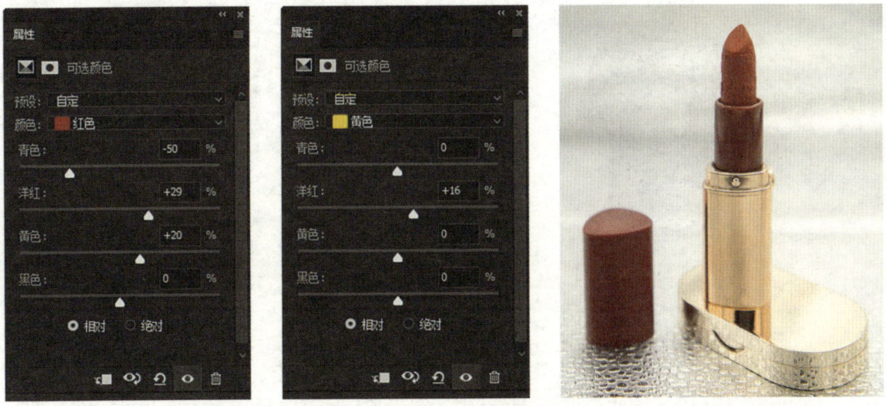

图 2-58　调整口红盖子颜色

步骤 6　按“Shift+Ctrl+Alt+E”组合键盖印一个图层，使用“磁性套索工具”在口红和盖子上创建选区（见图 2-59），然后按“Ctrl+J”组合键复制抠取的口红和盖子，接着打开素材文件夹中的“口红素材.psd”文件，将抠取的口红和盖子拖至“口红素材”文档中并等比例缩放后移至合适位置，最后使用“套索工具”圈选盖子并将其向上移动，如图 2-60 所示。

图 2-59　在口红和盖子上创建选区

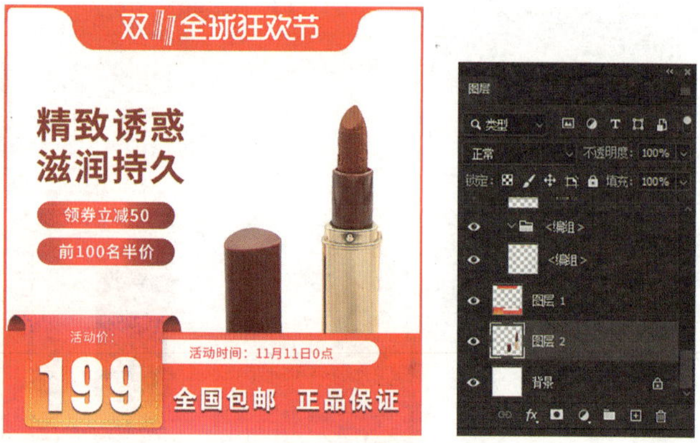

图 2-60　抠取口红和盖子并将其移至其他文档中合适位置

本章实训——处理女士短袖图片

本实训以女士短袖图片的处理为例，练习快速抠图与调色的方法。女士短袖图片处理前后的效果对比，如图 2-61 所示。

图 2-61　女士短袖图片处理前后的效果对比

（1）打开本书配套素材“素材与实例”→“Ch2”文件夹中的“本章实训 .jpg”文件，使用“磁性套索工具”在女士短袖上创建选区，将其抠取出来。

（2）新建一个宽度为 750 像素，高度为 500 像素，分辨率为 72 像素 / 英寸的文档，然后将抠取出来的女士短袖复制到新文档中。

（3）复制女士短袖所在的图层。

（4）使用“快速选择工具”在复制的女士短袖上创建选区，如图 2-62 所示。利用“色相 / 饱和度”命令将女士短袖的颜色调成卡其色，如图 2-63 所示。

图 2-62　在女士短袖上创建选区

图 2-63　调整女士短袖颜色

（5）采用上述方法，再次复制女士短袖并调整其颜色，然后调整它们的位置。

实践篇

第3章 流量引导——商品主图

章｜前｜导｜读

商品主图是商品的门面，也是店铺流量的入口，只有当商品主图符合消费者的审美和需求时，消费者才会有兴趣浏览商品，因此，商品主图效果的好坏在很大程度上影响着店铺的流量。本章将介绍商品主图的设计技巧与制作方法。

知｜识｜目｜标

- 认识商品主图。
- 掌握商品主图的设计技巧与制作方法。

技｜能｜目｜标

- 能够完成商品主图的设计与制作工作。

素｜质｜目｜标

- 增强知识产权保护意识。
- 加强基础知识的学习，为个人的长远发展打下坚实的基础。

3.1 认识商品主图

消费者在电商平台中搜索某类商品，或者在进入某个商品详情页时，首先接触到的就是商品主图，可以说商品主图是商品的“门面”，如图 3-1 所示。

图 3-1　搜索页和商品详情页中的商品主图

商品主图一般由商品图片、背景和文案等元素组成，下面分别从这几个方面分析商品主图设计与制作的要求。

（1）商品图片。商品主图中选用的商品图片必须能较好地反映出商品的特点，同时应保证其中的商品没有瑕疵。此外，将商品图片放入商品主图中时，需要控制商品的显示大小，如果商品显示太小则不方便消费者查看，商品显示太大又不易放置文案，因此商品显示高度控制在商品主图高度的 2/3 到 4/5 为宜。

（2）背景。商品主图一般选用纯色背景，这是因为纯色背景能更加突显商品，让消费者的注意力集中在商品上。此外，在实际应用中，也会用场景图作为商品主图背景。将场景图作为背景时，应对场景中除商品外的元素进行适当的虚化、简化等处理，从而更好地突出商品的主体地位。例如，如图 3-2 所示的水杯主图中，对场景中除水杯外的元素进行了适当的虚化，使水杯更加突出。

图 3-2　水杯主图

（3）文案。商品主图中的文案不宜放置太多，以免画面杂乱不堪、卖点信息混乱。在实际应用中，商品主图中的文案应尽量保持简短、清晰、主次分明。例如，如图 3-3 所示的商品主图中文案过多且主次不清，导致卖点信息混乱，分散消费者的注意力；而如图 3-4 所示的商品主图中文案简短、清晰，卖点信息主次分明，让消费者一目了然。

图 3-3　文案过多且主次不清的商品主图

图 3-4　文案简短、清晰且主次分明的商品主图

提　示

在商品主图设计与制作中，文案不仅要符合电商平台发布规则，还要符合《中华人民共和国广告法》，如不得使用“国家级”“最高级”“最佳”等用语。

如果商品没有品牌授权则不可在商品主图中添加品牌标志，更不可使用未经授权的明星图片、商业图片等，否则会引发侵权等问题。

3.2 商品主图的设计思路

为了让大家快速设计出点击率高的商品主图，下面简单介绍商品主图的设计思路，如图 3-5 所示。

图 3-5　商品主图的设计思路

（1）**精准定位消费群体**。在设计商品主图时，首先要精准定位消费群体。消费群体确定后，先要了解他们的偏好，从而有针对性地确定商品主图的颜色、风格。要注意的是，不要试图用一幅商品主图覆盖所有的消费群体，以免最终呈现的商品主图不伦不类，谁都不喜欢。

（2）**了解消费者的真实需求**。消费者的真实需求往往隐藏在关键字中，而一些商家在设计商品主图时，却忽略消费者的真实需求，只表达自己想要表达的内容。通常，应根据消费者的真实需求设计商品主图，以吸引消费者点击。

例如，当消费者搜索关键字“加绒休闲裤”时，图3-6中的哪幅商品主图更能吸引消费者点击？很明显是右图，这是因为消费者需要一条加绒的休闲裤，右图明确展示了休闲裤的加绒效果，符合消费者的真实需求；而左图只展示了休闲裤的款式，并不符合消费者的真实需求。

图3-6　加绒休闲裤主图

（3）做好差异化。如何让自己的商品主图在千篇一律的同类商品主图中脱颖而出呢？答案是差异化。只有设计出独具一格的商品主图，才能让视觉疲劳的消费者眼前一亮。

设计商品主图时，可从背景颜色、视觉角度、细节、场景等方面做好差异化，使商品主图变得与众不同。

背景颜色差异化：使用与同类商品主图不同的背景颜色。例如，同类商品主图的背景颜色大多数是黑色，这时白色背景的商品主图就会脱颖而出。要注意的是，做背景颜色差异化时，一定要考虑背景颜色与商品、店铺风格的协调性，不能为了差异化而乱用颜色。

视觉角度差异化：使用与同类商品不同的展示角度。例如，防晒衣常见的展示角度为正面，如图3-7所示；而将其展示角度改为背面时，就会形成差异化，如图3-8所示。

细节差异化：多展示商品细节或展示同类商品没有展示的细节。例如，如图3-9所示的两幅女士长裤主图，右图比左图多展示了该长裤的细节，更能吸引消费者注意。通常，不同类别的商品需要展示不同的细节，如功能类、功效类商品注重展示商品的使用方法、使用效果等，而款式类商品注重展示商品的款式设计等。

图 3-7　防晒衣主图 1

图 3-8　防晒衣主图 2

图 3-9　女士长裤主图

场景差异化：使用与同类商品主图不同的场景。例如，同为床上用品主图，图 3-10 展示了其最普通的使用场景，对于这类消费者熟知的商品，这种场景展示可能不会引起消费者关注；而图 3-11 从场景差异化着手，展示了给人舒适感觉的睡眠场景，能迅速抓住消费者眼球。

图 3-10　床上用品主图 1

图 3-11　床上用品主图 2

要注意的是，不能盲目追求差异化，应根据商品的属性设计出适合的差异化商品主图。

（4）**突出卖点**。找到消费者的关注点，如打折优惠、新品潮流、快递优势等，然后从中挑选最重要的点（卖点）突出显示，以吸引消费者目光。通常，文案是表达卖点最直接的方式，可尽量用最少的文案表达出商品最重要的信息，保证向消费者准确传达信息的同时，还可兼顾画面美观度。

（5）**确定构图方式**。设计商品主图时，应根据商品图片、文案等元素选择合适的构图方式，使画面中的各元素相互呼应并达到平衡。

3.3 商品主图的构图方式

常见的商品主图构图方式有以下几种。

（1）**对角线构图**。对角线构图是将重要元素安排在画面对角线上的构图方式。这种构图方式不但可以增强画面的纵深感，还可以提高画面的张力，如图 3-12 所示。

（2）**X 形构图**。X 形构图是将重要元素按照 X 形排列组合的构图方式。这种构图方式使得画面具有力量感，有利于把消费者的视线从四周引向中心位置，或者从中心位置引向四周，如图 3-13 所示。

图 3-12　对角线构图

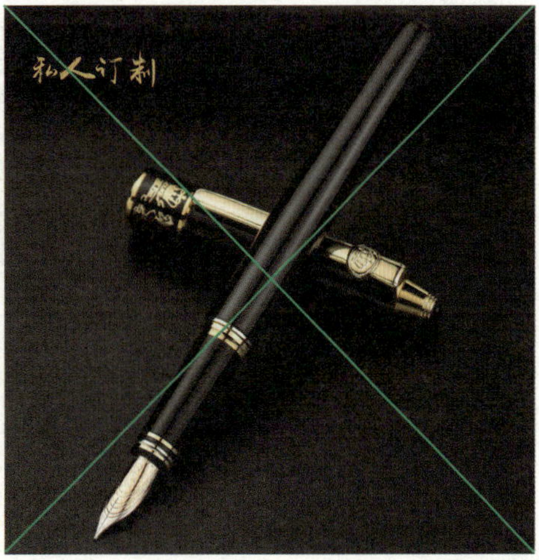

图 3-13　X 形构图

（3）**中心构图**。中心构图是将重要元素放在画面中心位置的构图方式。这种构图方式最大的优点在于明确、突出主体，同时会获得均衡的画面效果，如图 3-14 所示。

（4）**紧凑式构图**。紧凑式构图是将商品以局部放大的形式布满画面，使画面具有饱满、紧凑等特征的构图方式。这种构图方式最大的优点在于能更好地突出商品的特点，如图 3-15 所示。

图 3-14　中心构图

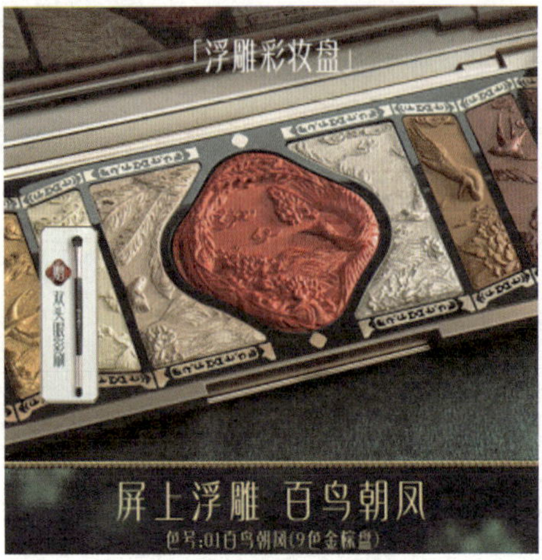

图 3-15　紧凑式构图

（5）对称式构图。对称式构图是将画面中的重要元素以某一条直线为轴或某一点为中心呈对称分布的构图方式。这种构图方式可使画面具有协调、整齐、庄重等美感，如图 3-16 所示。

（6）垂直式构图。垂直式构图是指在画面中有明显垂直线（并非笔直垂直的直线，而是在视觉上有垂直感的线条）元素的构图方式。这种构图方式有极强的表现力，可以充分展示重要元素，同时又给人很强的秩序感，如图 3-17 所示。

图 3-16　对称式构图

图 3-17　垂直式构图

（7）三角形构图。三角形构图是将重要元素摆放到三角形区域内的构图方式。这种构图方式能很好地表现视觉中心位置的重要元素，如图 3-18 所示。

（8）九宫格构图。九宫格构图也称“井”字构图，它是通过分格的形式，把画面的上、下、左、右四个边三等分，然后用直线把对应的点连接起来，使画面被分成九个格子（“井”字）的构图方式。通常直线交叉的点（趣味中心）是放置重要元素的最佳位置。这种构图方式具有突出主体、均衡画面的特点，如图 3-19 所示。

图 3-18　三角形构图

图 3-19　九宫格构图

3.4 设计与制作针织衫主图

扫一扫

本节以针织衫主图的设计与制作为例，学习商品主图的设计技巧与制作方法。案例最终效果（见图 3-20）可参考本书配套素材“素材与实例”→“Ch3”→“针织衫”文件夹中的“针织衫主图 .psd”文件。

图 3-20　针织衫主图效果

3.4.1 设计针织衫主图

（1）**精准定位消费群体**。本款针织衫的目标消费群体为 18 ～ 35 岁的女性。根据她们的偏好，商品和文案颜色选择代表干净、雅致的白色，文案底色选择百搭色的黑色，风格选择随性、时尚的小清新风。

（2）**了解消费者的真实需求**。目标消费群体典型的特征之一就是思想活跃，任何新事物、新知识都会使她们感到新奇，在消费心理与消费行为方面，她们表现出追求新颖、时尚等特征。也就是说，她们的真实需求是衣服款式新颖、时尚。因此，在针织衫主图中使用由模特展示的针织衫图片，并突显“NEW 2022”文案，以表现针织衫的款式新颖。

（3）**做好差异化**。目前，同类针织衫主图大多数使用室内场景，而本例中使用室外场景（街景），会迅速抓住消费者眼球，同时体现针织衫时尚的特点。

（4）**突出卖点**。突显“NEW 2022”“限时 198 元”等文案，以吸引消费者关注。

（5）**确定构图方式**。采用九宫格构图方式，使画面既均衡又具有活力。

3.4.2 制作针织衫主图

步骤 1 启动 Photoshop，按“Ctrl+N”组合键打开“新建文档”对话框，在其中设置相关参数（见图 3-21），单击“创建”按钮创建文档。

步骤 2 选择“文件”→“置入嵌入对象”菜单项，打开“置入嵌入的对象”对话框，从中选择本书配套素材“素材与实例”→“Ch3”→“针织衫”文件夹中的“街头风.jpg”文件，单击“置入”按钮置入图片。在图片上右击，从弹出的快捷菜单中选择“水平翻转”项，然后调整图片大小并将其移至合适位置，最后按“Enter”键确认，效果如图 3-22 所示。

不同平台对主图尺寸的要求有所不同，通常淘宝 PC 端店铺要求主图尺寸为 800 像素×800 像素，图片格式支持 JPG、PNG 等格式

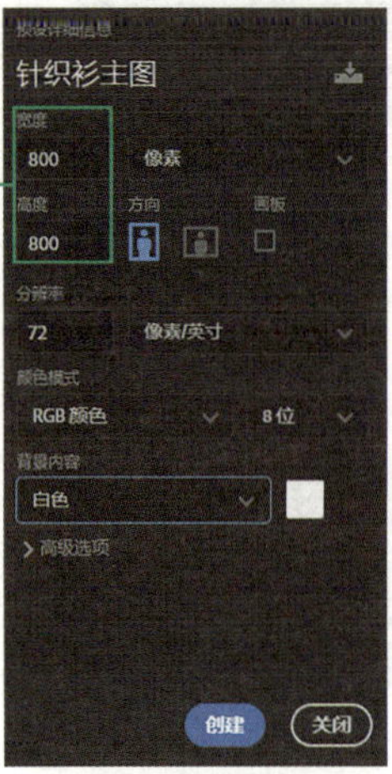

图 3-21 设置文档参数

图 3-22 置入并调整图片

步骤 3 选择“矩形工具”▭，在图像编辑区单击，打开“创建矩形”对话框，在其中设置矩形大小，然后单击“确定”按钮绘制矩形，接着在工具属性栏中设置填充色为黑色，描边为无，如图 3-23 所示。

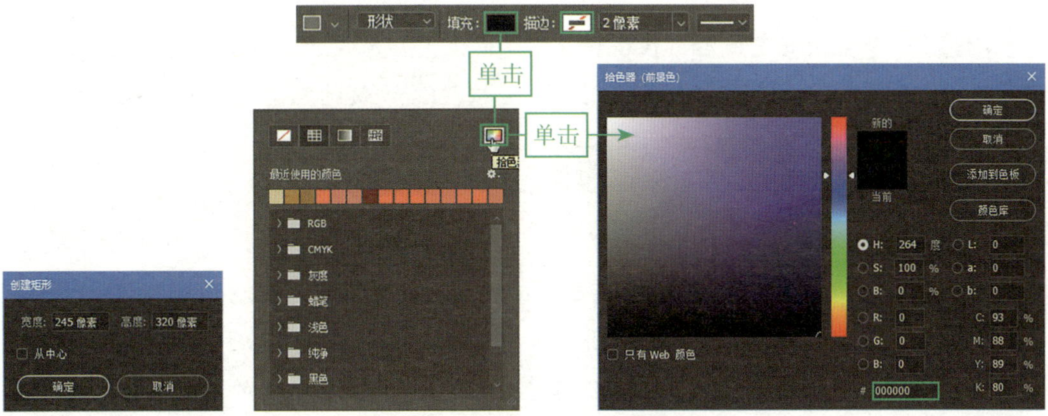

图 3-23 绘制矩形并设置其属性

步骤 4 保持绘制的矩形所在图层处于选中状态，然后在“图层”面板的“不透明度”编辑框中输入“30%”，按“Enter”键确认设置矩形的不透明度，接着将矩形移至合适位置，如图 3-24 所示。

步骤 5 采用步骤 3～步骤 4 的方法，在黑色矩形上方绘制一个宽度为 260 像素，高度为 50 像素的黑色矩形，并设置其不透明度为 50%，效果如图 3-25 所示。

图 3-24 设置矩形不透明度并将其移至合适位置

图 3-25 绘制黑色矩形并设置其不透明度

步骤 6 选择“横排文字工具”T，在工具属性栏中的“字体”下拉列表中选择“方正粗宋_GBK”，然后在“字体大小”编辑框中输入“48 点”，接着设置字体颜色为白色（#ffffff），如图 3-26 所示。

图 3-26 设置文本参数

步骤 7 参数设置完成后，在步骤 5 创建的黑色矩形左侧单击插入文本光标，当出现闪烁的“I”时，输入文本“NEW 2022”，并按“Esc”键结束输入，如图 3-27 所示。

图 3-27 添加文本

步骤 8 采用步骤 6～步骤 7 的方法添加其他文本，如图 3-28 所示。在文本“8”后单击插入文本光标，按住鼠标左键并向左拖动直至选中文本“198”，然后在工具属性栏中设置字体大小为 48 点，字体颜色为黄色（#ff9c00），此时选中的文本自动变为黄色，最后按“Esc”键确认，如图 3-29 所示。

图 3-28 添加其他文本

图 3-29 设置文本属性

步骤 9 双击“秋季新品”图层名称右侧的空白处，打开“图层样式”对话框，然后单击并勾选对话框左侧的“投影”复选框，接着在对话框右侧设置相关参数（见图 3-30），单击“确定”按钮，为文本添加“投影”图层样式。

步骤 10 在“秋季新品”图层上右击，从弹出的快捷菜单中选择“拷贝图层样式”项，然后在“镂空时尚系列”图层上右击，从弹出的快捷菜单中选择“粘贴图层样式”项，为“镂空时尚系列”文本也添加“投影”图层样式。

步骤 11 双击“限时 198 元”图层名称右侧的空白处，打开“图层样式”对话框，然后单击并勾选“内发光”复选框，接着在对话框右侧设置相关参数，单击“确定”按钮，为文本添加“内发光”图层样式，如图 3-31 所示。

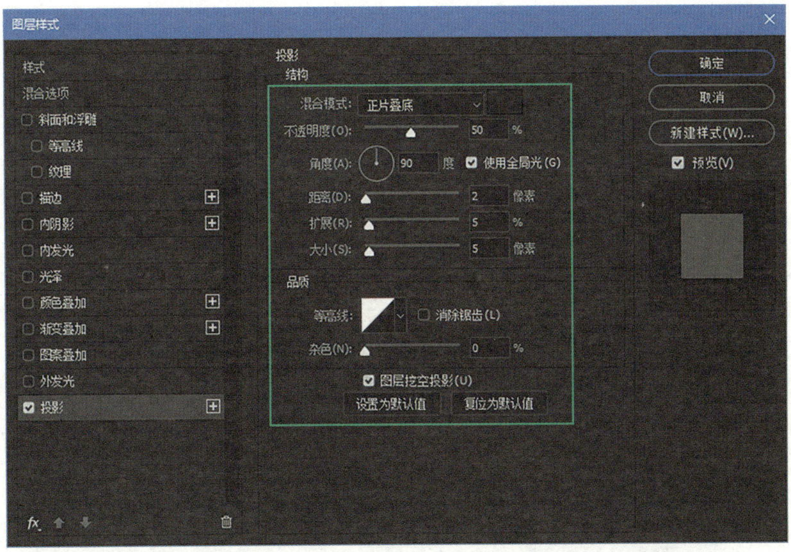

图 3-30 设置“投影”图层样式参数

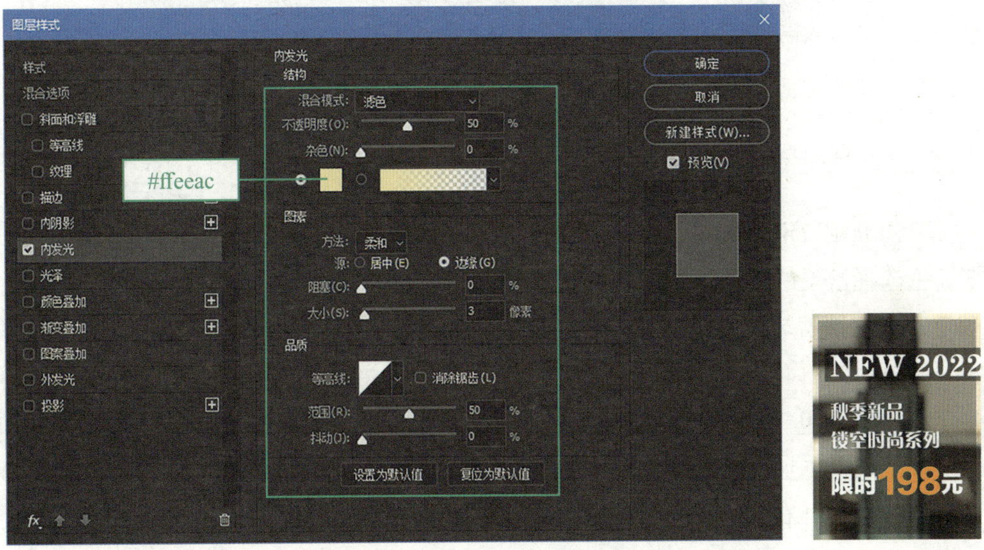

图 3-31 添加“内发光”图层样式

步骤 12 至此，针织衫主图制作完成。最后按“Ctrl+S”组合键存储文档。

本章实训——设计与制作女士挎包主图

本实训以女士挎包主图的设计与制作为例，练习商品主图的设计技巧与制作方法。案例最终效果（见图 3-32）请参考本书配套素材“素材与实例”→“Ch3”→“女士挎包”文件夹中的“女士挎包主图 .psd”文件。

图 3-32　女士挎包主图效果

1. 设计女士挎包主图

（1）**精准定位消费群体**。本款女士挎包的目标消费群体为 23 ～ 27 岁的女性。因此，文案底色选择浪漫的紫色，风格选择时尚的简约风。

（2）**了解消费者的真实需求**。23 ～ 27 岁的女性在消费心理与消费行为方面表现出追求新颖、时尚等特征，但由于她们刚步入社会，经济基础相对薄弱，因此她们对商品价格比较敏感。也就是说，她们的真实需求是希望购买到性价比高的时尚商品，所以在女士挎包主图上添加优惠信息，用于吸引她们关注。

（3）**做好差异化**。目前，同类商品主图大多数使用女士挎包正面展示图，而本实训中使用女士挎包正侧面展示图，这样能快速抓住消费者眼球，同时多角度展示商品。

（4）**突出卖点**。将优惠信息作为卖点重点突出。

（5）**确定构图方式**。采用对角线构图。

2. 制作女士挎包主图

（1）新建一个名为“女士挎包主图”，宽度为 800 像素，高度为 800 像素，分辨率为 72 像素 / 英寸，颜色模式为 RGB 颜色的文档。

（2）打开“女士挎包 .png”文件，并将其复制到“女士挎包主图”文档中，调整其大小后移至合适位置。

（3）利用“矩形选框工具”框选女士挎包背景，然后按“Ctrl+T”组合键调出变换框，通过调整变换框来调整女士挎包背景的高度，使其铺满整个女士挎包主图，最后按“Enter”键确认。

（4）置入“女士挎包标志 .png”文件，并将其移至女士挎包主图左上角。

（5）使用“钢笔工具”在女士挎包主图底部绘制长条形路径并填充任意颜色，然后为其添加紫色渐变叠加图层样式。

（6）使用“横排文字工具”添加文本，并利用工具属性栏设置文本属性，然后用“椭圆选框工具”为运算符添加白色圆形底图。

提 示

以上步骤是以本书配套素材中的案例效果为例进行讲解，用户可根据实际情况做出适当调整。

第4章 精准转化——商品详情页

章 | 前 | 导 | 读

好的商品详情页是提高转化率的入口，它可以打消消费者的疑虑，激发消费者的购买欲，促使消费者下单。本章将介绍商品详情页的设计技巧与制作方法，以及将商品详情页进行切片与导出的方法。

知 | 识 | 目 | 标

- 认识商品详情页。
- 熟悉商品详情页的内容安排和布局方式。
- 掌握商品详情页的设计技巧与制作方法。
- 掌握商品详情页的切片与导出方法。

技 | 能 | 目 | 标

- 能够完成商品详情页的设计与制作工作。

素 | 质 | 目 | 标

- 遵守日常操作规范，养成良好的个人习惯。
- 加强实践练习，提升专业技能。

4.1 认识商品详情页

商品详情页是展示商品详细信息的页面，如图 4-1 所示。在电子商务交易中，消费者无法直接接触商品，只能通过商品详情页来了解商品，所以商品详情页的质量在很大程度上影响着商品的销量。

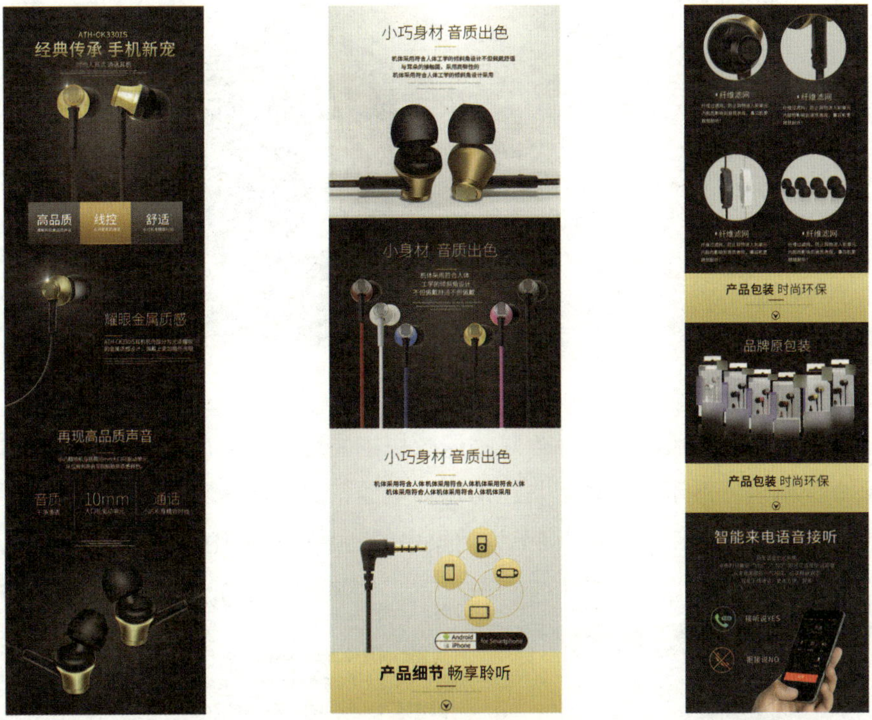

① ② ③

图 4-1 商品详情页

在设计与制作商品详情页时，应注意以下几点。

（1）**使用精美的图片**。商品详情页中使用的图片要清晰、美观，如果是商品图片，要保证图片中的商品无瑕疵。

（2）**遵循实事求是的原则**。商品详情页中的商品图片和文案必须真实地反映和介绍商品的属性，否则会产生不必要的售后纠纷，影响店铺的信誉。

4.2 商品详情页的内容安排

商品详情页一般包括商品促销与宣传、商品信息描述、商品卖点和售后服务等版块。

（1）**商品促销与宣传版块**。通常，消费者进入商品详情页后，是按照从上到下的顺序浏览页面。因此，商品详情页页头是一个非常好的广告位，这里可以安排商品打折、特价等促销信息，以及品牌形象展示、新品发布等宣传信息。如图 4-2 所示为服装类商品详情页中的宣传版块。

图 4-2　服装类商品详情页中的宣传版块

（2）**商品信息描述版块**。商品信息描述版块主要对商品的尺寸、规格、型号、注意事项等基本信息进行展示，其作用是让消费者全面、深入地了解商品，从而毫无顾虑地购买商品。如图 4-3 所示为服装类商品详情页中的商品信息描述版块。

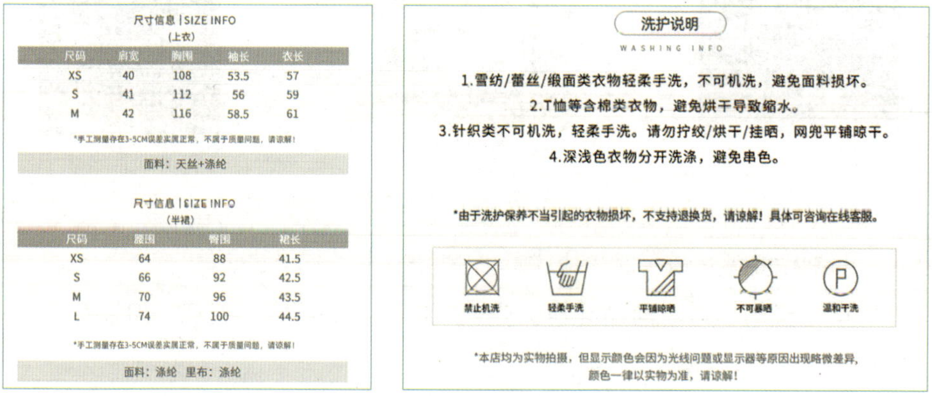

尺寸信息 | SIZE INFO
（上衣）

尺码	肩宽	胸围	袖长	衣长
XS	40	108	53.5	57
S	41	112	56	59
M	42	116	58.5	61

*手工测量存在3-5CM误差实属正常，不属于质量问题，请谅解！

面料：天丝+涤纶

尺寸信息 | SIZE INFO
（半裙）

尺码	腰围	臀围	裙长
XS	64	88	41.5
S	66	92	42.5
M	70	96	43.5
L	74	100	44.5

*手工测量存在3-5CM误差实属正常，不属于质量问题，请谅解！

面料：涤纶　里布：涤纶

洗护说明
WASHING INFO

1.雪纺/蕾丝/缎面类衣物轻柔手洗，不可机洗，避免面料损坏。
2.T恤等含棉类衣物，避免烘干导致缩水。
3.针织类不可机洗，轻柔手洗。请勿拧绞/烘干/挂晒，网兜平铺晾干。
4.深浅色衣物分开洗涤，避免串色。

*由于洗护保养不当引起的衣物损坏，不支持退换货，请谅解！具体可咨询在线客服。

禁止机洗　轻柔手洗　平铺晾晒　不可暴晒　温和干洗

*本店均为实物拍摄，但显示颜色会因为光线问题或显示器等原因出现略微差异，颜色一律以实物为准，请谅解！

图 4-3　服装类商品详情页中的商品信息描述版块

（3）**商品卖点版块**。商品卖点版块主要用来展示从商品的使用价值、外观、质量、手感、包装等诸多信息中提炼的与消费者真实需求最匹配的“人无我有、人有我优”的卖点（见图 4-1），以增加商品的竞争力。

（4）**售后服务版块**。售后服务版块用于展示店铺服务承诺、品质保障、7 天无理由退换货等信息（见图 4-4），以真挚的服务打消消费者的顾虑，从而促进消费者购买。

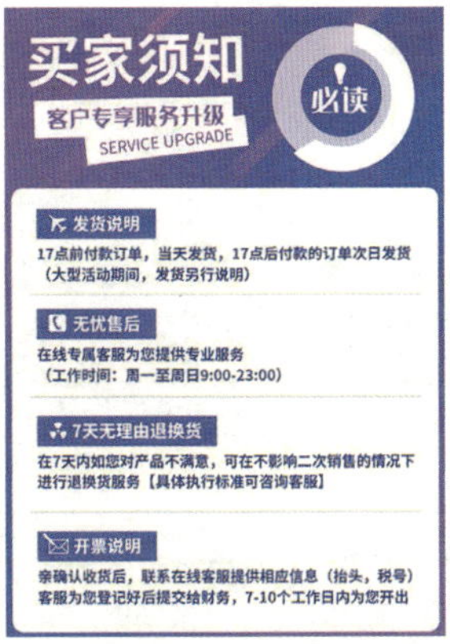

图 4-4　商品详情页中的售后服务版块

要注意的是，应根据商品和消费群体的实际情况安排版块及它们的排列顺序，以便获得更好的视觉效果。

4.3 商品详情页的布局方式

商品详情页的布局是指对页面中各元素的位置、大小、间距、叠加关系等的规划。下面介绍几种常见的商品详情页的布局方式。

（1）**延伸布局**。相邻两个版块采用居中对齐布局时，会产生版块之间过度生硬的情况，如图 4-5 所示。而如图 4-6 所示的延伸布局方式打破了两个版块之间的界限，不仅为页面增添了活力，还使两个版块的信息产生了关联。如图 4-7 所示为采用延伸布局的页面。

图 4-5　居中对齐布局

图 4-6　延伸布局

图 4-7　采用延伸布局的页面

（2）**曲线分割**。在进行页面布局时，用直线分割版块会让画面显得呆板，如图 4-8 所示。而通过改变分割线形状，如将直线改为曲线（见图 4-9）、折线等，能有效地解决这个问题。如图 4-10 所示为采用波浪线分割版块的页面。

图 4-8　用直线分割版块

图 4-9　用曲线分割版块

图 4-10　采用波浪线分割版块的页面

（3）**层叠布局**。商品详情页中通常包含图片、文案等元素，将这些元素平铺排列，能使页面显得干净利落，但缺少变化，如图 4-11 所示。如果将这些元素进行层叠（见图4-12），不仅能丰富画面效果，而且能增加画面的空间感、层次感和设计感。如图4-13所示为采用层叠布局的页面。

图 4-11　平铺布局

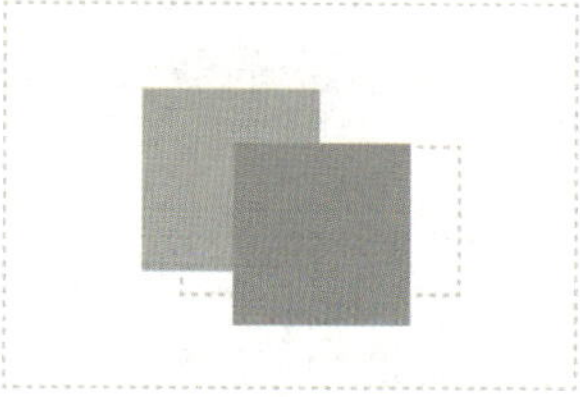

图 4-12　层叠布局

图 4-13　采用层叠布局的页面

（4）**错位布局**。在进行页面布局时，通常会遇到级别相同的多个元素，如多幅图片，将这些元素一字排开且间距相同，能给人整齐有序的感觉，但会使画面显得呆板，如图 4-14 所示。如果将这些元素错位排列（见图 4-15），可为画面增加动感。如图 4-16 所示为采用错位布局的页面。

图 4-14　一字排开布局

图 4-15　错位布局

图 4-16　采用错位布局的页面

4.4 设计与制作针织衫详情页

扫一扫

本节以针织衫详情页的设计与制作为例，学习商品详情页的设计技巧与制作方法。案例最终效果（见图4-17）可参考本书配套素材“素材与实例”→“Ch4”→“针织衫”文件夹中的“针织衫详情页.psd”文件。

图4-17　针织衫详情页效果

4.4.1 设计针织衫详情页

（1）内容安排。页头安排针织衫宣传版块，以吸引消费者驻足；其次安排针织衫信息描述版块，展示不同颜色的针织衫，让消费者知道此款针织衫有多种颜色，以便其根据自己的喜好进行选择；再次安排针织衫卖点版块，展示针织衫细节及不同角度，表现针织衫较好的质量、时尚的外观，让消费者全面、深入地了解针织衫；最后安排售后服务版块，用于打消消费者的顾虑。

（2）配色分析。商品详情页的设计要与商品主图契合。针织衫主图的颜色是白色与黑色搭配使用，所以针织衫详情页的颜色也选用白色和黑色。因此，针织衫详情页将用白色作为背景色，结合精美的针织衫图片，再加上黑色文字的点缀，使画面呈现出大气、简洁的效果。

（3）布局方式确定。针织衫详情页采用延伸和层叠布局方式，既可以加强版块之间的关联性，又可以增加画面的层次感。此外，详情页中有些地方用线条作为装饰，可使画面更加活泼。

4.4.2 制作针织衫详情页

1. 制作针织衫宣传版块

步骤 1 新建一个名为“针织衫详情页”，宽度为 750 像素，高度为 2 300 像素，分辨率为 72 像素 / 英寸，颜色模式为 RGB 颜色的文档。

提 示

不同平台对商品详情页尺寸的要求有所不同，通常淘宝 PC 端店铺装修要求商品详情页的宽度不超过 750 像素，高度自定（根据页面内容的多少设定）。因此，可以先设置一个预估高度，然后在具体制作过程中根据实际需求进行调整。

步骤 2 选择“横排文字工具” T，在图像编辑区上方单击添加文本光标后，输入“HOT SELLING”，然后按“Ctrl+A”组合键全选文本，接着在工具属性栏中设置文本的字体为 EU-B8，字体大小为 75 点，字体颜色为黑色（#000000）。采用同样方法输入其他文本并设置文本属性。

置入本书配套素材“素材与实例”→“Ch4”→“针织衫”文件夹中的“模特 1.jpg”文件，并调整其大小和位置，效果如图 4-18 所示。

步骤 3 选择“钢笔工具”，在工具属性栏的“选择工具模式”下拉列表中选择“形状”项，然后设置填充色为无，描边色为白色，描边宽度为 2 像素，接着在模特右侧绘制一条折线，效果如图 4-19 所示。

图 4-18 添加文本和图片

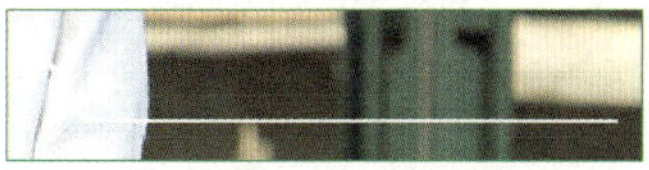

图 4-19 绘制白色折线

步骤 4 新建一个图层，选择“椭圆选框工具”，按住“Shift”键的同时在折线左侧顶端绘制一个直径为 7 像素的正圆选区，然后将前景色设置为白色，接着按“Alt+Delete”组合键填充选区，最后按“Ctrl+D”组合键取消选区。

步骤 5 同时选中步骤 3 的折线图层和步骤 4 创建的正圆图层，按“Ctrl+E”组合键将其合并。双击合并图层的名称，然后在激活的编辑框中输入“指示器”，接着按“Enter”键确认，为合并图层重命名。最后为合并图层添加“投影”图层样式（见图 4-20）。至此指示器绘制完成。

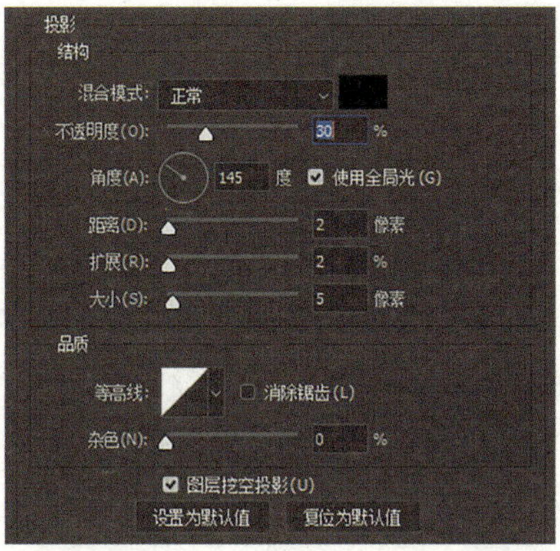

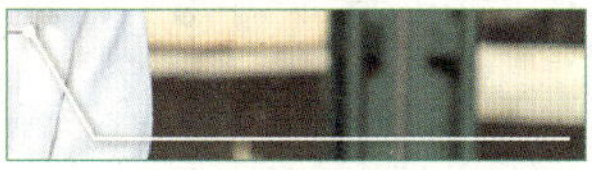

图 4-20 为指示器添加“投影”图层样式

提 示

商品详情页内容较多，因此会创建很多图层，需及时对图层进行重命名，方便后续编辑区分。

步骤 6 使用“横排文字工具”在指示器上方添加文本并设置文本属性，然后为文本添加与指示器一样的“投影”图层样式，如图 4-21 所示。

图 4-21 添加文本并为其添加“投影”图层样式

步骤 7 采用步骤 3～步骤 6 的方法，在模特左侧绘制指示器并添加文本，然后选中文本，选择“窗口”→“字符”菜单项，打开“字符”面板，在“设置行距”编辑框中输入“30 点”，并按“Enter”键确认，调整文本行距，效果如图 4-22 所示。选中除“背景”图层外的所有图层，按“Ctrl+G”组合键进行编组并设置组名为“1”。

提 示

商品详情页内容较多，每制作完一个版块，应对版块中的所有图层进行编组并自定义组名，便于后续操作与管理。

图 4-22　绘制指示器并添加文本

2. 制作针织衫信息描述版块

步骤 1　使用“矩形工具”在针织衫宣传版块下方绘制一个宽度为 700 像素，高度为 170 像素的矩形，并设置其填充色为白色，描边色为无，效果如图 4-23 所示。

图 4-23　绘制白色矩形

步骤 2　在白色矩形上添加文本并设置文本属性，制作版块标题，如图 4-24 所示。

步骤 3　置入本书配套素材“素材与实例”→“Ch4”→“针织衫”→“信息描述”文件夹中的“白.jpg”“黄.jpg”“粉.jpg”“灰.jpg”“蓝.jpg”“绿.jpg”文件，并调整它们的大小和位置，然后在每款针织衫下方添加文本并设置文本属性，如图 4-25 所示。

图 4-24　制作版块标题

图 4-25　置入图片并添加文本

提　示

由于本款针织衫为均码，故不安排尺寸信息。

3. 制作针织衫卖点版块

步骤 1 选择“图像”→“画布大小”菜单项，打开“画布大小”对话框，单击“定位”中的按钮，然后在“高度”编辑框中输入“5000”（见图 4-26），单击“确定”按钮，增加文档高度。

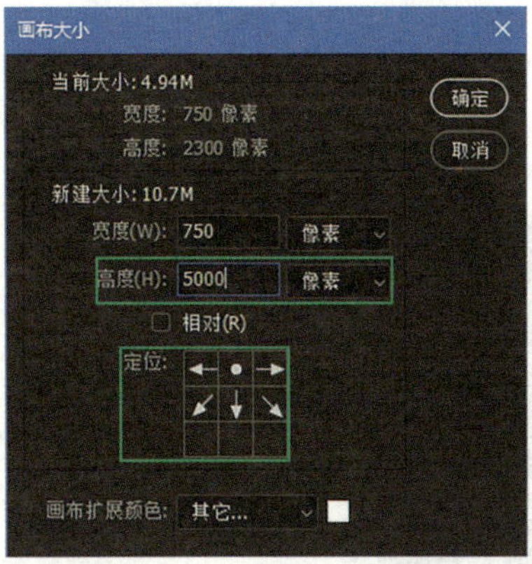

图 4-26 增加文档高度

步骤 2 利用“横排文字工具”在针织衫信息描述版块下方添加文本并设置文本属性，然后在文本下方置入素材文件夹中的“模特 2.jpg”文件，并调整其大小和位置，接着在当前图层上右击，并从弹出的下拉列表中选择“栅格化图层”项，将其转换为普通图层。

使用“矩形选框工具”框选图片右侧多余的背景，并按“Delete”键将其删除。选择“模糊工具”，在工具属性栏中自定义画笔属性，然后在图片背景处涂抹模糊背景，使模特更突出，最后在图片右侧添加文本并设置文本属性，如图 4-27 所示。

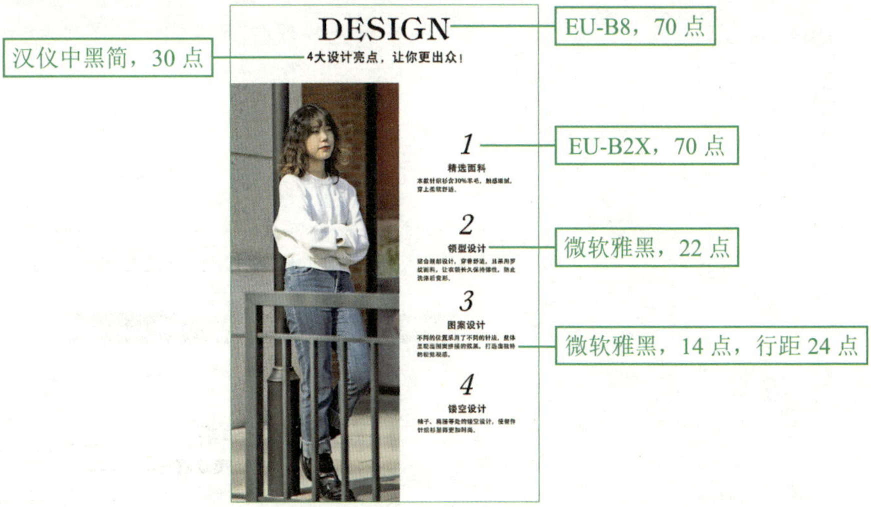

图 4-27 编辑置入的图片并添加文本

步骤 3 置入素材文件夹中的“细节 1.jpg”文件，并调整其大小和位置。按“Ctrl+J”组合键复制细节图片，然后将其等比例缩小，接着为其添加“投影”图层样式，如图 4-28 所示。

步骤 4 选中“细节 1”图层，选择“滤镜”→“模糊”→“高斯模糊”菜单项，打开“高斯模糊”对话框，在其中设置“半径”为 3.0 像素，然后单击“确定”按钮，模糊图片，效果如图 4-29 所示。

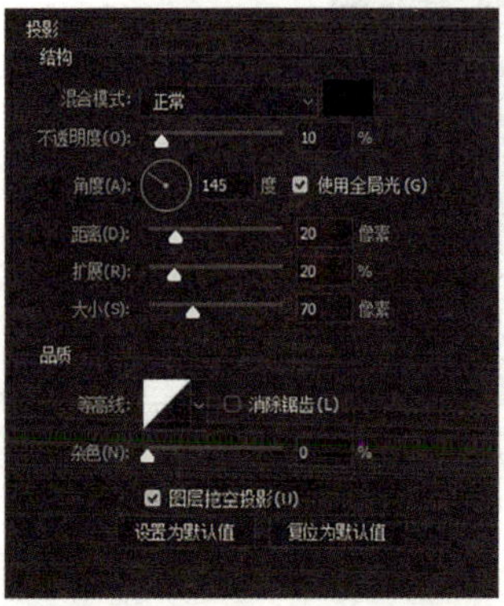

图 4-28 设置投影参数

图 4-29 模糊图片

步骤 5 在“细节 1 拷贝”图层上方新建一个图层，使用“矩形选框工具”绘制一个宽度为 600 像素，高度为 880 像素的矩形选区并为其填充白色，然后在白色矩形上再绘制一个宽度为 560 像素，高度为 650 像素的矩形选区，接着按“Delete”键删除选区内容，最后按“Ctrl+D”组合键取消选区，效果如图 4-30 所示。

步骤 6 在白色矩形上添加文本并设置文本属性，然后在文本下方绘制灰色（#e6e6e6）矩形，在文本“1”右侧绘制一条黑色斜线作为装饰，如图 4-31 所示。

图 4-30 绘制白色矩形并修剪

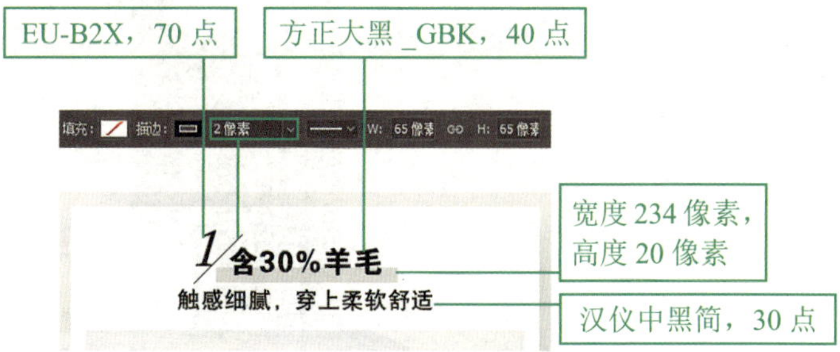

图 4-31 添加文本和矩形、斜线装饰

提 示

此处的灰色（#e6e6e6）在本例中会多次用到，为简化描述，后面用到时将不再给出颜色值，只用“灰色”替代。其他章节的颜色均采用这种方法描述，以下不再赘述。此外，用户可根据文本的长短自定义矩形装饰的大小。

步骤 7 置入素材文件夹中的“细节 2.jpg”“细节 3.jpg”“细节 4.jpg”“细节 5.jpg”文件，并调整它们的大小和位置。复制步骤 7 中添加的文本和矩形、斜线装饰，修改文本内容后放在合适位置，效果如图 4-32 所示。

图 4-32　制作针织衫细节部分

步骤 8 在“细节 5.jpg”图片下方输入“模特展示”文本并设置其字体为方正大黑_GBK，字体大小为 70 点，然后在“模特展示”文本下方输入“Model display”文本并设置其字体为汉仪中黑简，字体大小为 30 点。

新建一个图层，使用“矩形选框工具”在文本上绘制一个宽度为 380 像素，高度为 70 像素的矩形选区，然后选择“编辑”→“描边”菜单项，打开“描边”对话框，在其中设置描边参数（见图 4-33），单击“确定”按钮，为选区添加描边，最后按“Ctrl+D”组合键取消选区。

步骤 9 框选“模特展示”文本，然后在按住“Shift”键的同时再框选“Model display”文本，接着按“Delete”键删除选区内容，最后按“Ctrl+D”组合键取消选区，文本装饰框制作完成，如图 4-34 所示。

步骤 10 置入素材文件夹中的“模特 3.jpg”文件，自行调整其大小后移至合适位置。

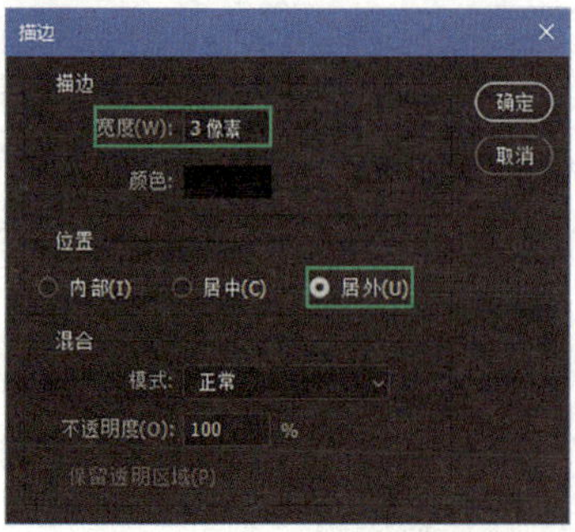

图 4-33　设置描边参数

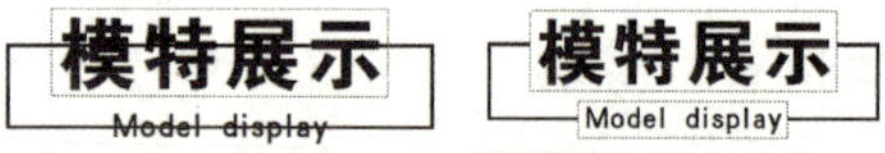

图 4-34　制作文本装饰框

步骤 11　在“模特 3”图片下方添加文本，然后将中文文本字体设置为方正大黑_GBK，字体大小设置为 37.5 点，英文文本的字体设置为 EU-B8，字体大小设置为 20 点，接着绘制一个灰色矩形作为装饰。

置入素材文件夹中的“模特 4.jpg”文件，调整其大小后移至合适位置。采用同样方法添加文本并置入素材文件夹中的“模特 5.jpg”文件，效果如图 4-35 所示。

图 4-35　添加文本并置入图片

实用技巧

设计商品卖点版块时，在商品图片之间加入文本，可在避免画面显得呆板的同时宣传商品特点。

步骤 12 置入素材文件夹中的“模特 6.jpg”文件，调整其大小并移至合适位置，使用“矩形选框工具”框选图片中的模特，然后单击“图层”面板底部的“添加图层蒙版”按钮，裁剪图片，如图 4-36 所示。

图 4-36　利用图层蒙版裁剪图片

步骤 13 置入素材文件夹中的“模特 7.jpg”“模特 8.jpg”文件，并利用图层蒙版将其裁剪后移至合适位置。

4. 制作针织衫售后服务版块

步骤 1 绘制一个适当大小的灰色矩形，然后在灰色矩形上添加文本并设置文本属性，如图 4-37 所示。

图 4-37　添加文本和矩形装饰

步骤 2 在步骤 1 添加的文本下方绘制两个大小不等的灰色矩形，并设置大矩形的描边色为白色，描边宽度 10 像素，如图 4-38 所示。

步骤 3 选中小矩形所在的图层，置入素材文件夹中的“绵羊 .jpg”文件，然后将其适当缩放后移至小矩形上，接着将光标移至两个图层之间（当前图层与小矩形图层），按住“Alt”键，当光标呈状时单击，将图片剪切到小矩形中。采用同样方法将素材文件夹中的“棉花 .jpg”剪切到大矩形中，效果如图 4-39 所示。

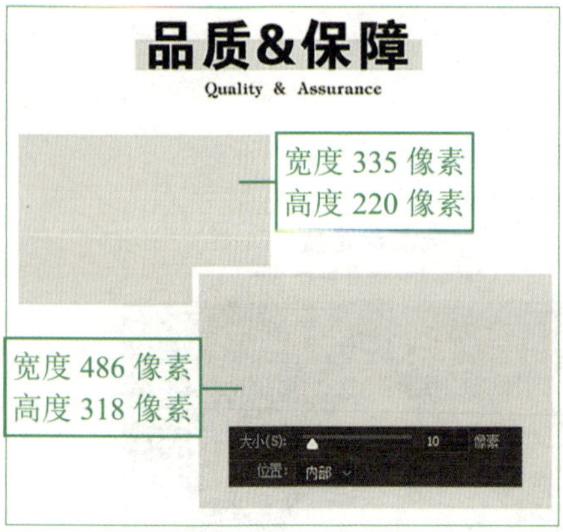

图 4-38　绘制矩形

图 4-39　将素材图片剪切到矩形中

步骤 4　采用“制作针织衫宣传版块”中步骤 3 ～步骤 5 的方法，制作黑色指示器，然后在指示器旁边添加文本并设置文本属性，接着绘制灰色矩形作为装饰，如图 4-40 所示。

图 4-40　绘制黑色指示器并添加文本和矩形装饰

步骤 5　使用“矩形工具”绘制一个宽度为 300 像素，高度为 500 像素的矩形，置入素材文件夹中的“证书 1.jpg”文件，调整其大小和位置后将其剪切到矩形中。

同时选中以上两个图层，按“Ctrl+T”组合键显示变换框，按住“Ctrl”键的同时向上拖动变换框的右侧边框，对证书做变形处理，完成后按“Enter”键确认。采用同样方法处理素材文件夹中的“证书 2.jpg”和“证书 3.jpg”文件，如图 4-41 所示。

步骤 6　在步骤 5 绘制的矩形图层下方新建一个图层，然后设置其图层混合模式为“正片叠底”，接着设置前景色为浅灰色（#e8e5e1），最后选择“画笔工具”，自定义画笔大小和硬度后，在证书下方涂抹，绘制证书的阴影，效果如图 4-42 所示。

步骤 7　在证书上方添加文本并设置文本属性，如图 4-43 所示。至此，针织衫详情页制作完成。

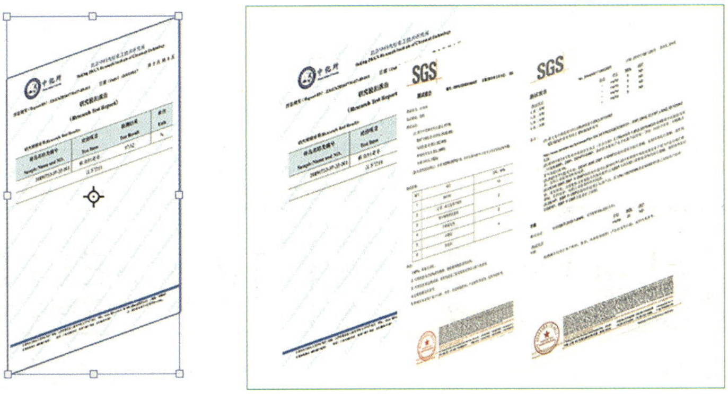

图 4-41 处理证书

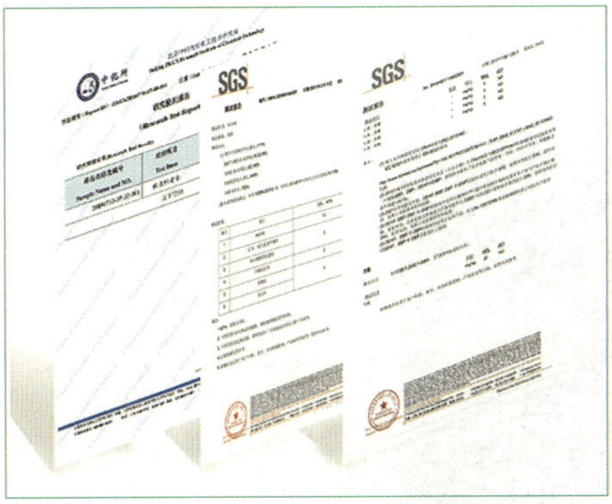

图 4-42 绘制证书的阴影

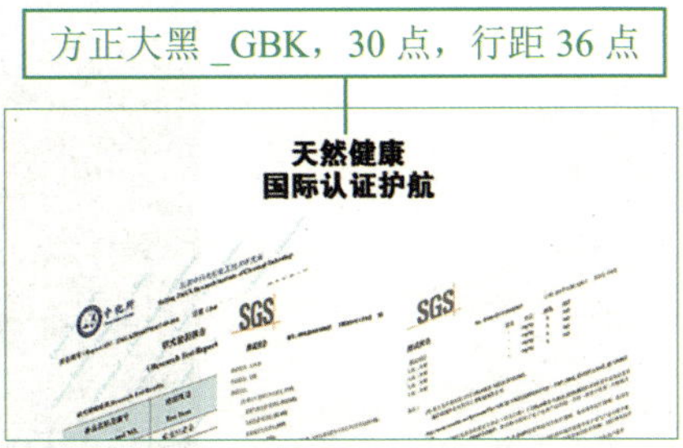

图 4-43 添加文本并设置文本属性

4.5 商品详情页的切片与导出

扫一扫

制作完成的商品详情页通常是一幅完整的图片，便于查看页面整体效果。但在实际应用中，这样的图片往往尺寸过大，无法直接上传使用，此时需先对其进行切片再导出。

4.5.1 切片

利用 Photoshop 中的“切片工具”可以将一幅大图切割成若干幅不同的小图，本节以针织衫详情页的切片为例，讲解为图片切片的方法与技巧。

步骤 1 打开本书配套素材“素材与实例”→“Ch4”→“针织衫”文件夹中的“针织衫详情页 .psd”文件，选择“切片工具”，将光标移至针织衫详情页左上角，按住鼠标左键并向对角方向拖拽绘制要切片的区域，释放鼠标后，即可创建一个带有黄色线框的切片，如图 4-44 所示。

实用技巧

若切片的区域不理想，可将光标移至切片的黄色线框上，当光标呈↔或↕时，拖拽线框即可调整切片的区域，如图 4-45 所示。

图 4-44　切　片

图 4-45　调整切片的区域

步骤 2　在步骤 1 创建的切片上右击，从弹出的快捷菜单中选择“编辑切片选项”项，可打开“切片选项”对话框，在其中设置切片名称为“版块标题”，单击“确定”按钮，设置切片名称，如图 4-46 所示。

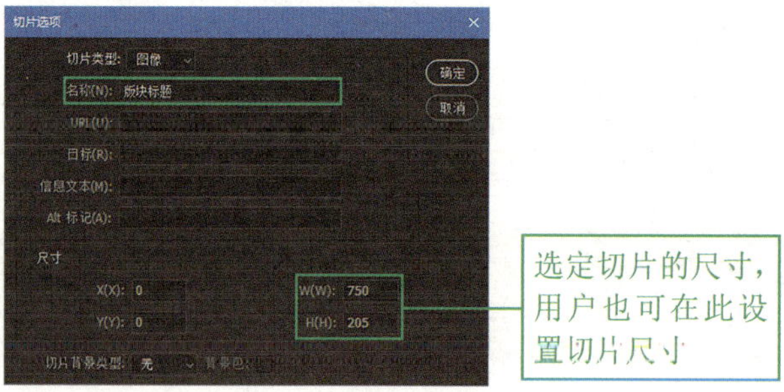

图 4-46　设置切片参数

步骤 3　采用上述方法对针织衫详情页的其他区域进行切片并自定义切片名称，如图 4-47 所示。

图 4-47　完成切片后的效果

实用技巧

在切片上右击，从弹出的快捷菜单中选择“删除切片”项，可删除切片；选择“划分切片”项，打开“划分切片”对话框（见图 4-48），在其中设置参数可均匀划分切片，如勾选其中的“水平划分为”复选框，然后在下方编辑框中输入“4”，单击“确定”按钮，可将图片水平均匀划分成 4 个切片，如图 4-49 所示。

此外，在图片上创建参考线，选择“切片工具”，然后单击工具属性栏中的“基于参考线的切片”按钮，此时图片可基于参考线进行切片，如图 4-50 所示。

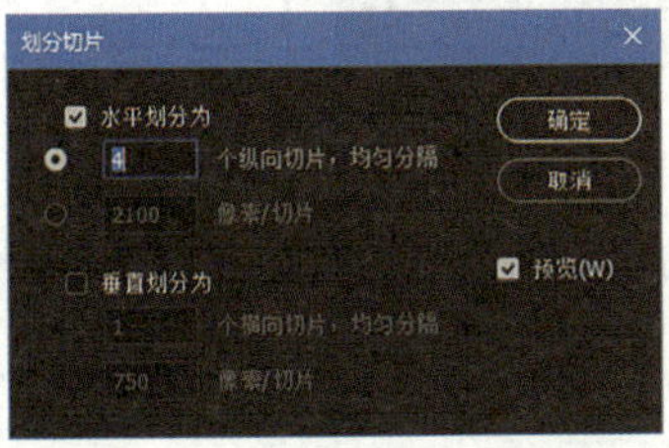

图 4-48 “划分切片”对话框

图 4-49 水平划分切片

图 4-50 基于参考线切片

4.5.2 切片的优化与导出

切片完成后，还需对切片进行优化，以缩减图像文件的大小。

步骤 1 选择“文件”→“导出”→“存储为 Web 所用格式（旧版）”菜单项，打开“存储为 Web 所用格式”对话框，在“优化的文件格式”下拉列表中选择“JPEG”项，“品质”参数为默认的“80”，以压缩切片（见图 4-51），这种参数设置能兼顾图像的清晰度和加载速度。

步骤 2 参数设置完成后，单击“存储”按钮，打开“将优化结果存储为”对话框，然后在“保存在”下拉列表中选择文件的存储位置；在“文件名”文本框中输入文件的存储名称；在“格式”下拉列表中选择文件存储格式，一般选择“仅限图像”项；在“切片”下拉列表中选择要保存的切片类型，一般选择“所有用户切片”项，如图 4-52 所示。

步骤 3 设置好所有参数后，单击“保存”按钮将切片图像保存，然后从弹出的对话框中勾选“不再显示”复选框，单击“确定”按钮，可将切片图像存储在一个名为“images”的文件夹中，如图 4-53 所示。

图 4-51 优化切片的参数

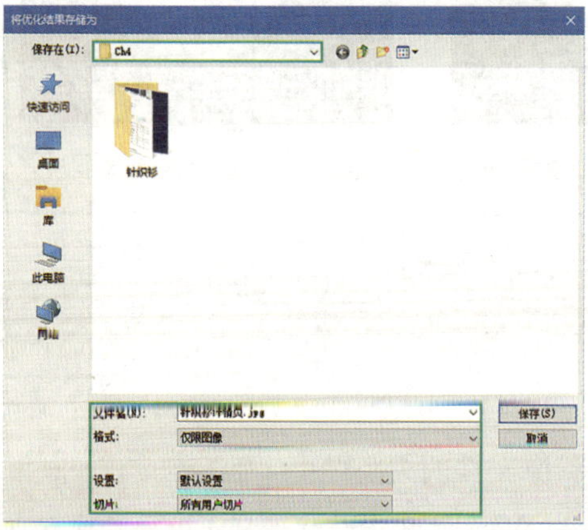

图 4-52 存储切片

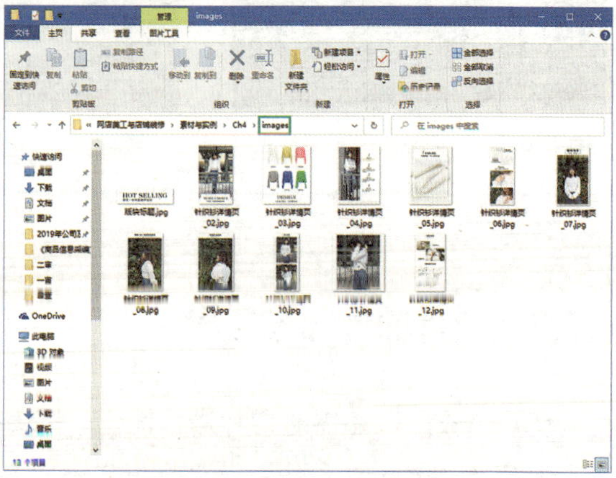

图 4-53 切片导出效果

知识库

当对某个切片的内容做了修改，需要单独导出时，可以在预览窗口中选中该切片，然后在“切片”下拉列表中选择“选中的切片”项后导出。此外，选择“视图”→“清除切片”菜单项，可清除所有的切片。

另外，店铺中的所有页面制作完成后，都可以采用上述方法进行切片与导出。

本章实训——设计与制作项链详情页

本实训以项链详情页的设计与制作为例，练习商品详情页的设计技巧与制作方法。案例最终效果（见图 4-54）可参考本书配套素材“素材与实例”→“Ch4”→“项链”文件夹中的“项链详情页 .psd”文件。

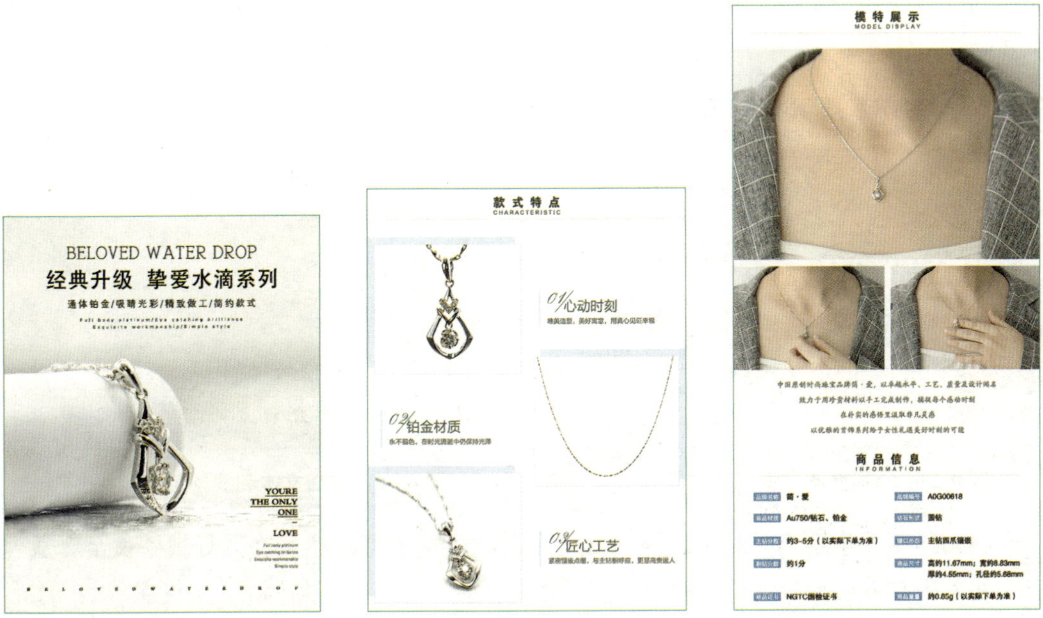

① ② ③

图 4-54 项链详情页效果

1．设计项链详情页

（1）**版块安排**。页头安排项链宣传版块，吸引消费者驻足；接下来安排项链卖点版块，让消费者了解项链的特点；最后安排项链信息描述版块，展示项链详细信息，让消费者全面、深入地了解项链。

（2）**配色分析**。项链详情页用白色作为背景色，用黑色和不同深浅的灰色作为文案颜色，使整个页面呈现出干净、大气，又极具层次感的效果。此外，页面中一些地方用蓝色线条和色块作装饰，能丰富页面色彩，避免画面单调。

（3）**布局方式确定**。项链详情页采用层叠和错位布局方式，可以增强画面的层次感和动感。

2．制作项链详情页

（1）新建一个名为“项链详情页”，宽度为 750 像素，高度自定，分辨率为 72 像素 / 英寸，颜色模式为 RGB 颜色的文档。

（2）置入素材文件夹中的“IMG_9622.jpg”文件，删除图片底部背景，并调整顶部背景的高度。

（3）在图片上添加文本并自定义文本属性。其中，“YOURE THE ONLY ONE”文本需添加下划线（单击“字符”面板底部的“下划线”按钮添加），效果如图 4-55 所示。

（4）在图片下方添加文本并自定义文本属性，然后在文本下方绘制适合的浅灰色线条作为装饰，效果如图 4-56 所示。

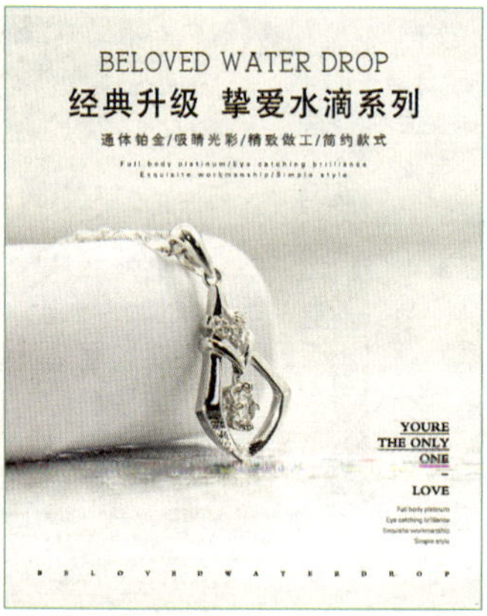

图 4-55 添加文本并设置文本属性

图 4-56 添加文本和线条装饰

（5）绘制一个适当大小的浅蓝色（自定义颜色）矩形，然后将其复制并移至合适位置，接着为其添加浅蓝色的“描边”图层样式。

（6）置入素材文件夹中的“IMG_9581.jpg”文件，然后将其剪切到复制的矩形中，效果如图 4-57 所示。

（7）在图片右侧添加文本和线条、矩形装饰，效果如图 4-58 所示。采用同样方法制作卖点版块的剩余部分。

图 4-57 将图片剪切到矩形中

图 4-58 添加文本和线条、矩形装饰

（8）采用上述方法制作项链信息描述版块的内容。

（9）利用“切片工具”为项链详情页切片。

（10）将切片优化并导出。

第5章 视觉聚焦——店铺海报

章|前|导|读

店铺海报是宣传店铺和商品促销的重要手段之一。通常情况下，一幅成功的店铺海报应具备主题明确、排版美观、构图合理、画面整体感较强等特点。本章将介绍店铺海报的设计技巧与制作方法。

知|识|目|标

- 认识店铺海报。
- 了解店铺海报的排版原则和构图方式。
- 掌握店铺海报的设计技巧与制作方法。

技|能|目|标

- 能够完成店铺海报的设计与制作工作。

素|质|目|标

- 培养钻研精神，提升核心素养。
- 培养一丝不苟、精益求精的工作态度。

5.1 认识店铺海报

店铺海报（见图 5-1）一般位于店铺首页导航下方，用于商品宣传、促销信息展示等，以增加商品和店铺的曝光度。

图 5-1　店铺海报

设计店铺海报时，应先明确主题，再根据主题进行版面设计。通常，店铺海报用于商品宣传时，会以“新品上市”等为主题；用于促销信息展示时，会与店铺活动相关联，此时店铺海报的主题一般会根据店铺纪念日、节假日和平台活动这 3 个类型来划分。

（1）店铺纪念日主题海报。店铺开业、店庆日和会员日等特殊日期，经常被用来策划店铺活动，因为在这些特殊日期举办活动，更容易加深消费者对店铺的关注。此时店铺海报的主题会与店铺纪念日相关，其版面设计应给人喜庆、热闹的感觉。如图 5-2 所示为美妆店铺周年庆促销海报。

图 5-2　美妆店铺周年庆促销海报

（2）节假日主题海报。在端午节、七夕节、中秋节、国庆节等节假日时，利用店铺海报展示促销信息，是商家惯用的营销手段之一。在设计此类主题的店铺海报时，应加入与当前节日相关的元素。例如，如图 5-3 所示为化妆品店铺七夕节促销海报，该海报中添加了与七夕节相关的爱心元素。

图 5-3　化妆品店铺七夕节促销海报

（3）平台活动主题海报。电商平台举办的大型促销活动可有效促进消费，所以许多商家会借势进行促销。在设计此类主题的店铺海报时，建议使用具有视觉冲击力的颜色，以抓住消费者眼球。例如，如图 5-4 所示为医疗器械店铺“双 11”促销海报，该海报使用了能给人强烈感官刺激的红色。

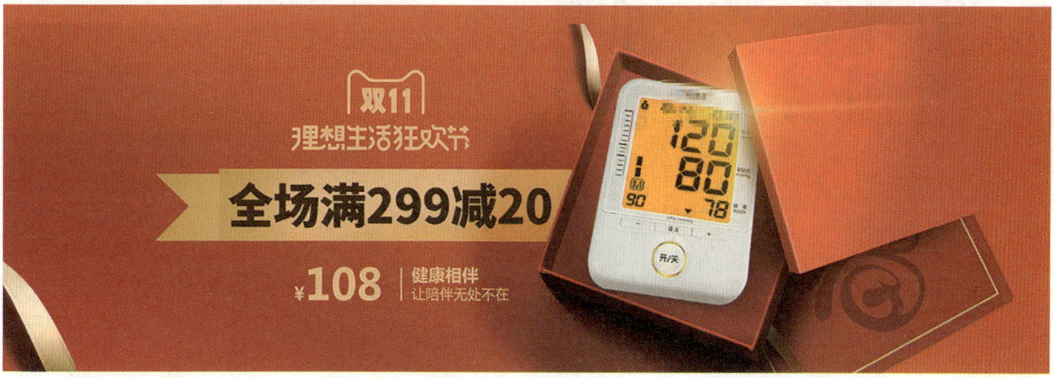

图 5-4　医疗器械店铺“双 11”促销海报

5.2 店铺海报的排版原则

排版是指通过调整文案、图片、图形等元素在版面布局上的位置、大小，使版面布局条理化的过程。在店铺海报排版过程中，常用到以下排版原则。

（1）**保持画面和谐统一**。和谐统一是画面的灵魂所在，是指画面中的元素与元素之间、元素与整体之间协调。为此，画面中应尽量避免出现不同类型的视觉元素，如在采用可爱风的画面中应避免出现科技风元素。

（2）**注意适当留白**。画面中的信息元素不宜过多，且不宜排列得太紧凑，否则容易使消费者眼花缭乱，并产生压迫感。因此，排版时要适当留白。

（3）**利用对比突出重点**。对比包括画面中的颜色对比、文字大小对比、形状对比等，通过对比可以加大不同元素之间的视觉差异，既方便突出重点，又能使画面显得活泼、丰富。

（4）**把握画面节奏和韵律**。节奏是指画面中的元素按照一定的规律排列而形成的一种律动。在节奏中注入美的因素，就有了韵律。例如，如图 5-5 所示的化妆品促销海报中，商品按照一定的规律排列，形成了一种律动，在这一基础上加入鲜花装饰，就有了韵律。

图 5-5　化妆品促销海报

（5）**把控画面的平衡性**。平衡是指对立元素相互匹配以使画面均衡和谐的表现。充分把控画面的平衡性，才能制作出给人稳定、美观感觉的店铺海报。

5.3 店铺海报的构图方式

在店铺海报排版过程中，常用的构图方式有以下几种。

（1）**图文居中式**。图文居中式是将画面中的图片、文案以画面的中轴线为参照居中对称排列的构图方式。这种构图方式不仅可以使画面平衡、稳定，还可以让视觉焦点集中到画面中间，如图 5-6 所示。

图 5-6　图文居中式构图

（2）**平铺式**。平铺式是将画面中的多件商品平铺排列，并保持间距相等，再将文案置于商品上方、下方或叠加在商品上的构图方式，适用于商品数量较多或展示一系列商品的海报。这种构图方式节奏感、秩序感强，能给人整洁、规范的感觉，如图 5-7 所示。

图 5-7　平铺式构图

（3）**两栏式**。两栏式是将画面分为左右两部分，文案在左商品在右，或者文案在右商品在左的构图方式。这种构图方式具有稳定、平衡等特点，如图 5-8 所示。

图 5-8　两栏式构图

（4）三栏式。三栏式是将画面分为左中右 3 个部分，一般文案在中间，商品在两边的构图方式。这种构图方式可使画面稳定、文案突出，如图 5-9 所示。

图 5-9　三栏式构图

（5）上下式。上下式是将画面分为上下两部分，文案在上商品在下，或者文案在下商品在上的构图方式。这种构图方式中的商品与文案各占据一部分，互不干扰，能清晰明了地传达出促销信息，如图 5-10 所示。

图 5-10　上下式构图

（6）满版式。满版式是将元素铺满整个画面的构图方式。这种构图方式的视觉冲击力比较强，会给人丰富、饱满、舒展等感觉，如图 5-11 所示。

图 5-11　满版式构图

5.4 设计与制作调味品店铺海报

扫一扫

本节以调味品店铺海报的设计与制作为例，学习店铺海报的设计技巧与制作方法。案例最终效果（见图5-12）可参考本书配套素材“素材与实例”→“Ch5”→“调味品”文件夹中的“调味品店铺海报.psd”文件。

图5-12　调味品店铺海报效果

5.4.1 设计调味品店铺海报

（1）内容安排。本例设计的店铺海报用于年货节调味品宣传，因此添加多幅不同调味品图片，让消费者直观了解调味品，同时产生店铺中商品品类丰富的感觉；突出显示“调味香料”文案，以明确主题。

（2）配色分析。用黑色作为背景色，姜黄色作为文案颜色，能让店铺海报极具质感，同时突显调味品和文案。

（3）确定构图方式。采用两栏式构图，且文案浮于背景图片上方，使画面极具层次感。

5.4.2 制作调味品店铺海报

步骤1　新建一个名为“调味品店铺海报”，宽度为1 920像素，高度为540像素，分辨率为72像素/英寸，颜色模式为RGB颜色的文档。

实用技巧

店铺海报包括常规海报和全屏海报，常规海报的宽度通常为950像素，高度自定（100像素～600像素）；全屏海报的宽度通常为1 920像素，高度自定（基本不高于540像素），格式为JPG、PNG等。

步骤 2 置入素材文件夹中的“背景 .jpg”文件，如图 5-13 所示。

图 5-13 置入素材文件

步骤 3 新建一个名为“光影”的图层，选择“渐变工具”，单击工具属性栏中的“径向渐变”按钮，然后单击按钮，打开“渐变编辑器”对话框，在其中设置渐变参数（见图 5-14），设置完成后单击“确定”按钮。

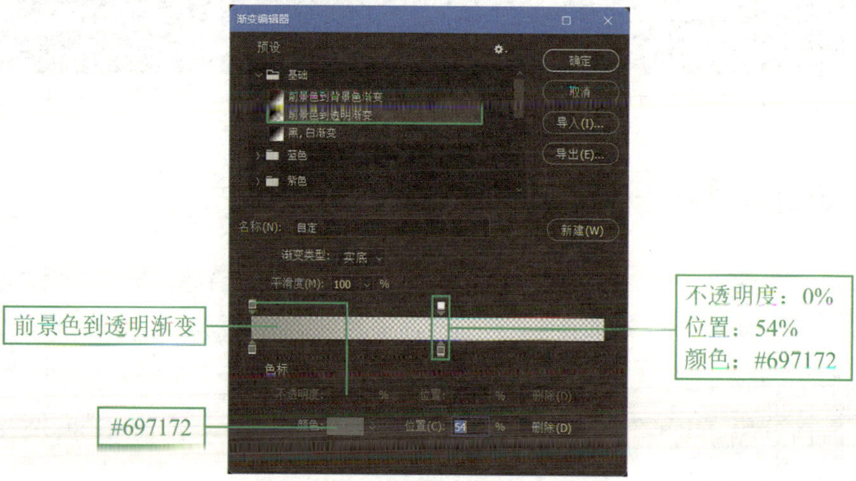

图 5-14 设置渐变参数

步骤 4 在图像编辑区顶部中间位置单击并按住鼠标左键向图像编辑区左下角拖动，创建径向渐变（见图 5-15），然后设置“光影”图层混合模式为“颜色减淡”，此时图像中呈现出吊灯照射的光影效果。

图 5-15 创建径向渐变

步骤 5 置入素材文件夹中的“素材 1.png”文件，然后设置其图层混合模式为“点光”，不透明度为 26%，并将其移至合适位置。采用同样方法置入素材文件夹中的“素材 2.png”文件，并设置其图层混合模式和不透明度，如图 5-16 所示。

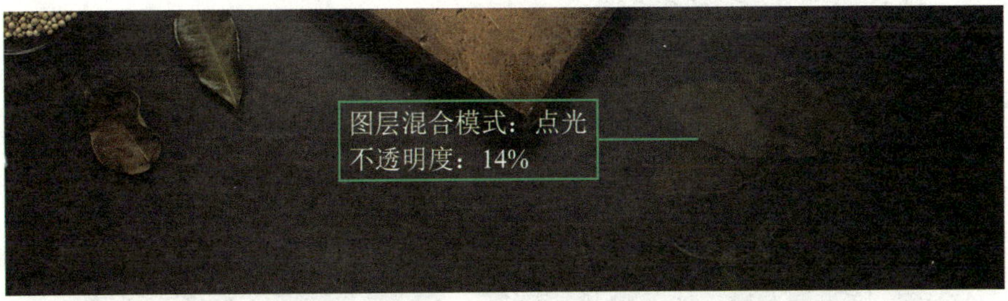

图 5-16 置入素材并设置其图层混合模式和不透明度

步骤 6 置入素材文件夹中的“素材 3.png”文件，将其移至合适位置并添加“投影”图层样式，如图 5-17 所示。

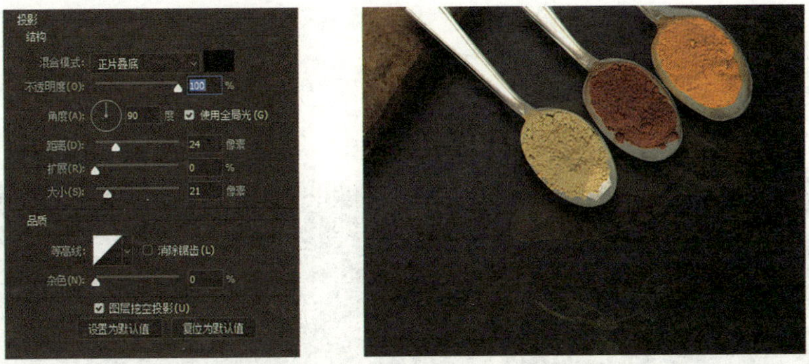

图 5-17 置入素材并为其添加“投影”图层样式

步骤 7 置入素材文件夹中的“素材 4.png”文件，将其等比例放大后移至合适位置，采用步骤 6 的方法为其添加“投影”图层样式（参数设置见图 5-18）。采用同样方法在“素材 4”图层下方置入素材文件夹中的“素材 5.png”“素材 6.png”“素材 7.png”文件，并为它们添加“投影”图层样式，效果如图 5-19 所示。

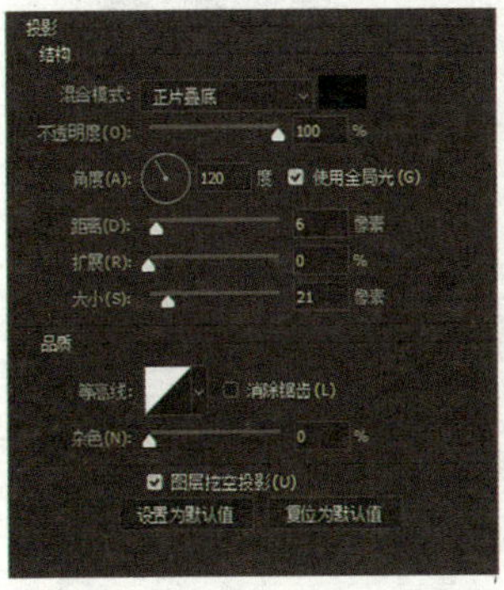

图 5-18 设置“投影”图层样式参数

图 5-19 置入多个素材并为其添加“投影”图层样式

步骤 8 在“素材 4”图层上方新建一个图层，采用步骤 3～步骤 4 的方法在勺子上创建渐变色，降低其亮度，如图 5-20 所示。

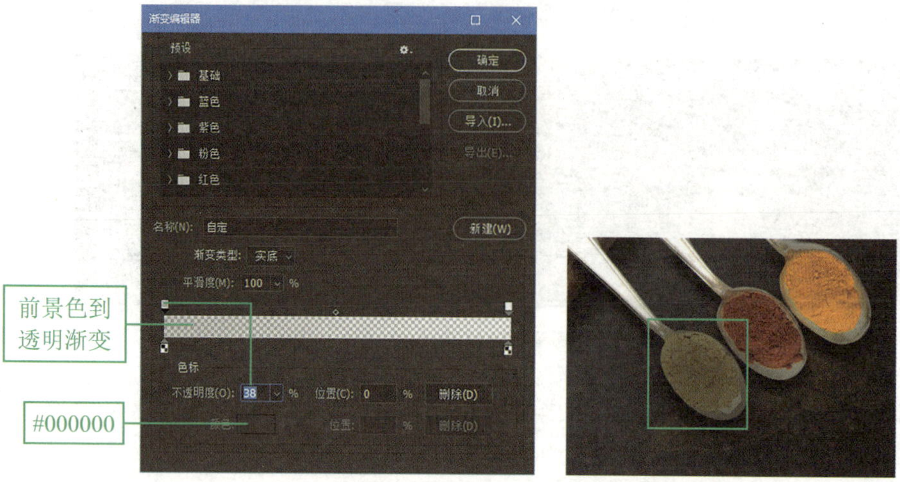

图 5-20　创建渐变以降低勺子亮度

步骤 9 采用步骤 8 的方法在海报顶部创建渐变色，降低其亮度，效果如图 5-21 所示。

图 5-21　在海报顶部创建渐变以降低其亮度

步骤 10 置入素材文件夹中的“素材 8.png”文件，将其适当放大后移至合适位置，然后为其添加图层蒙版，并使用黑色画笔涂抹不需要的部分，如图 5-22 所示。

图 5-22　利用图层蒙版功能去除不需要的部分

步骤 11 添加“调”文本，并设置其字体为禹卫书法行书简体，字体大小为 174 点，字体颜色为姜黄色（#d5cf9d）。采用同样方法添加“味”“香”“料”文本，如图 5-23 所示。

图 5-23 添加文本并设置文本属性

步骤 12 选择“自定形状工具”，单击工具属性栏中的“形状”按钮，并从打开的下拉面板中选择“横幅 3”，然后在“调味香料”文本下方绘制适当大小的图形，接着在工具属性栏中设置图形的填充色为红色（#731b12），描边为无，如图 5-24 所示。

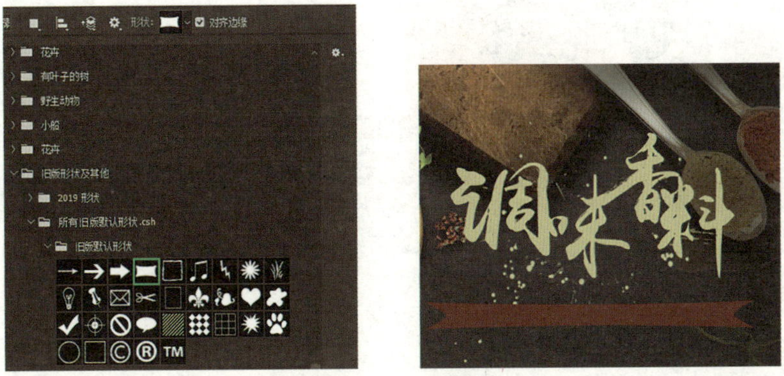

图 5-24 绘制图形

步骤 13 在绘制的图形上添加“天然 • 有机 • 美味 • 健康”文本，然后设置其字体为柳公权柳体，字体大小为 36 点，字体颜色为白色，效果如图 5-25 所示。

图 5-25 添加文本并设置文本属性

步骤 14 最后置入素材文件夹中的“年货节狂欢.png”文件并移至合适位置，然后在“天然 • 有机 • 美味 • 健康”文本下方添加“全场满 200 元立减 50 元”文本，并设置其字体为柳公权柳体，字体大小为 20 点。至此，本案例制作完成。

本章实训——设计与制作女装店铺海报

本实训以女装店铺海报的设计与制作为例，练习店铺海报的设计技巧与制作方法。案例最终效果（见图 5-26）可参考本书配套素材“素材与实例”→“Ch5”→“女装”文件夹中的“女装店铺海报 .psd”文件。

图 5-26　女装店铺海报效果

1. 设计女装店铺海报

（1）**内容安排**。选择由模特展示的衣服图片，让消费者直观感受衣服的穿着效果。搭配与衣服风格统一的元素，以表现古色古香之感。

（2）**配色分析**。用衣服颜色作为主题文案和装饰图形的颜色，可以使画面和谐统一。背景色使用明度较高的粉红色和淡蓝色，这两种颜色能形成一定的对比，从而为画面增添一定的视觉冲击力。

（3）**确定构图方式**。采用两栏式构图，以获得稳定、平衡的画面效果。

2. 制作女装店铺海报

（1）新建一个名为“女装店铺海报”，宽度为 950 像素，高度为 400 像素，分辨率为 72 像素 / 英寸，颜色模式为 RGB 颜色的文档。

（2）新建一个图层，并将其填充为红色，然后适当降低该图层的不透明度。

（3）新建一个图层，在图像编辑区右侧创建选区并填充为淡蓝色。

（4）在图像编辑区中间绘制一个适当大小的白色矩形。

（5）在白色矩形中间绘制一个适当大小的红框，效果如图 5-27 所示。

图 5-27 绘制红框

（6）置入素材文件夹中的“素材 1.png”“素材 2.png”“模特 .png”文件，并将其移至合适位置，效果如图 5-28 所示。

图 5-28 置入素材文件

（7）添加文本并设置文本属性，然后在文本下方绘制矩形装饰。

第6章

不言而信——店铺页头与页尾

章|前|导|读

店铺页头位于网店页面的最顶端，好的店铺页头能瞬间吸引消费者注意，同时帮助消费者了解店铺。店铺页尾位于网店页面的底部，好的店铺页尾可以提高消费者对店铺的信任度。本章将介绍店铺页头与页尾的设计技巧与制作方法。

知|识|目|标

- 认识店铺页头与页尾。
- 掌握店铺页头中标志的设计技巧与制作方法。
- 掌握店铺页头中招牌的设计技巧与制作方法。
- 掌握店铺页尾的设计技巧与制作方法。

技|能|目|标

- 能够完成店铺页头与页尾的设计与制作工作。

素|质|目|标

- 坚守职业道德，践行行业规范。

6.1 认识店铺页头与页尾

6.1.1 店铺页头

店铺页头包括店铺招牌和导航。其中，店铺招牌包括店铺标志、品牌口号、促销信息等内容，起到展示店铺形象、引导消费者购买的作用；导航是消费者访问店铺的快捷通道，方便消费者查找店铺商品信息，如图 6-1 所示。

图 6-1 店铺页头

6.1.2 店铺页尾

店铺页尾是一个自定义内容区，商家可以根据需要自行安排内容。通常，商家会在店铺页尾添加底部导航、客服联系方式、店铺公告等内容，以达到方便消费者选购商品，增加店铺信誉度等目的，如图 6-2 所示。

图 6-2 店铺页尾

6.2 店铺标志的设计与制作

店铺标志作为一种特殊的视觉符号，是店铺形象、特征、文化的浓缩。它的作用是将店铺的经营理念、经营内容、品牌文化等信息传达给消费者，使消费者能够了解该品牌，进而形成品牌烙印。

6.2.1 标志的分类

根据构成要素的不同，可以将标志分为文字标志、图形标志和文字与图形复合构成的组合标志 3 种。

1. 文字标志

文字标志主要由经过艺术化处理的文字构成，包括汉字标志和拉丁字母标志。

汉字标志：根据设计主题对汉字进行艺术化处理形成的标志。在设计这种标志时，要确保经过艺术化处理后的文字清晰、明快、易识别，如图 6-3 所示。

字母标志：一般以字母缩写组合、全称字母组合、单一字母等形式出现，其优点是简约、形式多样，如图 6-4 所示。

图 6-3　汉字标志举例

图 6-4　字母标志举例

2. 图形标志

图形标志主要由图形构成，包括具象标志和抽象标志。

具象标志：对人物、植物或动物等具体的形象造型加以艺术化处理而得到的标志，如图 6-5 所示。

抽象标志：用抽象的几何图形或符号来表达标志的含义，具有抽象美感，如图 6-6 所示。

图 6-5　具象标志举例

图 6-6　抽象标志举例

3. 组合标志

组合标志设计不局限于某一种表现手法，设计者可以将文字、具体的形象造型和几何图形等元素混合在一起，从而形成组合标志。它兼有文字标志的说明性和图形标志的直观性，更易于消费者记忆。例如，工商银行的标志是将文字和几何图形相结合，如图 6-7 所示；卡西龙的标志是将文字、动物造型和几何图形相结合，如图 6-8 所示。

图 6-7　工商银行标志

图 6-8　卡西龙标志

6.2.2　店铺标志设计规范与要求

店铺标志设计要求标志大小适宜、比例精准、没有压缩变形。此外，优秀的店铺标志设计应具备以下特点。

（1）识别性。店铺标志需要特色鲜明、易于识别，这样才能在消费者心中留下深刻的印象。

（2）领导性。店铺标志是对店铺的经营理念、品牌文化等的集中体现，其他视觉传达要素都是围绕标志展开的，因此店铺标志设计要具有一定的领导作用。

（3）统一性。店铺标志设计需要与店铺风格、品牌特点等相统一，不能只考虑美观度而忽略店铺实际情况。

（4）规范性。店铺标志设计完成后，还需要根据不同的需求和背景进行完善，使其更加规范化、标准化。

（5）审美性。店铺标志设计要与时俱进，使其符合当下的设计规范和审美需求。

提　示

店铺标志中使用的文字和图形必须遵守相关的法律法规，重要的规范要求如下。

（1）未经许可，严禁使用电商平台专用文字和图形作为网店宣传的文字和图形。

（2）禁止使用同中华人民共和国的国家名称、国旗、国徽、国歌、军旗、军徽、军歌、勋章等相同或者近似的，以及同中央国家机关的名称、标志、所在地特定地点的名称或者标志性建筑物的名称、图形相同的标志作为商标。

（3）禁止使用带有民族歧视性的；带有欺骗性，容易使公众对商品的质量等特点或者产地产生误认的；有害于社会主义道德风尚或者有其他不良影响的标志作为商标。

(4) 县级以上行政区划的地名或者公众知晓的外国地名，不得作为商标。但是，地名具有其他含义或者作为集体商标、证明商标组成部分的除外；已经注册的使用地名的商标继续有效。

6.2.3 设计与制作户外用品店铺标志

扫一扫

本节以户外用品店铺标志的设计与制作为例，学习店铺标志的设计技巧与制作方法。案例最终效果（见图 6-9）可参考本书配套素材“素材与实例”→“Ch6”→“店铺标志”文件夹中的“户外用品店铺标志 .psd”文件。

图 6-9 户外用品店铺标志效果

1. 设计户外用品店铺标志

(1) 创意点选取。 店铺标志以店铺名称“富奥户外用品旗舰店”中“富奥”的拼音“FUAO”为创意基础，通过变形处理使其外形呈矩形。矩形给人坚实、稳固的感觉，因此外形呈矩形的店铺标志容易使消费者产生信赖感。另外，将字母“A”中的横变成三角形，使其形如户外帐篷，寓意稳定、牢固。

(2) 配色分析。 店铺标志采用“红、蓝”配色，红色象征向上、进取，蓝色象征成熟、稳重，从而体现行业的特点。

(3) 风格定位。 当前设计流行趋势是“扁平化”，因此店铺标志设计选用“扁平化”风格。

提 示

“扁平化”设计是指摒弃不必要的装饰效果，如透视、纹理、渐变等，使得所有元素的边界都干净利落，没有羽化、阴影等，只通过丰富的色彩和有趣的图形来传达店铺信息，给消费者耳目一新的感觉。

2. 制作户外用品店铺标志

步骤 1 新建一个名为“户外用品店铺标志”，宽度为 1 000 像素，高度为 200 像素，分辨率为 300 像素 / 英寸，颜色模式为 RGB 颜色的文档。

提 示

店铺标志文档的分辨率建议设置在 300 像素 / 英寸以上，这样可保证标志放大后比较清晰、细腻。

步骤 2 使用“横排文字工具”输入“FUAO”文本，然后设置其字体为汉仪综艺简，字体大小为 36 点，字体颜色为蓝色（#273d6f），效果如图 6-10 所示。

图 6-10 输入文本并设置文本属性

步骤 3 在“fuao”图层上右击，并从弹出的快捷菜单中选择“转换为形状”项，将文本转换为形状，如图 6-11 所示。按“Ctrl+R”组合键在图像编辑区左侧和上方显示标尺，然后将鼠标移至上方的水平标尺上，按住鼠标左键向“F”上拖拽，到达目标位置后释放鼠标，在“F”上添加一条水平参考线。采用同样方法在“F”上添加其他参考线，效果如图 6-12 所示。

图 6-11 将文本转换为形状

图 6-12 在文本上添加参考线

步骤 4 选择“添加锚点工具”，在“F”上依次单击添加 4 个锚点（左侧 3 个，右侧 1 个），然后使用“直接选择工具”框选中间的 2 个锚点，按“Delete”键删除，将“F”分为上下两部分，如图 6-13 所示。

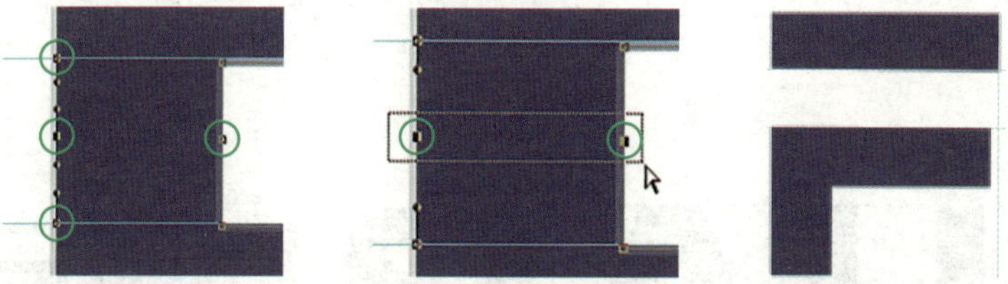

图 6-13 添加并编辑锚点

步骤 5 使用“直接选择工具”框选“F”下部分形状右侧的两个锚点，水平向右拖动，使其与参考线对齐，然后使用“直接选择工具”框选“F”上部分形状，按

“Ctrl+J”组合键复制矩形，接着将复制后的矩形填充色设置为红色（#d72c2c），如图 6-14 所示。

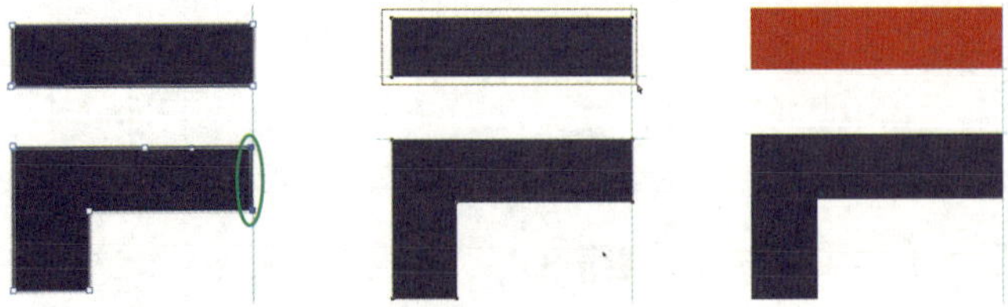

图 6-14　编辑锚点以调整文本形状

步骤 6　在“A”上添加参考线，然后选中“A”内部白色三角形的锚点，按“Delete”键将其删除，接着选择“A”内部左侧锚点，将其拖动至顶部添加的参考线交叉处，如图 6-15 所示。

图 6-15　编辑锚点以调整文本形状

步骤 7　使用“钢笔工具”在“A”中绘制一个红色三角形，如图 6-16 所示。

步骤 8　在“FUAO”右侧添加“富奥户外”和“FUAO OUTDOOR”文本并设置文本属性，然后采用步骤 3 的方法将文本转换为形状，如图 6-17 所示。

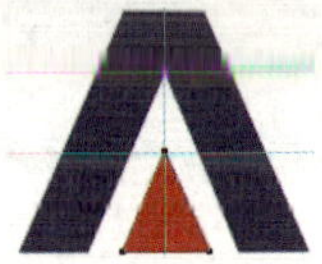

图 6-16　绘制三角形

图 6-17　添加文本并将其转换为形状

步骤 9　采用步骤 3～步骤 6 的方法，在“富奥户外”和“FUAO OUTDOOR”上添加参考线，然后对其进行变形处理，效果如图 6-18 所示。至此，户外用品店铺标志制作完成。

图 6-18　添加参考线并编辑文本形状

6.3 店铺招牌的设计与制作

店铺页头中的店铺招牌不仅是网店的第一视觉印象，还起到品牌宣传的作用。

6.3.1 店铺招牌的设计原则

店铺招牌在设计过程中除了要遵循美观性原则，还要遵循功能性原则和独特性原则。

（1）**功能性原则**。功能性原则是指店铺招牌要起到宣传的作用，因此其设计应明确品牌定位和商品定位。其中，明确品牌定位可以让消费者在脑海中产生品牌烙印；明确商品定位可以让消费者知道店铺中出售的商品是什么。

（2）**独特性原则**。独特性原则是指店铺招牌设计不但要符合店铺商品的属性及行业特征，还要做到与众不同、标新立异，只有这样才能瞬间吸引消费者的眼球，同时使消费者产生情感共鸣。

例如，观察图 6-19 中的店铺招牌，该店铺招牌具有一定的独特性，但是店铺中具体出售的商品是什么却无从得知，无法体现其功能性。再观察图 6-20 中的店铺招牌，该店铺招牌加入了店铺名称、商品图片等内容，很容易看出店铺中出售的主要商品是化妆用品，充分体现了功能性，但是独特性稍差一些。可见，店铺招牌的设计要兼具功能性和独特性，才能在引人入胜的同时，帮助消费者了解店铺及店铺中出售的商品。

图 6-19　店铺招牌 1

图 6-20　店铺招牌 2

6.3.2 店铺招牌的内容安排

大多数店铺招牌中都会放置店铺标志、名称和品牌口号，以展示店铺信息。此外，店铺招牌通常还会放置促销商品信息、收藏和关注店铺链接、优惠券等内容。

（1）**促销商品信息**。在店铺招牌中添加促销商品信息，可以让消费者进入店铺后第一眼就能够看到该信息，从而引导消费者点击进入促销商品页面，进而增加促销商品的销量。

（2）**收藏和关注店铺链接**。在店铺招牌中添加收藏和关注店铺链接也非常重要，因为它可以方便消费者快速收藏和关注店铺，进而提升店铺人气。

（3）优惠券。在店铺招牌中添加优惠券，可以让消费者快速关注店铺的优惠信息，从而提升促销活动效果。

6.3.3 设计与制作甜品店铺招牌

扫一扫

本节以甜品店铺招牌的设计与制作为例，学习店铺招牌的设计技巧与制作方法。案例最终效果（见图 6-21）可参考本书配套素材“素材与实例”→“Ch6”→“店铺招牌”文件夹中的“甜品店铺招牌 .psd”文件。

图 6-21　甜品店铺招牌效果

1. 设计甜品店铺招牌

（1）内容安排。在店铺招牌中添加店铺标志、名称和品牌口号，使消费者了解店铺信息，并逐渐形成品牌烙印；放置促销商品图片，以吸引消费者注意，进而增加此类商品的销量；加入收藏店铺链接，引导消费者收藏店铺，以提升店铺人气。

（2）配色分析。用黑色作为背景色，用白色作为店铺标志、文案等的颜色，可使店铺招牌更有质感的同时凸显商品信息。

2. 制作甜品店铺招牌

步骤 1　新建一个名为“甜品店铺招牌”，宽度为 950 像素，高度为 120 像素，分辨率为 72 像素 / 英寸，颜色模式为 RGB 颜色的文档。

提　示

不同电商平台对店铺招牌尺寸的要求有所不同，通常店铺招牌尺寸为 950 像素 × 120 像素，大小不超过 200 KB。为了得到更好的视觉效果，在制作 PC 端店铺招牌时，可以将店铺招牌、导航和页头背景融合在一起制作，此时其尺寸通常为 1 920 像素 ×150 像素。

步骤 2　新建一个图层，并将其填充为灰黑色（#2f2f2f），然后复制该图层并将其混合模式设置为“叠加”，不透明度为 50%，接着选择“滤镜”→“杂色”→“添加杂色”菜单项，打开“添加杂色”对话框，在其中设置参数后，单击“确定”按钮，添加杂色，如图 6-22 所示。

图 6-22　添加杂色

步骤 3　置入素材文件夹中的“店铺标志 .png”文件，并将其移至合适位置，然后在店铺标志右侧添加店铺名称，并设置其字体为方正粗倩 _GBK，字体大小为 30 点，如图 6-23 所示。

图 6-23　置入店铺标志并添加店铺名称

步骤 4　在店铺标志和店铺名称下方添加文本并设置文本属性，然后在文本两侧绘制白色装饰线，如图 6-24 所示。

图 6-24　添加文本和装饰线

步骤 5　置入素材文件夹中的“巧克力蛋糕 .png”文件，并将其移至店铺名称右侧，然后在蛋糕图片右侧添加文本并设置文本属性，接着在“立即购买”文本下方添加黄色（#f0c600）圆角矩形作为装饰，如图 6-25 所示。

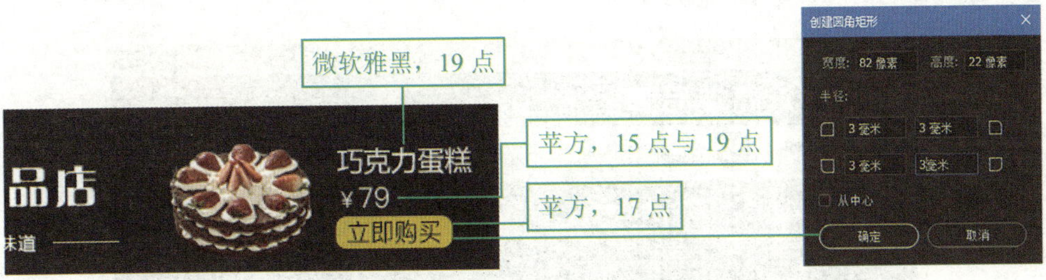

图 6-25　添加图片、文本和装饰图形

步骤 6 采用步骤 5 的方法制作舒芙蕾蛋糕部分，效果如图 6-26 所示。

图 6-26 制作舒芙蕾蛋糕部分

步骤 7 在图像编辑区右侧添加“收藏本店”分行文本并设置其字体为微软雅黑，字体大小为 13 点，然后在文本上绘制一个宽度为 65 像素，高度为 55 像素，描边宽度为 1 像素的白色矩形框，接着为矩形框添加一个图层蒙版，利用图层蒙版隐藏其左上角（见图 6-27），最后置入素材文件夹中的“礼物 .png”文件，并将其移至矩形框左上角，效果如图 6-28 所示。至此，甜品店铺招牌制作完成。

图 6-27 添加并修饰矩形框

图 6-28 置入素材

6.4 店铺页尾的设计与制作

设计与制作店铺页尾的目的在于增强消费者的品牌记忆和购物安全感，方便消费者再次光临店铺。

6.4.1 店铺页尾的内容安排

店铺页尾的内容可根据店铺需要进行添加，通常包括以下内容。

（1）**店铺公告**。在店铺页尾中添加发货须知、温馨提示、售后服务等信息，可以帮助消费者提前了解购物过程中可能遇到的问题和店铺保障，以减轻消费者的顾虑，提高消费者对店铺的信任度，如图 6-29 所示。

图 6-29 店铺页尾中的店铺公告

（2）**客服联系方式**。在店铺页尾中添加客服联系方式，能够方便消费者在浏览到页面底部时及时联系客服，如图 6-30 所示。

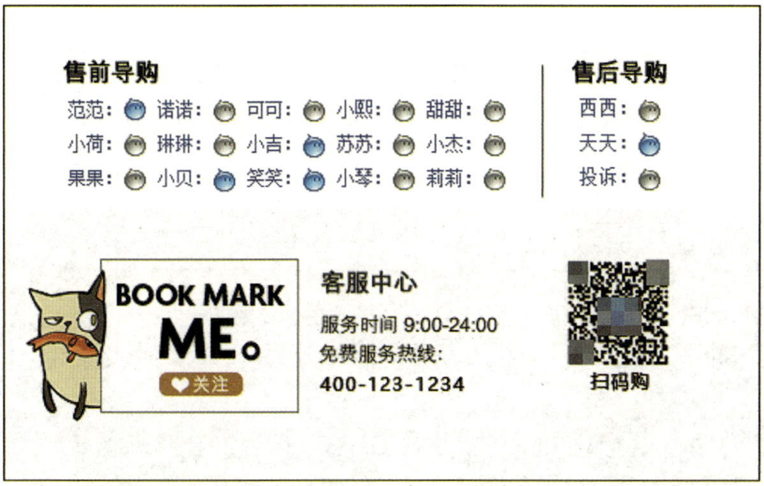

图 6-30 店铺页尾中的客服联系方式

（3）**底部导航**。在店铺页尾中添加底部导航信息，可以方便消费者选购商品，提升消费者的购物体验，如图 6-31 所示。

图 6-31 店铺页尾中的底部导航

（4）**返回顶部按钮**。在店铺页尾中添加返回顶部按钮，可以优化购物流程，方便消费者在浏览到页面底部时快速返回页面顶部。

（5）**收藏和分享店铺链接**。在店铺页尾中添加收藏和分享店铺链接，可以方便消费者收藏和分享店铺，从而留住消费者，提升店铺人气。

6.4.2 设计与制作美妆店铺页尾

扫一扫

本节以美妆店铺页尾的设计与制作为例，学习店铺页尾的设计技巧与制作方法。案例最终效果（见图 6-32）可参考本书配套素材“素材与实例”→“Ch6”→“店铺页尾”文件夹中的“美妆店铺页尾 .psd”文件。

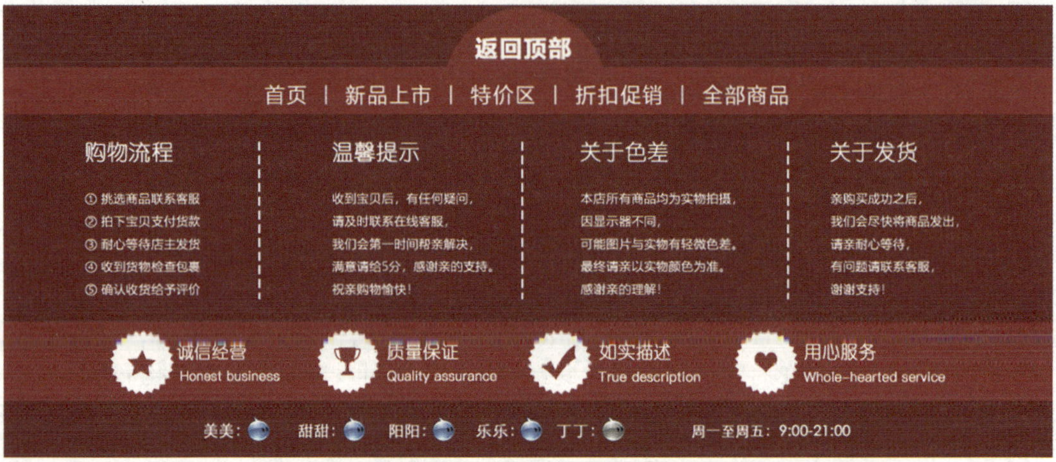

图 6-32 美妆店铺页尾效果

1. 设计美妆店铺页尾

（1）**内容安排**。在店铺页尾中依次添加返回顶部按钮、底部导航、店铺公告和客服联系方式等内容，以提升消费者的浏览和购物体验。

（2）**配色分析**。酒红色给人一种有内涵、有质感且非常优雅的感觉。因此，使用酒红色作为背景色，符合美妆店铺商品的属性及行业特征。

2. 制作美妆店铺页尾

步骤 1 新建一个名为“美妆店铺页尾”，宽度为 950 像素，高度为 400 像素，分辨率为 72 像素 / 英寸，颜色模式为 RGB 颜色的文档。

提 示

店铺页尾的宽度通常为 950 像素，高度自定（建议不要超过 500 像素），格式为 JPG、PNG 等。

步骤 2 新建一个图层并将其填充为酒红色（#86011e），然后再新建一个图层，接着在图像编辑区上方合适位置绘制一个宽度为 950 像素，高度为 42 像素的矩形选区，并将其填充为红色（#ab182a），最后按“Ctrl+D”组合键取消选区，效果如图 6-33 所示。

图 6-33　绘制矩形选区并填充颜色

步骤 3　新建一个图层，绘制一个直径为 140 像素的正圆选区，然后将其填充为红色，接着同时选中正圆和步骤 2 创建的矩形，单击工具属性栏中的“水平居中对齐”按钮，将两者水平居中对齐，最后框选正圆下半部分，按“Delete”键将其删除，效果如图 6-34 所示。

图 6-34　绘制并编辑正圆选区

步骤 4　在步骤 3 创建的正圆上输入“返回顶部”文本，然后设置文本属性。采用同样方法在红色矩形上输入“首页 | 新品上市 | 特价区 | 折扣促销 | 全部商品”文本并设置文本属性，如图 6-35 所示。

图 6-35　输入文本并设置文本属性

步骤 5　采用同样方法在红色矩形下方添加文本并设置文本属性。选中本步骤添加的所有文本，然后依次单击工具属性栏中的“垂直居中对齐”按钮和“水平分布”按钮，使文本垂直居中对齐后水平均匀分布，接着按“Ctrl+G”组合键将所有文本图层进行编组。

保持图层组处于选中状态，加选“背景”图层，然后单击工具属性栏中的“水平居中对齐”按钮，将文本在画面中水平居中对齐，如图 6-36 所示。

图 6-36 添加并调整文本对齐和分布方式

步骤 6 显示标尺，在“购物流程”文本左侧添加参考线，然后在其下方输入分段文本，并设置文本属性。采用同样方法添加其他参考线和文本，如图 6-37 所示。

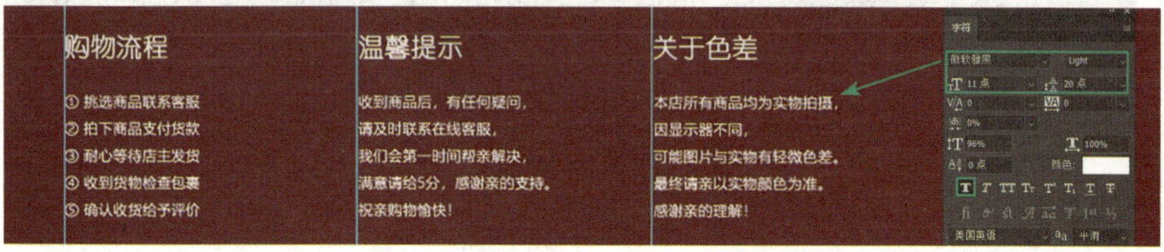

图 6-37 添加参考线和文本

步骤 7 使用“钢笔工具”在“购物流程”与“温馨提示”文本中间绘制白色装饰线。复制装饰线并将其移至其他文本中间，如图 6-38 所示。

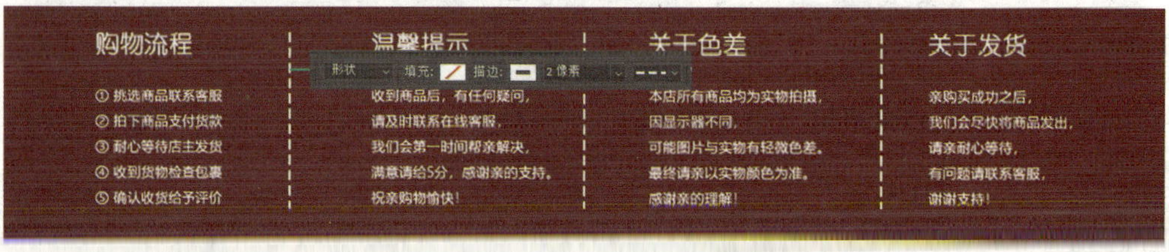

图 6-38 绘制并复制装饰线

步骤 8 采用步骤 2 的方法在图像编辑区下方合适位置绘制一个宽度为 950 像素，高度为 70 像素的红色矩形，效果如图 6-39 所示。

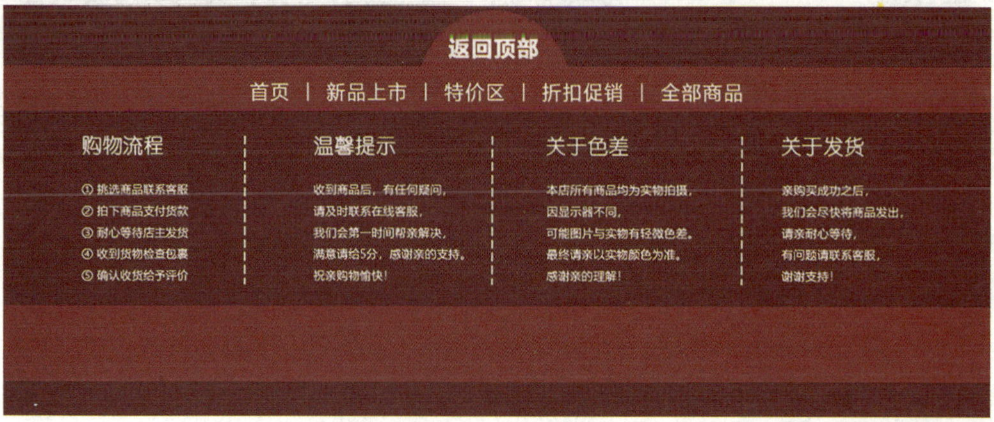

图 6-39 绘制红色矩形

步骤 9 选择“多边形工具”，在新绘制的红色矩形上单击，然后在打开的“创建多边形”对话框中设置相关参数后，单击“确定”按钮，绘制一个多边形。接着设置多边形填充色为白色，并将多边形移至合适位置，如图 6-40 所示。

步骤 10 采用上述方法在多边形上绘制一个红色五角星，如图 6-41 所示。

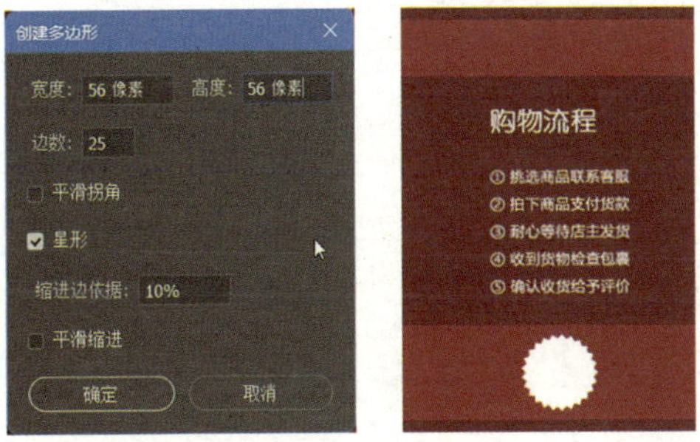

图 6-40 绘制并编辑多边形

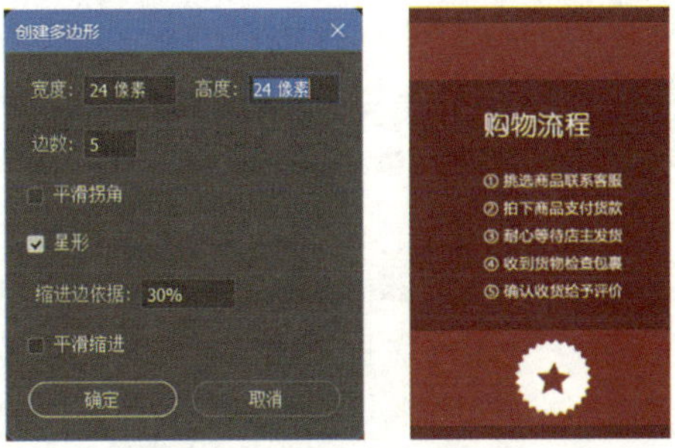

图 6-41 绘制并编辑五角星

步骤 11 在多边形右侧添加文本并设置文本属性，然后将步骤 9～步骤 11 创建的图层进行编组，并重命名为“诚信经营”，如图 6-42 所示。

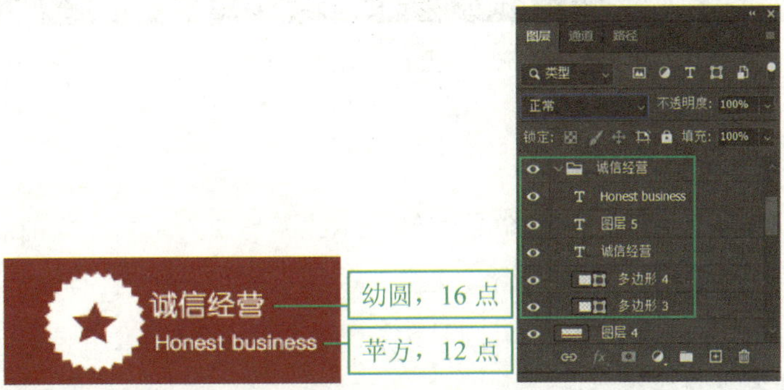

图 6-42 添加文本并编组

步骤 12 采用步骤 9～步骤 11 的方法绘制其他图形、添加相应文本并编组，效果如图 6-43 所示。

图 6-43 绘制其他图形并添加相应文本

步骤 13 在图像编辑区底部添加文本并设置文本属性，然后置入素材文件夹中的“旺旺 .png”和“旺旺灰 .png”文件，并将其移至合适位置，如图 6-44 所示。至此，美妆店铺页尾制作完成。

图 6-44　添加文本和图片

本章实训——设计与制作男装店铺页头

本实训以男装店铺页头的设计与制作为例，练习店铺页头的设计技巧与制作方法。案例最终效果（见图 6-45）可参考本书配套素材“素材与实例”→“Ch6”→“店铺页头”文件夹中的“男装店铺页头 .psd”文件。

图 6-45　男装店铺页头效果

1. 设计男装店铺页头

（1）**内容安排**。店铺页头左侧放置店铺名称、品牌口号、关注店铺链接等，让进店的消费者了解并关注店铺；中间放置优惠券，以吸引消费者在店内消费；右侧放置促销商品信息，让消费者了解店铺动态，同时激发消费者的购买欲望；底部安排导航，方便消费者查找店铺各类商品和信息。

（2）**配色分析**。店铺页头采用“白、黑、红”配色，能获得既简洁、大气，又突出重点的画面效果。

2. 制作男装店铺页头

（1）新建一个名为“男装店铺页头”，宽度为 950 像素，高度为 150 像素，分辨率为 72 像素 / 英寸，颜色模式为 RGB 颜色的文档。

（2）新建一个图层，选择“矩形选框工具”，在图像编辑区底部绘制一个宽度为 950 像素，高度为 30 像素的黑色矩形，作为导航底图。

（3）在导航底图上添加文本并设置文本属性，然后选中添加的所有文本，选择“图层”→“对齐”→“顶边”菜单项对齐文本，效果如图 6-46 所示。

图 6-46　添加并对齐导航文本

（4）新建一个图层，在“所有分类”文本右侧绘制一个适当大小的正方形选区，然后利用变换功能将选区旋转 45°，接着将选区上半部分删除使其变成三角形，最后将三角形填充为白色，如图 6-47 所示。

图 6-47　绘制三角形

（5）在图像编辑区左侧添加文本并设置文本属性，然后为文本添加黑色装饰线，效果如图 6-48 所示。

（6）在文本下方绘制红色圆角矩形，然后置入素材文件夹中的“爱心 .png”文件，适当缩放后移至合适位置，接着在爱心右侧添加文本并设置文本属性，效果如图 6-49 所示。

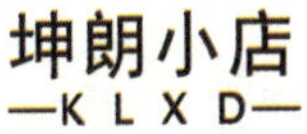

图 6-48　添加文本和装饰线

图 6-49　绘制图形、置入素材并添加文本

（7）新建一个图层，在店铺名称右侧绘制黑色装饰线，然后在装饰线右侧添加品牌口号文本并设置文本属性，如图 6-50 所示。

图 6-50　添加装饰线和文本

（8）新建一个图层，在品牌口号文本右侧绘制一个淡灰色矩形，然后为其添加“投影”图层样式。

（9）置入素材文件夹中的“钱图标 .png”文件，并将其放置在浅灰色矩形中合适位置。

（10）在浅灰色矩形中添加文本并设置文本属性，然后在“领”文本下方绘制一个红色正圆作为装饰，此时一个优惠券制作完成，效果如图 6-51 所示。采用同样方法制作其他优惠券。

（11）在图像编辑区右侧绘制一个红色矩形框，然后使用“多边形套索工具”在矩形框左上角绘制一个红色旗帜图形，效果如图 6-52 所示。

（12）在红色旗帜图形上和矩形框中添加文本并设置文本属性，然后在“立即抢购”文本下方绘制一个红色矩形作为装饰，效果如图 6-53 所示。

图 6-51　优惠券效果

图 6-52　矩形和旗帜图形效果

图 6-53　文本和装饰图形效果

（13）置入素材文件夹中的“男裤 .jpg”文件，然后将其适当缩放后移至合适位置。

第7章 锦上添花——辅助模块

章 | 前 | 导 | 读

店铺中的辅助模块主要包括优惠券、收藏区、分类导航、搜索条等，利用好它们可以使店铺更加人性化，从而更好地服务于消费者。本章将介绍辅助模块中优惠券、收藏区和分类导航的设计技巧与制作方法。

知 | 识 | 目 | 标

- 掌握优惠券、收藏区、分类导航的设计技巧与制作方法。

技 | 能 | 目 | 标

- 能够完成店铺辅助模块的设计与制作工作。

素 | 质 | 目 | 标

- 培养举一反三的能力。
- 增强探索意识，培养钻研精神。

7.1 优惠券的设计与制作

优惠券一般放在店铺首页，是店铺常用的促销手段之一，可以为店铺带来可观的流量，还可以提高店铺的收益。

7.1.1 优惠券的内容安排

一般来说，优惠券中会安排以下内容。

（1）优惠券的面额。在优惠券中一定要明确优惠券的面额，这是优惠券价值的体现，也是吸引消费者使用优惠券的主要因素。

（2）优惠券的使用范围。在优惠券中明确优惠券的使用范围，可方便消费者使用。通常优惠券的使用范围有全场通用和限定使用两种。其中，全场通用是指优惠券可用于购买店铺内的所有商品（见图 7-1），限定使用是指优惠券只能用于购买店铺内的指定商品。

图 7-1　明确使用范围的优惠券

（3）优惠券的使用条件。在优惠券中明确优惠券的使用条件，如“每满 300 元使用”（见图 7-2），“每笔订单限用一张优惠券”等，可以在刺激消费者消费的同时最大限度地保证商家的利润空间。

图 7-2　明确使用条件的优惠券

（4）优惠券的使用周期。在优惠券中明确优惠券的使用周期，可以让消费者产生过期浪费的心理，从而提高购买率。如果是用于店铺短期推广的优惠券，其使用周期应接近推广周期（见图 7-3），如果是用于店铺促销活动的优惠券，其使用周期应是对应的促销天数。

图 7-3 明确使用周期的优惠券

（5）优惠券的最终解释权。在优惠券中明确优惠券的最终解释权，如“优惠券的最终解释权归本店所有”，在一定程度上保留了店铺的法律权利，以免后期活动执行中出现不必要的纠纷。

提 示

优惠券的内容主要涉及以上几点，但不代表以上内容都必须显示在优惠券中，具体内容安排应结合活动内容、优惠券模块展示区域而定。

7.1.2 优惠券的设计要点

设计优惠券时需要注意以下几点。

（1）内容精简。优惠券展示的信息有限，因此在设计优惠券时不要添加任何与优惠内容无关的信息，同时避免信息重复，以便让消费者一目了然。

（2）重点突出。决定消费者是否使用优惠券的主要因素是优惠面额，因此在设计优惠券时，要突显优惠面额，以吸引消费者注意。

（3）风格统一。多张不同优惠面额的优惠券最好使用统一的模板（见图 7-4），以确保风格统一，同时可以使消费者的注意力集中在优惠券模块上。

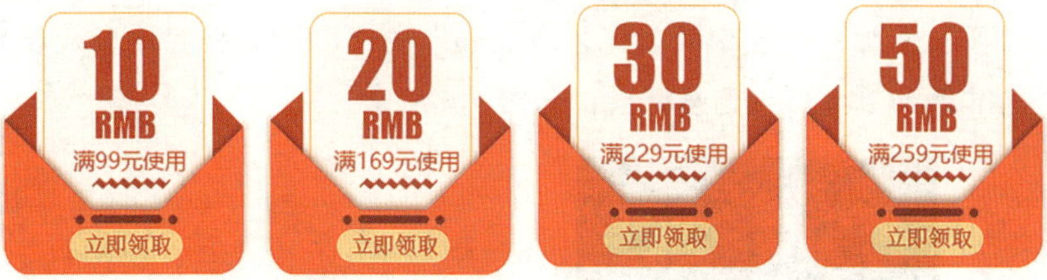

图 7-4 使用统一模板的优惠券

（4）顺序合理。一般来说，多张不同面额优惠券的排列顺序是根据面额大小或到期时间先后排列的，如果到期时间相同，会按照优惠面额从大到小或从小到大排列，如果优惠面额相同，则按照到期时间从前到后排列。

7.1.3 设计与制作美妆店铺优惠券

扫一扫

本节以美妆店铺优惠券的设计与制作为例，学习优惠券的设计技巧与制作方法。案例最终效果（见图 7-5）可参考本书配套素材“素材与实例”→“Ch7”文件夹中的“优惠券 .psd”文件。

图 7-5 美妆店铺优惠券效果

1. 设计美妆店铺优惠券

（1）**内容安排**。在优惠券中依次添加优惠券的优惠面额、使用范围、使用条件和最终解释权等信息，在刺激消费者消费的同时最大限度地保障商家的利润空间和权益。

（2）**配色分析**。用代表高贵、浪漫、优雅的紫色作为主色，既贴合美妆类商品的属性和行业特征，又能使优惠券更加醒目。

2. 制作美妆店铺优惠券

步骤 1 新建一个名为“优惠券”，宽度为 950 像素，高度为 300 像素，分辨率为 72 像素/英寸，颜色模式为 RGB 颜色的文档。

步骤 2 在画面中下位置绘制一个宽度为 875 像素，高度为 145 像素，圆角半径为 25 像素的圆角矩形，然后设置其填充色为紫色（#700ee3）。

步骤 3 置入素材文件夹中的“优惠券 .png”文件，然后将其适当旋转后移至画面左侧，接着为其添加“投影”图层样式，如图 7-6 所示。

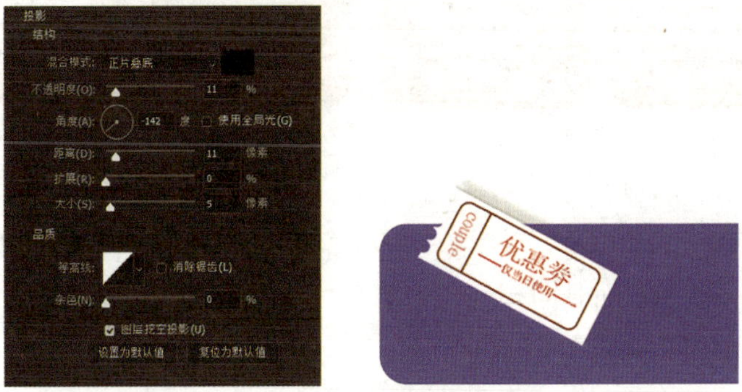

图 7-6 置入并调整素材

步骤 4 采用步骤 3 的方法置入“优惠券 .png”文件并调整，效果如图 7-7 所示。

图 7-7　置入并调整素材

步骤 5 在画面偏下位置绘制一个宽度为 918 像素，高度为 150 像素，圆角半径为 25 像素的圆角矩形，然后设置其填充色为淡紫色（#a345ff），效果如图 7-8 所示。

图 7-8　绘制并编辑圆角矩形

步骤 6 在画面左侧绘制一个宽度为 220 像素，高度为 114 像素的淡粉色（#eedafe）矩形。保持矩形处于选中状态，选择“椭圆工具”，将光标移至矩形左侧边线处，然后按住“Shift+Alt”组合键的同时绘制直径约 6 像素的正圆，接着单击工具属性栏中的“路径操作”按钮，并从打开的下拉列表中选择“减去顶层形状”项，修剪矩形，如图 7-9 所示。

步骤 7 采用步骤 6 的方法在淡粉色矩形两侧边线上绘制多个正圆以修剪矩形，效果如图 7-10 所示。

图 7-9　修剪矩形

图 7-10　继续修剪矩形

步骤 8 在淡粉色矩形上添加文本并设置文本属性（见图 7-11），然后新建一个图层并绘制一个淡粉色三角形遮盖文本的右下角，效果如图 7-12 所示。

图 7-11　添加文本并设置文本属性

图 7-12　遮盖文本

步骤 9　绘制一条紫色斜线装饰文本，然后添加其他文本并设置文本属性，最后为“点击领取”文本添加“内阴影”图层样式，如图 7-13 所示。

图 7-13　添加装饰线与文本

步骤 10　绘制一个宽度为 94 像素，高度为 28 像素，圆角半径为 14 像素的圆角矩形，然后为其添加“渐变叠加”图层样式，接着将其置于“点击领取”图层下方，如图 7-14 所示。至此，10 元优惠券制作完成，将 10 元优惠券相关图层编组，并将组名改为“10 元优惠券”。

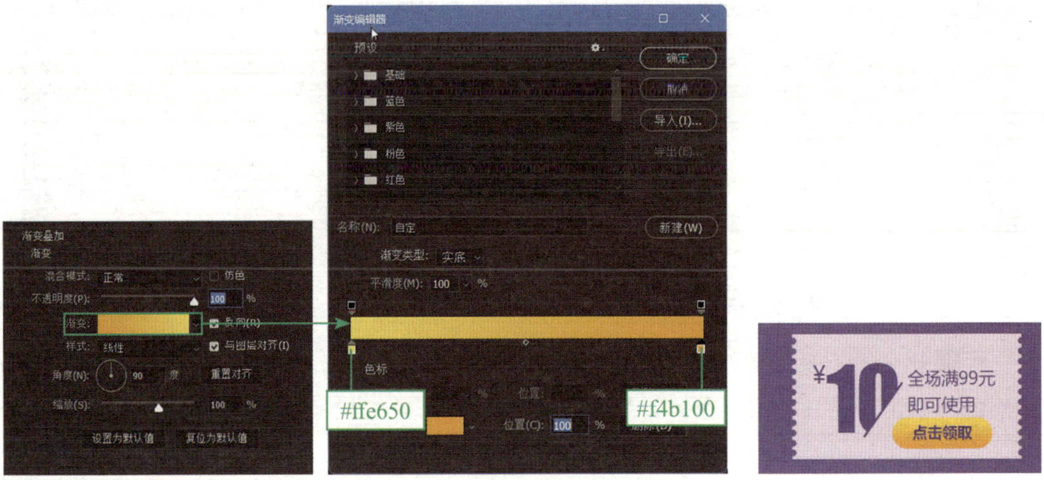

图 7-14　绘制并编辑圆角矩形

步骤 11 复制两份“10 元优惠券”图层组并移至合适位置，然后修改文本内容，以制作 20 元和 30 元优惠券，效果如图 7-15 所示。

图 7-15　制作 20 元与 30 元优惠券

步骤 12 采用上述方法，在 30 元优惠券右侧制作 50 元优惠券，如图 7-16 所示。

图 7-16　制作 50 元优惠券

步骤 13 在优惠券合适位置添加文本并设置文本属性，如图 7-17 所示。至此，美妆店铺优惠券制作完成。

图 7-17　添加文本并设置文本属性

7.2 收藏区的设计与制作

收藏区在店铺装修中至关重要，恰到好处的收藏区设计可以引导消费者收藏店铺，从而增加消费者再次光临的概率，同时提升店铺人气。

7.2.1 收藏区的设计要点

设计收藏区时需注意以下两点。

（1）**保持风格统一**。收藏区的设计风格要与店铺的整体风格相统一，这样可以使整个页面看起来协调、美观。

（2）**加入优惠信息**。收藏区是用于引导消费者收藏店铺的辅助版块，因此其中会加入“收藏本店”或“收藏店铺”等主题文本。此外，为了激发消费者对店铺的兴趣，提高店铺收藏量，还可在收藏区添加优惠信息，但要注意不能让优惠信息喧宾夺主。

7.2.2 设计与制作电子产品店铺收藏区

扫一扫

本节以电子产品店铺收藏区的设计与制作为例，学习收藏区的设计技巧与制作方法。案例最终效果（见图 7-18）可参考本书配套素材“素材与实例”→“Ch7”文件夹中的“收藏区 .psd”文件。

图 7-18 电子产品店铺收藏区效果

1．设计电子产品店铺收藏区

（1）**内容安排**。添加主题文本“收藏店铺”，以表现收藏区的作用，然后添加优惠信息，以吸引消费者收藏店铺。

（2）**配色分析**。蓝色给人理智、现代的感觉，收藏区以蓝色为主色，贴合了电子产品的属性和行业特征。

2．制作电子产品店铺收藏区

步骤 1 新建一个名为“收藏区”，宽度为 190 像素，高度为 190 像素，分辨率为 72 像素 / 英寸，颜色模式为 RGB 颜色的文档。

提 示

收藏区一般放置在店铺左栏，而店铺左栏的宽度为 190 像素，因此收藏区的宽度设置为 190 像素，高度自定，图片格式支持 JPG、PNG 等格式。

步骤 2 选择“钢笔工具”，在工具属性栏“选择工具模式”下拉列表中选择“形状”项，然后绘制一个盾牌图形，接着设置其填充色为蓝色（#287fe0），效果如图 7-19 所示。

步骤 3 复制蓝色图形，按“Ctrl+T”组合键显示变换框，然后在按住“Shift+Alt”组合键的同时向内拖动变换框角点，以等比例缩小复制的蓝色图形，接着取消其填充色，并设置其描边属性，如图 7-20 所示。

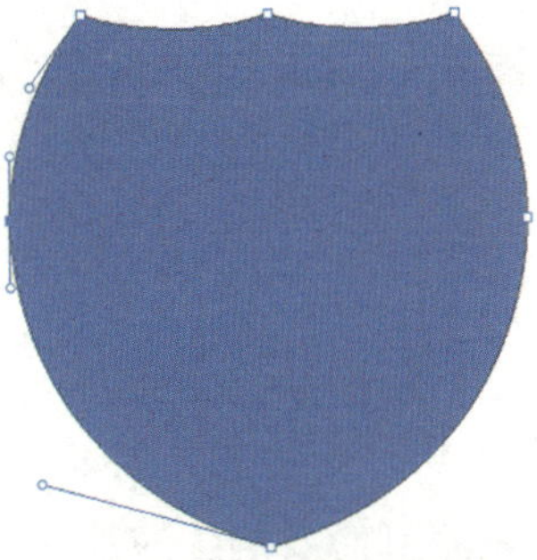

图 7-19　绘制并编辑图形

图 7-20　复制并编辑图形

步骤 4 采用上述方法再复制一个步骤 2 绘制的蓝色图形并编辑，效果如图 7-21 所示。

步骤 5 使用“多边形工具”绘制一个蓝色五角星，然后将其旋转合适角度后移至合适位置，接着再复制两个五角星并移至合适位置，如图 7-22 所示。

图 7-21　再次复制并编辑图形

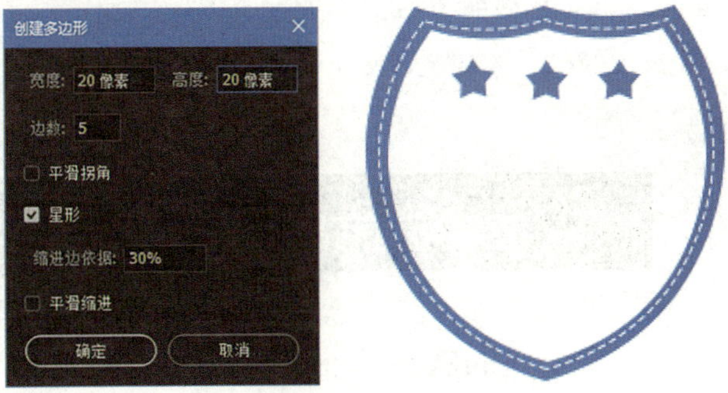

图 7-22　绘制并复制五角星

步骤 6 在蓝色五角星下方绘制一个宽度为 142 像素，高度为 40 像素，圆角半径为 20 像素的蓝色圆角矩形，接着在圆角矩形上添加文本并设置文本属性，如图 7-23 所示。

步骤 7 在蓝色圆角矩形下方添加其他文本并设置文本属性，如图 7-24 所示。至此，电子产品店铺收藏区制作完成。

图 7-23　绘制圆角矩形并添加文本

图 7-24　添加文本并设置文本属性

7.3 分类导航的设计与制作

分类导航一般位于店铺左栏，是店铺重要的辅助模块之一，尤其商品种类繁多时，其作用更为突出。清晰的分类导航可以让消费者很容易找到想要购买的商品，获得流畅的购物体验。

7.3.1 分类导航的设计要点

设计分类导航时应注意以下几点。

（1）文字大小。在制作分类导航时，将文字设置为奇数值字号会使其产生毛边，导致分类导航显得粗糙。为使分类导航效果更加精致，通常将文字设置为偶数值字号。

（2）语种。分类导航文字使用的语种应尽量统一，如不要中文、英文搭配使用，如图 7-25 所示。

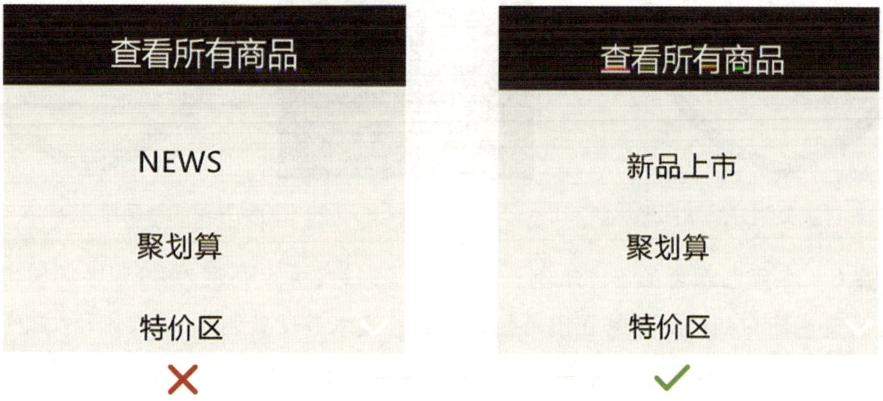

图 7-25　使用不同语种和使用统一语种的分类导航效果对比

提　示

一些电子产品、家居用品等店铺分类导航中的文字会涉及产品型号，此时不同语种搭配使用无法避免，可不统一。

7.3.2　设计与制作电子产品店铺分类导航

扫一扫

本节以电子产品店铺分类导航的设计与制作为例，学习分类导航的设计技巧与制作方法。案例最终效果（见图 7-26）可参考本书配套素材“素材与实例”→“Ch7”文件夹中的“分类导航 .psd”文件。

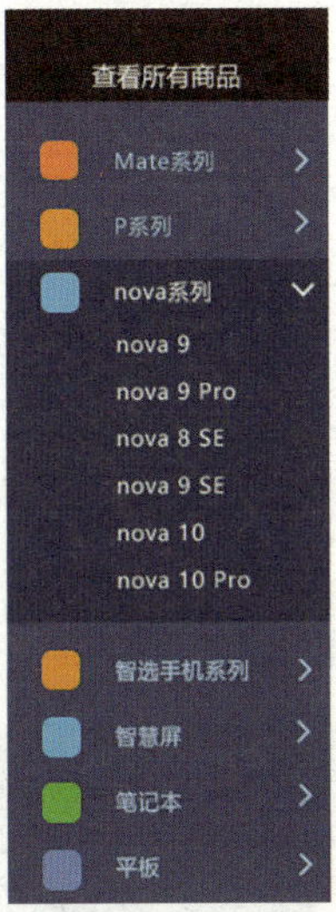

图 7-26　电子产品店铺分类导航效果

1. 设计电子产品店铺分类导航

分类导航以蓝色为主色，贴合了电子产品的科技感属性和行业特征。此外，以橘黄色、黄色、绿色和蓝紫色等颜色为点缀色，在丰富画面的同时使画面更加活泼。

2. 制作电子产品店铺分类导航

步骤 1　新建一个名为“分类导航”，宽度为 190 像素，高度为 500 像素，分辨率为 72 像素 / 英寸，颜色模式为 RGB 颜色的文档。

提　示

通常分类导航的宽度不低于 190 像素，高度自定，图片格式支持 JPG、PNG 等格式。

步骤 2 将“背景”图层填充为蓝色（#0e4f87），然后新建一个图层，接着在图像编辑区上方绘制一个宽度为 190 像素，高度为 54 像素的深灰色（#1f1e1d）矩形，效果如图 7-27 所示。

步骤 3 在深灰色矩形上添加“查看所有商品”文本，并设置其字体为微软雅黑，字体大小为 14 点，字体颜色为白色，效果如图 7-28 所示。

图 7-27 填充背景并绘制深灰色矩形

图 7-28 添加文本并设置文本属性

步骤 4 在文本左下方绘制一个宽度和高度均为 22 像素，圆角半径为 6 像素的圆角矩形，然后设置其填充色为橘黄色（#f78b44）。采用同样方法绘制黄色（#f9a900）和天蓝色（#1abdf1）圆角矩形，效果如图 7-29 所示。

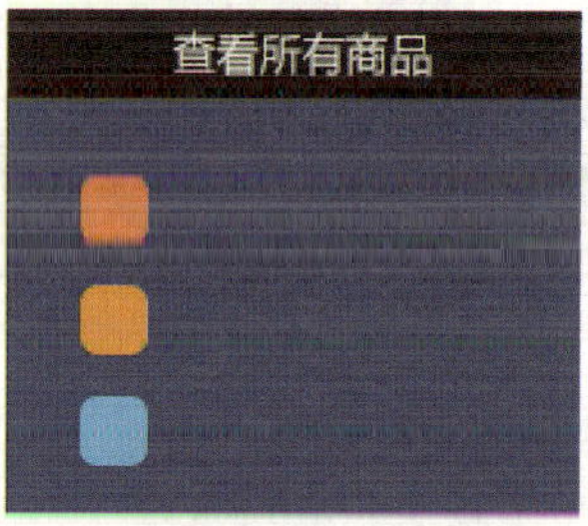

图 7-29 绘制圆角矩形

步骤 5 在圆角矩形右侧添加文本并设置文本属性，如图 7-30 所示。

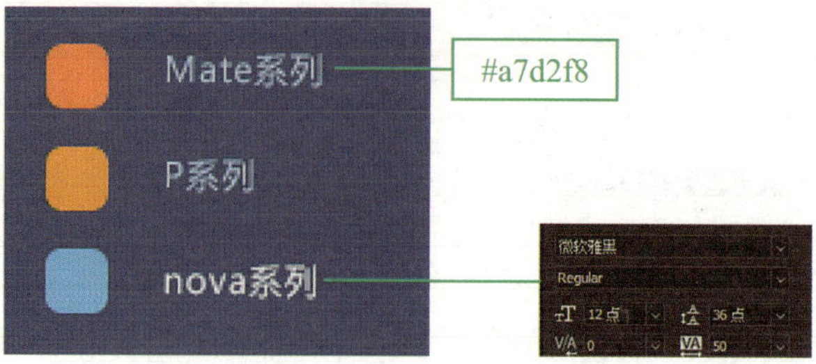

图 7-30 添加文本并设置文本属性

步骤 6 在天蓝色圆角矩形图层下方新建一个图层，然后绘制一个宽度为 190 像素，高度为 200 像素的深蓝色（#033c6d）矩形，效果如图 7-31 所示。

步骤 7 在“nova 系列”文本下方添加文本并设置文本属性，如图 7-32 所示。

图 7-31 绘制深蓝色矩形

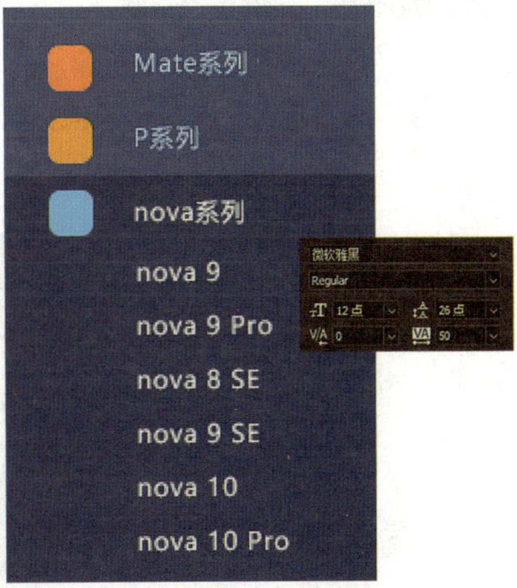

图 7-32 添加文本并设置文本属性

步骤 8 采用步骤 4～步骤 5 的方法绘制圆角矩形并添加文本，如图 7-33 所示。

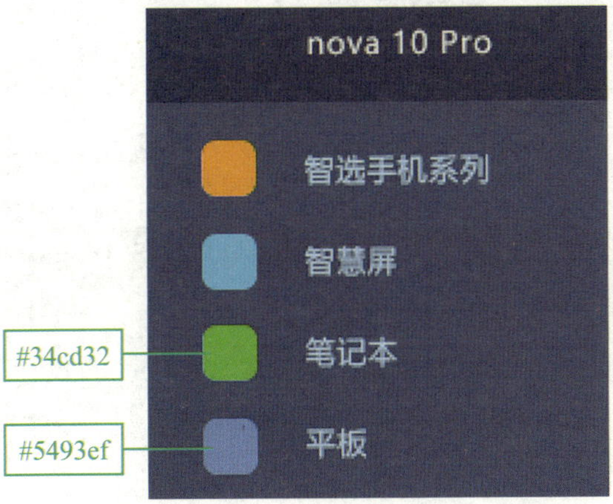

图 7-33 绘制圆角矩形并添加文本

步骤 9 绘制一个宽度为 20 像素，高度为 4 像素的淡蓝色（#a7d2f8）矩形，按“Ctrl+T”组合键显示变换框，按住“Shift”键的同时拖动变换框角点，将其旋转 45°。复制旋转后的矩形，将其水平翻转并移至合适位置，如图 7-34 所示。

选中两个矩形，按“Ctrl+E”组合键将其合并，然后将合并后的图形等比例缩小后移至“Mate 系列”文本右侧作为箭头，效果如图 7-35 所示。

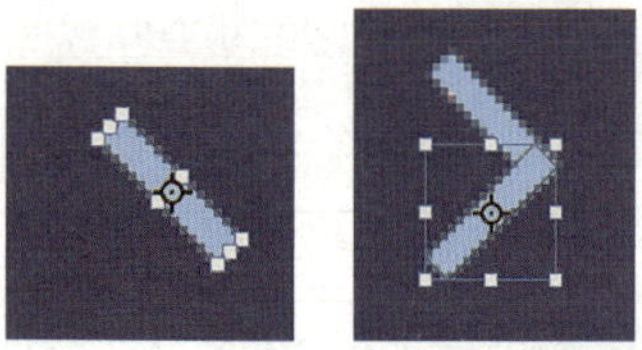

图 7-34　绘制、复制并调整矩形

图 7-35　将箭头等比例缩小并移至合适位置

步骤 10　复制多个步骤 9 绘制的箭头并移至合适位置，效果如图 7-36 所示。至此，电子产品店铺分类导航制作完成。

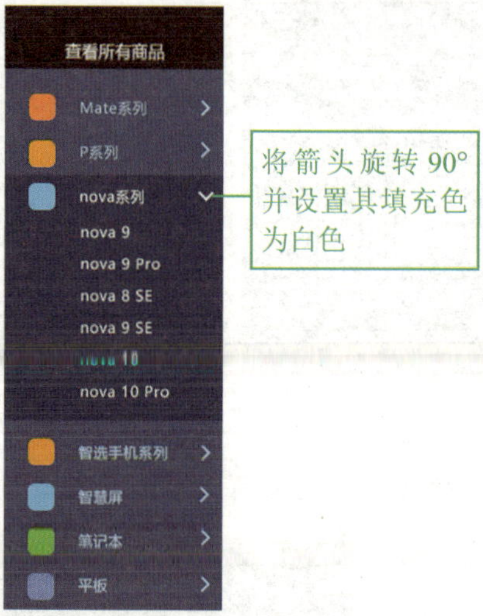

图 7-36　复制多个箭头并移至合适位置

本章实训　设计与制作古玩店铺收藏区

本实训以古玩店铺收藏区的设计与制作为例，练习收藏区的设计技巧与制作方法。案例最终效果（见图 7-37）可参考本书配套素材“素材与实例”→“Ch7”文件夹中的“古玩店铺收藏区 .psd”文件。

图 7-37　古玩店铺收藏区效果

1. 设计古玩店铺收藏区

（1）**内容安排**。添加“收藏店铺”主题文本，引导消费者收藏店铺。

（2）**配色分析**。选择一幅国画作品作为收藏区的背景，使收藏区效果更加贴合古玩商品的属性和行业特征。而将背景中的花青色处理成黛蓝色，朱红色处理成大红色，可加重画面色调，这种“浓墨重彩”能让画面更具古韵，同时更容易引起消费者关注。

2. 制作古玩店铺收藏区

（1）新建一个名称为“古玩店铺收藏区”，宽度为190像素，高度为190像素，分辨率为72像素/英寸，颜色模式为RGB颜色的文档。

（2）打开素材文件夹中的“荷花.jpg”文件并将其复制到“古玩店铺收藏区”文档中。

（3）打开素材文件夹中的“水墨圈.jpg”文件并将其复制到“古玩店铺收藏区”文档中，然后将其等比例放大以铺满图像编辑区。

（4）保持“水墨圈”图层处于选中状态，设置其图层混合模式为“叠加”，效果如图7-38所示。

图7-38 设置图层混合模式

（5）在图像编辑区右下方输入“收藏店铺”文本，并设置其字体为微软简隶书，字体大小为40点，字体颜色为黑色，效果如图7-39所示。

图7-39 添加文本并设置文本属性

（6）为“收藏店铺”文本添加“投影”图层样式，如图 7-40 所示。至此，本实训制作完成。

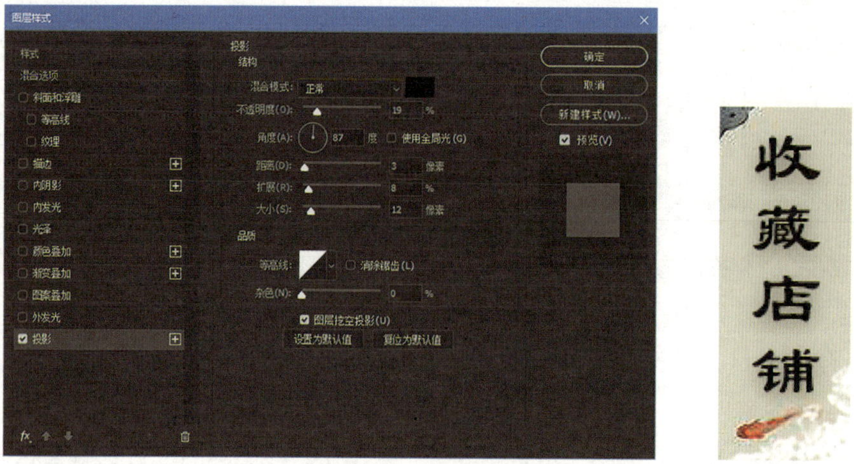

图 7-40　添加图层样式

启智增慧

水墨画是指由水和墨调配成不同深浅的墨色所作出的画，能产生润湿渗透的特殊效果，被视为中国传统绘画形式之一。水墨和宣纸的交融渗透，善于表现似像非像的物象特征，即意象，这种意象效果能使人产生丰富的遐想，意境丰富，深受人们喜爱。

第8章 相映成趣——商品短视频

章｜前｜导｜读

合理地运用商品短视频能够提高商品的推广效果，因为短视频具有较强的视觉冲击力，能够快速吸引消费者目光。另外，短视频可以生动形象地展示商品，让消费者快速、直观且全面地了解商品，从而促进消费。本章将介绍商品短视频的处理技巧与制作方法。

知｜识｜目｜标

- 了解商品短视频的类型。
- 熟悉Premiere工作界面。
- 掌握商品短视频的处理技巧与制作方法。

技｜能｜目｜标

- 能够完成商品短视频的设计与制作工作。

素｜质｜目｜标

- 增强积极思考、寻求解决方法的意识。

8.1 商品短视频的类型

商品短视频主要包括主图视频和详情页视频两种类型。

（1）主图视频。主图视频主要用在商品主图位置（见图 8-1），用于展示商品的特点和卖点等。此类视频的时长一般为 5 ～ 60 秒，宽高比为 16 ∶ 9、1 ∶ 1 或 3 ∶ 4。平台支持 wmv、avi、mov、mp4、flv 等格式的文件上传。

图 8-1　主图视频

（2）详情页视频。详情页视频主要用在商品详情页中（见图 8-2），常用于展示商品的使用方法、使用效果，以及宣传商品等。此类视频的时长一般不超过 10 分钟，视频分辨率大多为 1 920 像素 ×720 像素。平台支持 wmv、avi、mov、mp4、flv 等格式的文件上传。

图 8-2　详情页视频

8.2 商品短视频编辑利器——Premiere

Premiere 是一款功能强大且易于使用的视频编辑软件，无论是专业人士还是业余爱好者，都可以用它制作出满意的作品。

在 Premiere（本书使用 Adobe Premiere Pro 2020）中新建或打开一个项目文件后，便会进入其工作界面，如图 8-3 所示。Premiere 工作界面主要由菜单栏、“监视器”面板、“项目”面板、工具箱、“时间轴”面板和其他面板组成。

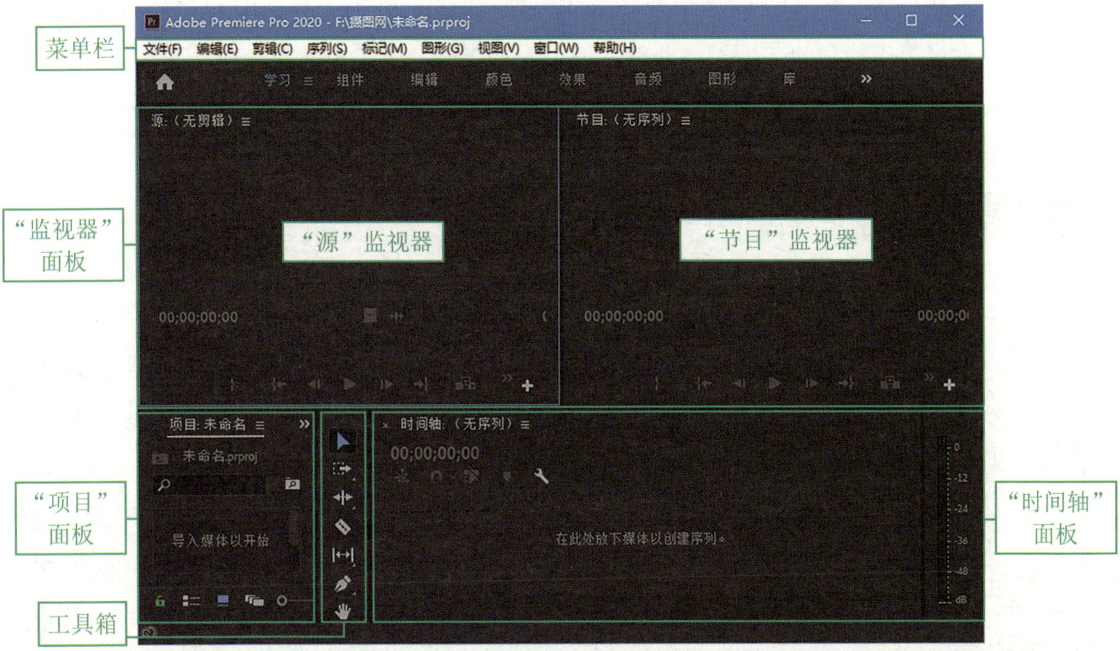

图 8-3 Premiere 工作界面

（1）**菜单栏**。集合了软件的各项功能。使用某项功能时，只需单击相应的菜单名打开其下拉菜单，然后从中选择相应的菜单项即可。

（2）**“监视器”面板**。主要由“源”监视器和“节目”监视器组成。利用“监视器”面板不但可以预览素材和制作的视频作品，还可以对素材进行一些基本的编辑操作。

（3）**“项目”面板**。主要用于管理素材文件，导入到 Premiere 中的素材和新建的序列等都会保存在该面板中。

（4）**工具箱（见图 8-4）**。利用其中的各种工具可以对“时间轴”面板中的素材进行编辑。通常要使用某个工具，只需要单击该工具对应的图标即可。

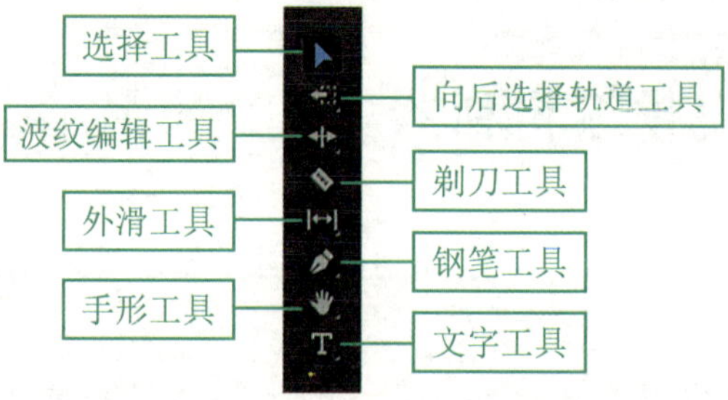

图 8-4　工具箱

（5）**“时间轴”面板。**是对视频、音频等进行各种编辑操作的面板。

（6）**其他面板。**除了前面介绍的几个面板外，Premiere 工作界面中的面板还有用于显示所选素材基本信息的“信息”面板；用于添加视频、音频特效及过渡效果的“效果”面板；用于调整“时间轴”面板中素材特效的“效果控件”面板；用于调整声音大小和混音的“音轨混合器”面板；用于撤销误操作的“历史记录”面板等。

知识库

专业的商品短视频编辑软件除 Premiere 外，还有 After Effects，它侧重于视频内部的动态图形设计和特效合成。此外，商品短视频编辑软件还包括以下两类。

（1）平台自带的商品短视频编辑软件。一些电商平台自带剪辑软件，使用它们可以快速剪辑商品短视频并为其添加字幕。这类软件使用方便且操作简单，初学者可以轻松上手，如淘宝官方剪辑软件　淘拍。

（2）简单的商品短视频编辑软件。常见的有剪映（移动端）、爱剪辑（PC 端）等，其中剪映有大量模板，爱剪辑有各种各样的酷炫特效和优秀的滤镜。它们操作简单，即使没有任何专业知识的初学者也可以使用它们制作出令人满意的短视频。

8.3　商品短视频处理基础

商品视频录制完成后，需要对其进行相关处理，使其成为一个播放流畅、表意明确、主题鲜明的作品。下面从画面剪辑技巧、声音剪辑技巧、字幕制作注意事项及转场方式 4 个方面，介绍商品短视频处理的基础知识。

8.3.1　画面剪辑技巧

合理利用画面剪辑技巧可以使商品短视频更加精简、流畅。画面剪辑技巧主要有踩点剪辑、根据动作剪辑、加入反应镜头和巧用蒙太奇 4 种方法。

（1）**踩点剪辑**。踩点剪辑是使画面切换去匹配背景音乐中的鼓点声或其他声音，即把声音突然变高或降低的瞬间作为剪辑点。

提　示

剪辑点即切换镜头画面的时间点，是画面剪辑的关键。

（2）**根据动作剪辑**。根据动作剪辑是将从不同距离、角度拍摄的一连贯动作顺接到一起，使动作的衔接更加顺畅。这种画面剪辑技巧，既可以通过延长动作时间来突出动作的重要性，也可以通过减少动作镜头来缩短动作完成时间，使内容更精简。例如，在剪辑挤奶油素材时，第 1 个镜头是将奶油挤在盒子的第 1 个格子里（见图 8-5），第 2 个镜头是将奶油挤在第 3 个格子里（见图 8-6），两个镜头中的动作看似是衔接的，实际上中间减少了填满第 2 个格子的动作。

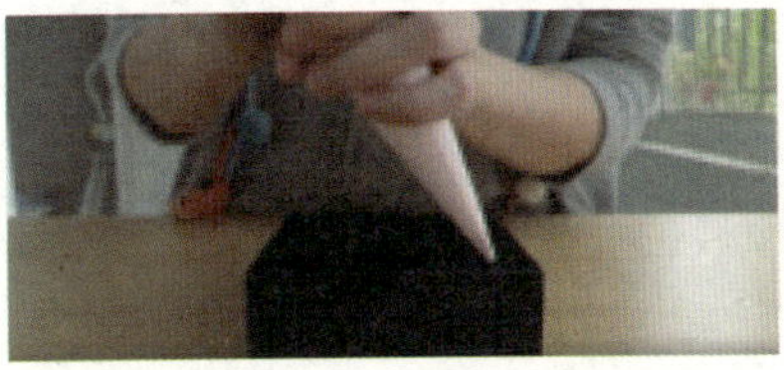

图 8-5　将奶油挤在第 1 个格子里

图 8-6　将奶油挤在第 3 个格子里

（3）**加入反应镜头**。加入反应镜头是剪辑过程中在描述事件镜头之后加入反应镜头，这样能够提升消费者的参与感，带动消费者情绪。例如，在一个展示牛奶特写镜头后，加入人物饮用牛奶后露出满足表情的镜头，能极大增强消费者代入感，从而激发消费者对牛奶的渴望，如图 8-7 所示。

图 8-7　加入反应镜头

（4）**巧用蒙太奇**。蒙太奇是将一系列在不同地点、从不同距离和角度、以不同方法拍摄的视频组接起来，然后对不同时空的事件进行平行剪辑或交叉剪辑，从而将“不相关”的视频镜头衔接到一起组成新的内容。

知识库

> 平行剪辑是将两条或两条以上的情节线索并列表现、分头叙述，并统一在一个完整结构中。通俗来讲，就是将同一时间、不同地点，或同一地点、不同时间所发生的事件、场面等连接起来，使其有条不紊地呈现在观众面前，形成平行发展的剧情。
>
> 交叉剪辑是指将同一时间、不同地点发生的两条或数条故事情节线索频繁地交替展现。同时，各条情节线索之间互相依存、彼此促进，最终数条线索汇集到一起，形成一个完整的结构。

8.3.2 声音剪辑技巧

商品短视频中的声音主要有插曲和背景音乐两种，它们的主要作用是烘托气氛，深入主题思想。下面简单介绍几种声音剪辑技巧。

（1）**声画统一**。声画统一是指商品短视频中的音乐应与画面表达的情绪氛围相匹配，如欢快的音乐配愉快的事件。

（2）**声画平行**。声画平行是指商品短视频中的音乐和画面各自独立，声音只是商品短视频中的一种元素，如人物在解说商品时，加入背景音乐能够丰富整体视听感受，让画面不显枯燥。

（3）**声画对立**。声画对立是指商品短视频中的音乐与画面互不匹配或形成反差。使用这种声音剪辑技巧制作的商品短视频往往能够强化情绪，获取不一样的视听效果。

8.3.3 字幕制作注意事项

字幕是制作商品短视频时添加的解说性文字。下面简单介绍字幕制作的注意事项。

（1）**字幕要与画面风格相匹配**。应根据画面的风格设定字幕的字体和颜色，以营造统一、和谐的视觉效果。

（2）**字幕要有辨识度**。字幕的字体大小要合适，字体颜色要与背景区分开，让消费者能清晰地识别字幕内容。

（3）**字幕颜色不宜过多**。字幕的作用是辅助画面叙事、表达主题。字幕颜色一般不要超过 3 种，颜色过多会使画面显得杂乱。

（4）**字幕位置固定**。在不遮挡重要画面的情况下，字幕位置固定能让观众视觉观感更稳定。

8.3.4 转场方式

转场即转换场面，是一种用于过渡或衔接镜头的技巧。灵活利用转场能让镜头之间的过渡更加自然、流畅，使影片的视觉连续性更强。下面介绍几种常见的转场方式。

（1）**淡入淡出转场**。淡入淡出是两种转场方式。其中，淡入是指第一个镜头画面逐渐显现直至呈现正常亮度，通常用于商品短视频的开始（见图 8-8）；淡出是指最后一个镜头画面逐渐隐去直至黑场，通常用于商品短视频的结束，如图 8-9 所示。

图 8-8　淡入转场效果

图 8-9　淡出转场效果

（2）**叠化转场**。叠化转场是指将前一镜头的结束画面与后一镜头的开始画面相互叠加在一起，以一个镜头逐渐消失，另一个镜头逐渐显现的转场方式，来实现两个镜头之间的衔接、融合。这种转场方式可以使画面转换自然、连贯，如图 8-10 所示。

图 8-10　叠化转场效果

（3）**利用相似性因素转场**。利用相似性因素转场是在前后衔接的两个镜头或多个镜头中，利用外形或性质相似的被摄对象完成转换，以达到视觉连续的转场方式。例如，3 个镜头都是鞋子的特写，以此为相似性因素完成 3 个场景的转换，画面在视觉上显得连贯且流畅，如图 8-11 所示。

图 8-11　相似性因素转场效果

（4）**利用特写镜头转场**。特写具有强调画面细节，集中消费者注意力的作用。利用特写镜头转场不仅可以调动消费者情绪，还可以在一定程度上弱化时空转换带来的视觉跳动，使转场更自然。

（5）**利用空镜头转场**。利用空镜头转场是指利用不出现主体的自然景物或场面镜头进行场景之间的过渡。这种转场方式不仅可以更加流畅地引出下一个场景，还可以达到借景抒情的目的。例如，汉服宣传短视频中利用雨水滴入池塘的空镜头，衔接了不同款式汉服的穿着效果，这种处理方式让场景的转换更加自然，如图 8-12 所示。

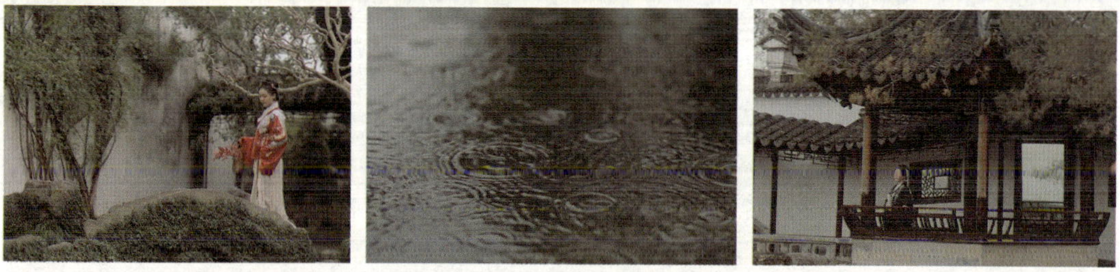

图 8-12　空镜头转场效果

（6）**利用挡黑镜头转场**。利用挡黑镜头转场是利用被摄对象被遮挡的效果完成场景的淡出与淡入，其画面效果具有较强的冲击力，且更具戏剧性。

知识库

> 在处理商品短视频时，还会对画面进行艺术加工，如调整画面的亮度、对比度、色调等，以起到美化短视频视觉效果、丰富叙事内容、强化特定情绪等作用。

8.4 设计与制作加湿器主图视频

扫一扫

本节以小型加湿器短视频的设计与制作为例，学习商品短视频的处理技巧与制作方法。案例最终效果可参考本书配套素材“素材与实例”→“Ch8”→“小型加湿器”文件夹中的“小型加湿器 .mp4”文件。

8.4.1 设计加湿器主图视频

本例首先导入视频和音频素材，然后按照“展示小型加湿器外观→展示小型加湿器使用方法”的顺序对画面进行剪辑，并添加商品名称、使用方法解说等字幕，以便消费者全面、深入地了解小型加湿器，接着调整画面的亮度和色调，使画面效果更加明亮、通透，这有利于消费者获得良好的视觉体验，最后添加背景音乐并输出。

8.4.2 制作加湿器主图视频

1. 剪辑素材

步骤 1 启动 Premiere，单击欢迎界面中的“新建项目”按钮（见图 8-13），然后在打开的“新建项目”对话框“名称”编辑框中输入“小型加湿器”（见图 8-14），接着单击“确定”按钮新建项目，并进入 Premiere 工作界面。

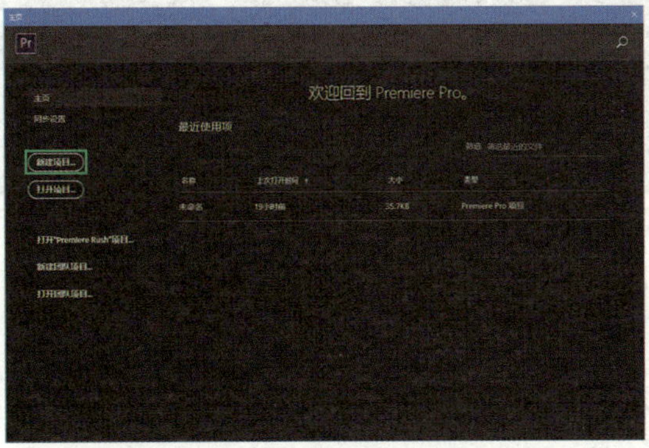

图 8-13 单击“新建项目”按钮

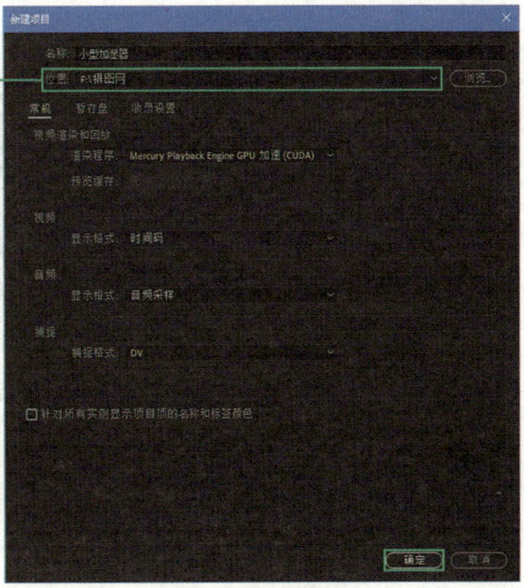

图 8-14 新建项目

步骤 2 选择“文件”→“导入”菜单项，在打开的“导入”对话框中选择本书配套素材“素材与实例”→“Ch8”→“小型加湿器”→“素材”→“视频”→“办公镜头”文件夹中的所有素材，然后单击“打开”按钮导入素材。采用同样方法导入“展示镜头”文件夹中的所有素材。

提 示

Adobe 软件的操作都是相通的，如按“Ctrl+Z”组合键可以撤销上一步操作。用户可用 Photoshop 软件的操作经验尝试操作 Premiere 软件。

步骤 3 单击“项目”面板底部的“新建素材箱”按钮新建一个素材箱，并命名为“视频”，然后选中面板中所有素材并拖至素材箱中，如图 8-15 所示。

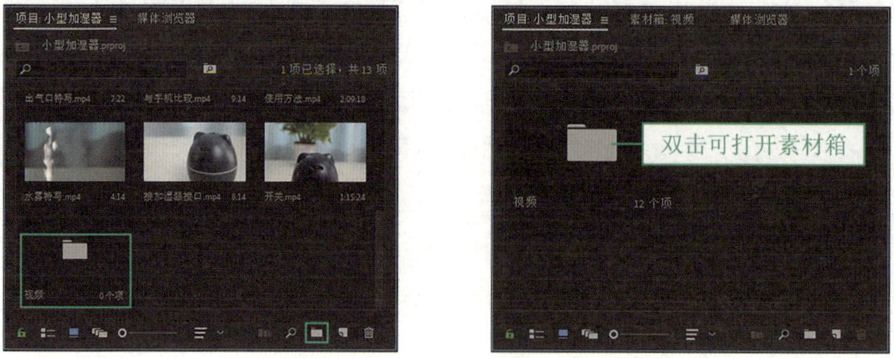

图 8-15　新建素材箱并拖入素材

步骤 4 将素材“全景摇 .mp4”从“项目”面板拖至“时间轴”面板中，此时自动生成“V1”轨道，同时在“视频”素材箱中自动生成一个与该素材属性一致的序列，如图 8-16 所示。

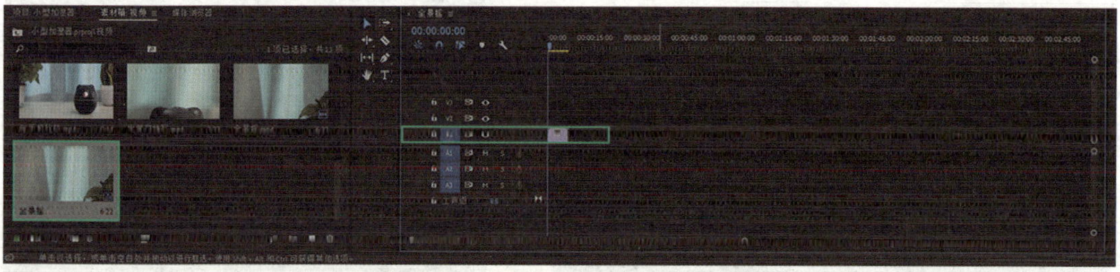

图 8-16　将素材拖至“时间轴”面板

知识库

视频的编辑都在序列中进行。直接将素材拖至“时间轴”面板即可新建序列，新建序列的目的是让导入的素材都以其属性为标准进行编辑。

此外，还可在“项目”面板中需要保留原画幅大小的素材上右击，从弹出的快捷菜单中选择“从剪辑新建序列”项，新建序列；也可在“项目”面板空白处右击，从弹出的快捷菜单中选择“新建项目”→“序列”项，然后在打开的“新建序列”对话框中选择合适的可用预设，从而新建序列。

步骤 5 按空格键在“节目”监视器中预览素材“全景摇 .mp4”，以确定需要剪辑的部分。将“时间轴”面板中的“时间指针”拖至 1 秒 8 帧（或单击“时间轴”面板左上方的当前时间码，在激活的编辑框中输入“00:00:01:08”并按“Enter”键确认），然后选择工具箱中的“剃刀工具”，在“V1”轨道的当前时间指针处单击剪辑素材，接着采用同样方法在5秒8帧处剪辑素材。

此时“全景摇.mp4”被剪成了3个片段（第1个片段为空白画面，第2个片段为商品展示画面，第3个片段为多余的定格画面），如图8-17所示。

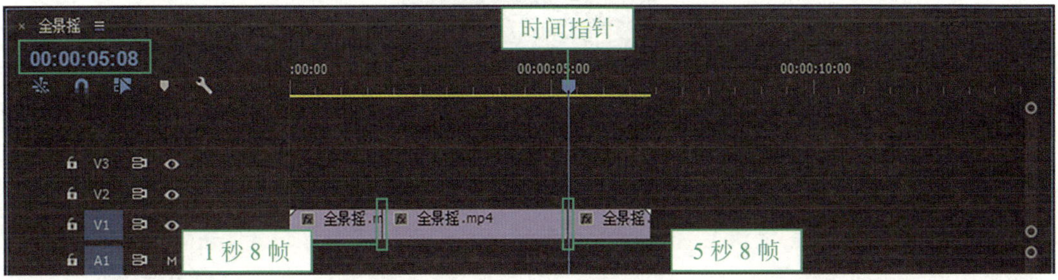

图8-17 剪辑素材

提 示

如果拖入“时间轴”面板的素材带有音频，需在轨道中的素材上右击，从弹出的快捷菜单中选择“取消链接”项，然后选择工具箱中的“选择工具”▶，选中音频素材并按“Delete”键将其删除。

步骤6 选择“选择工具”▶，单击选中步骤5中剪辑的第1个片段并按“Delete”键将其删除。采用同样方法删除第3个片段，然后向左拖动保留片段，使其起始点位于第0帧，如图8-18所示。

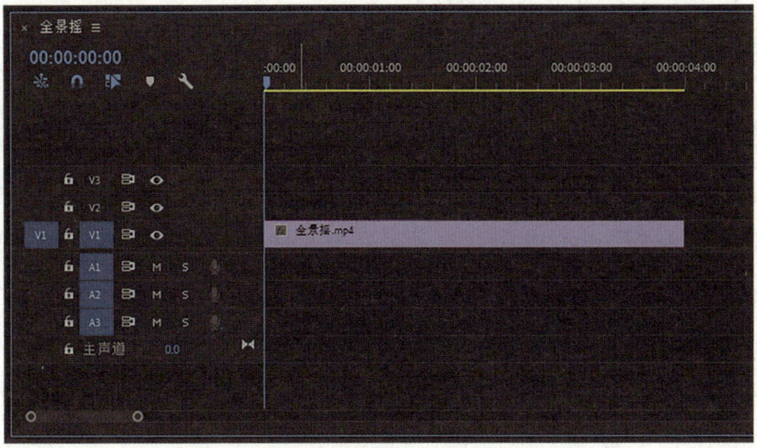

图8-18 删除多余片段并调整保留片段

步骤7 在“全景摇.mp4”保留片段上右击，并从弹出的快捷菜单中选择“速度/持续时间”项，然后在打开的“剪辑速度/持续时间”对话框中将“持续时间”设置为“00:00:01:24”(见图8-19)，并单击“确定”按钮，使片段播放速度加快，播放时长缩短。

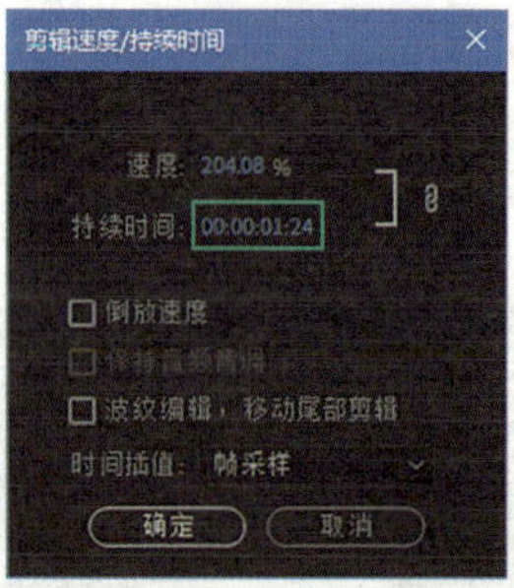

图 8-19　设置视频持续时间

步骤 8　将“出气口特写 .mp4”“与手机比较 .mp4”“工作场景 .mp4”“碰倒 .mp4”“倒后特写 .mp4”5 个素材依次拖至“全景摇 .mp4”保留片段后，然后采用步骤 5～步骤 6 的方法在 5 个素材中各截取几秒精彩片段进行拼接，如图 8-20 所示。

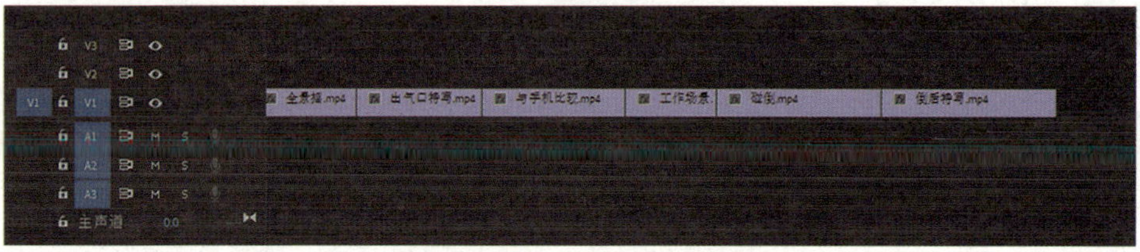

图 8-20　剪辑素材

步骤 9　将素材“使用方法 .mp4”拖至“V2”轨道上，使其起始点位于第 0 帧，然后截取其中 00:00:54:00 至 00:01:15:00 浸泡棉条片段，接着设置其“持续时间”为“00:00:02:00”，最后将其拖至“V1”轨道“倒后特写 .mp4”片段后进行拼接。

步骤 10　采用上述方法截取素材“使用方法 .mp4”中 00:01:21:00 至 00:02:03:00 安装棉条片段，然后设置其“持续时间”为“00:00:10:00”，接着将其拖至“V1”轨道浸泡棉条片段后进行拼接，最后删除“V2”轨道中剩余片段。

步骤 11　同时选中“V1”轨道中浸泡棉条片段和安装棉条片段，右击并从弹出的快捷菜单中选择“嵌套”项，然后从打开的“嵌套序列名称”对话框中设置名称为“使用方法”，单击“确定”按钮，将这两段素材合并成一个整体，如图 8-21 所示。

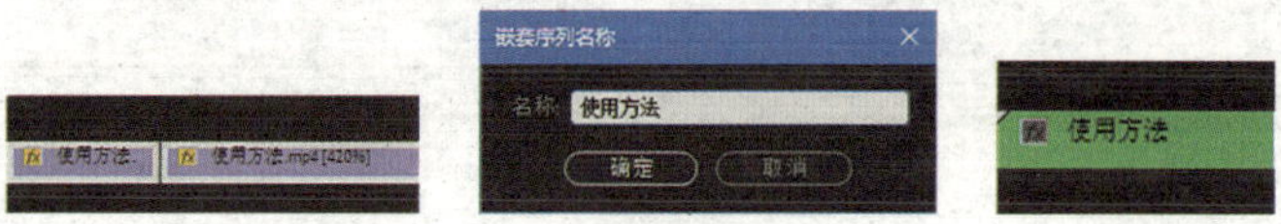

图 8-21　嵌套素材

提　示

将多个素材嵌套后可以合并成一个整体，以便同时改变其属性。

步骤 12 采用上述方法，在素材“接加湿器接口.mp4”“接电脑.mp4”“接充电宝.mp4”“开关.mp4”“水雾特写.mp4”中各截取几秒精彩片段，然后按剪辑顺序在“V1”轨道中进行拼接，如图 8-22 所示。

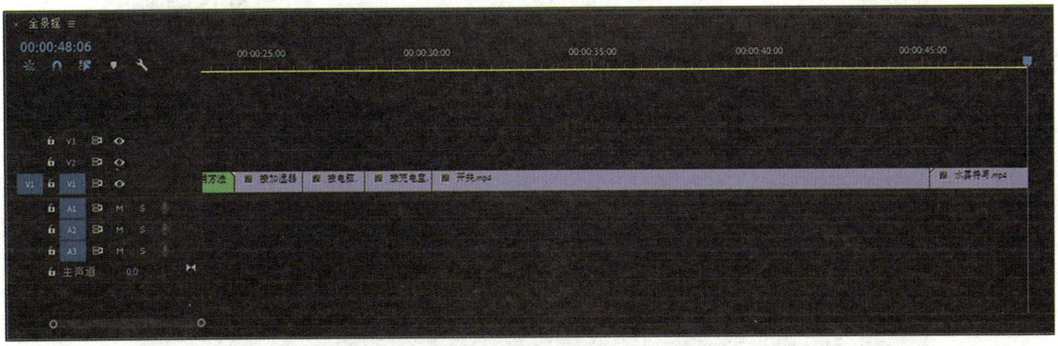

图 8-22 剪辑素材

步骤 13 将“开关.mp4”片段的“持续时间”设置为“00:00:03:00”，然后在“开关.mp4”和“水雾特写.mp4”片段之间的空隙处右击，从弹出的快捷菜单中选择“波纹删除”项完成拼接。至此，素材初步剪辑完成，此时“时间轴”面板效果如图 8-23 所示。

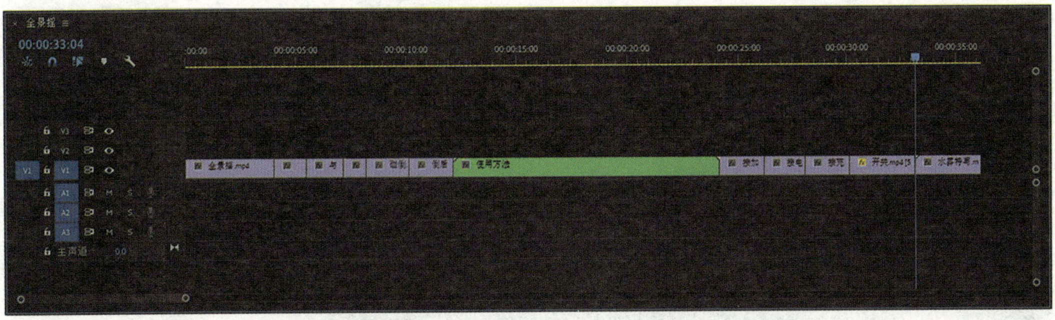

图 8-23 素材初步剪辑完成后的“时间轴”面板效果

提 示

整个商品短视频剪辑完成后，可按空格键浏览一遍，查看短视频是否顺畅、精简，如不满意，可根据实际情况继续调整。

2. 添加字幕

步骤 1 选择“文件”→“新建”→“旧版标题”菜单项，在打开的“新建字幕”对话框“名称”编辑框中输入“小型加湿器”，然后单击“确定”按钮，进入字幕编辑界面，如图 8-24 所示。

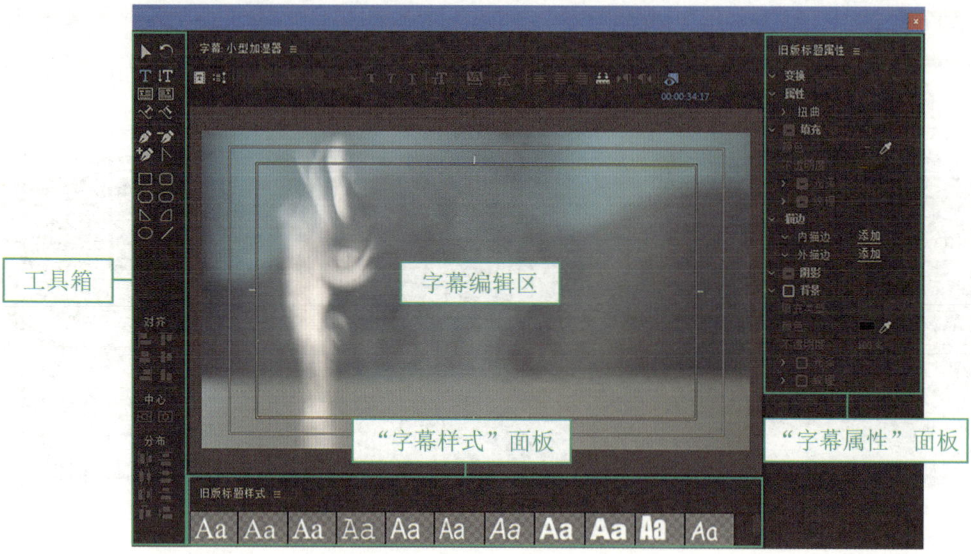

图 8-24　字幕编辑界面

步骤 2　选择工具箱中的“文字工具”，在字幕编辑区右上方单击并在文字输入框中输入“小型加湿器”，然后在“字幕样式”面板中选择蓝色阴影字幕样式，接着在“字幕属性”面板中的“属性”设置区设置字体大小为 80.0，设置完成后单击字幕编辑界面右上角的“关闭”按钮关闭此界面，此时“项目”面板中自动生成“小型加湿器”字幕素材，如图 8-25 所示。

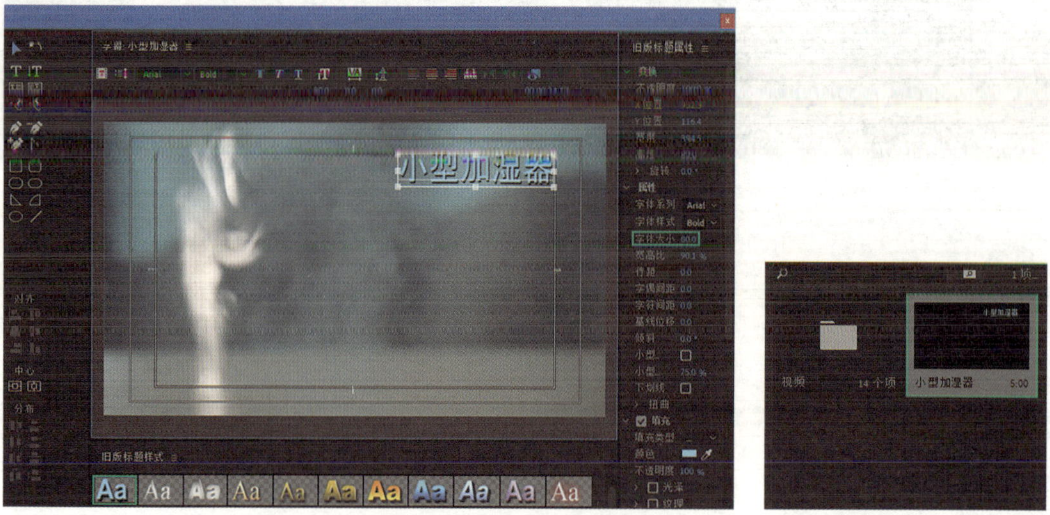

图 8-25　新建并编辑字幕

步骤 3　使用“选择工具”将新建的“小型加湿器”字幕素材从“项目”面板拖至“时间轴”面板的“V2”轨道上，使其起始点位于第 0 帧，然后将光标移至字幕素材末端，当光标呈状时拖动鼠标以调整其时长，使其稍短于视频时长，如图 8-26 所示。

图 8-26 添加并调整字幕

实用技巧

> 字幕时长短于视频时长，这样会出现文字先于画面消失的效果。此外，如果要再次编辑字幕，可双击轨道上的字幕素材进入字幕编辑界面。

步骤 4 采用步骤 1 的方法新建“广告词”字幕素材，进入字幕编辑界面后，先使用“文字工具” T 在字幕编辑区左上方单击，然后在“字体系列”下拉列表中选择“隶书”，设置字体大小为 40.0，接着输入“可持续工作 6 小时”文字，最后选中“6”并设置其“颜色”为橙色（#F5B815），如图 8-27 所示。

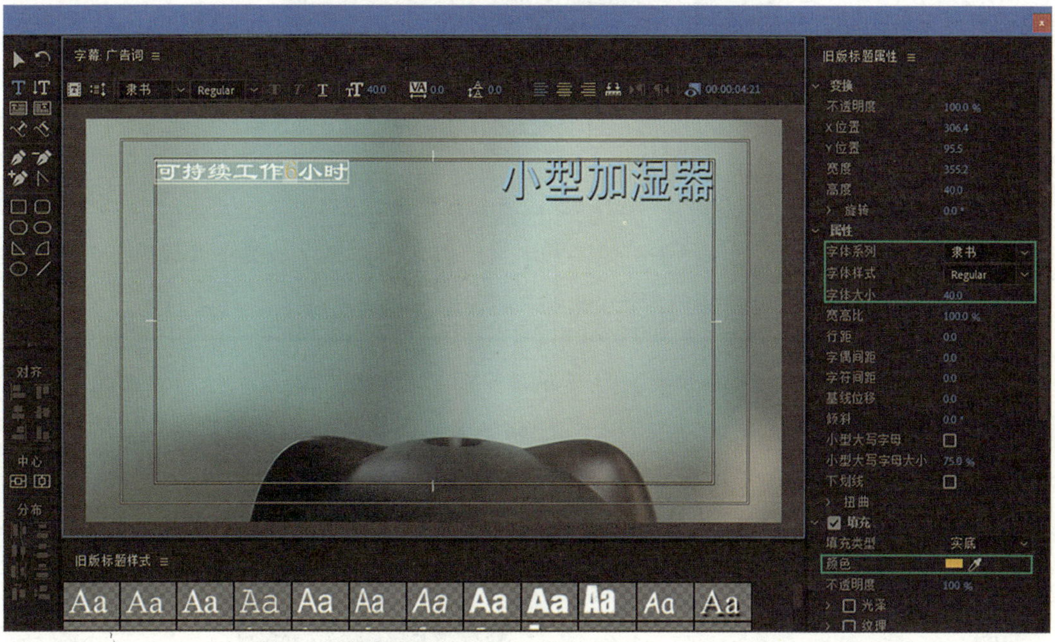

图 8-27 新建并编辑字幕

步骤 5 将“广告词”字幕素材拖至“V3”轨道上，使其起始点与素材“出气口特写 .mp4”起始点对齐，然后设置其“持续时间”为“00:00:01:12”。

步骤 6 采用上述方法，为“与手机比较 .mp4”片段新建字幕，并将字幕素材拖至“V4”轨道上，然后根据需要将其放在画面中的合适位置，如图 8-28 所示。

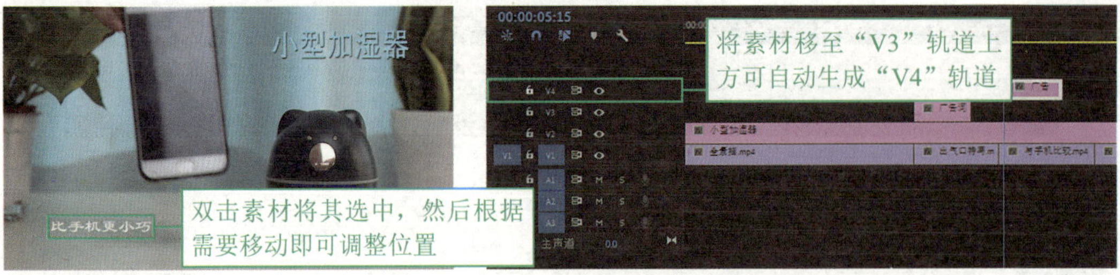

图 8-28　添加并调整字幕

步骤 7　采用上述方法，为“水雾特写 .mp4”片段新建字幕，并根据需要将字幕素材放在画面中的合适位置，效果如图 8-29 所示。

图 8-29　添加并调整字幕

提　示

本小节通过为轨道上的整个视频添加字幕，以及为视频中的某个片段添加字幕，介绍添加字幕的方法。用户可自行为视频中的其他片段添加字幕，此处将不再赘述。

步骤 8　选择“窗口”→“效果”菜单项，打开“效果”面板，然后在面板“视频过渡”→“页面剥落”列表中选择“翻页”转场效果，并将其拖至“广告词”字幕素材的起始点。选中“广告词”字幕素材上的“翻页”图标，然后在“效果控件”面板中设置转场效果的“持续时间”，使其与“广告词”字幕素材时间等长（见图 8-30），制作字幕翻页出现的效果。

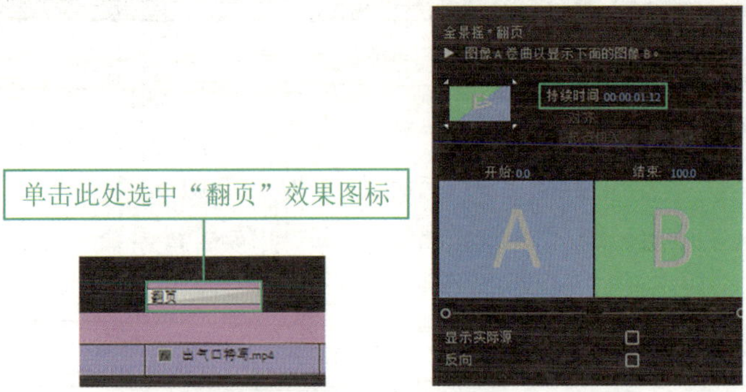

图 8-30　添加并设置转场效果

实用技巧

选中视频轨道中的转场效果图标，右击并从弹出的快捷菜单中选择“设置过渡持续时间”项，在打开的“设置过渡持续时间”对话框中也可设置转场效果“持续时间”。

步骤 9 采用上述方法，在其他字幕素材的起始点添加“交叉溶解”转场效果，使字幕具有逐渐显现的效果。此时，“时间轴”面板效果如图 8-31 所示。

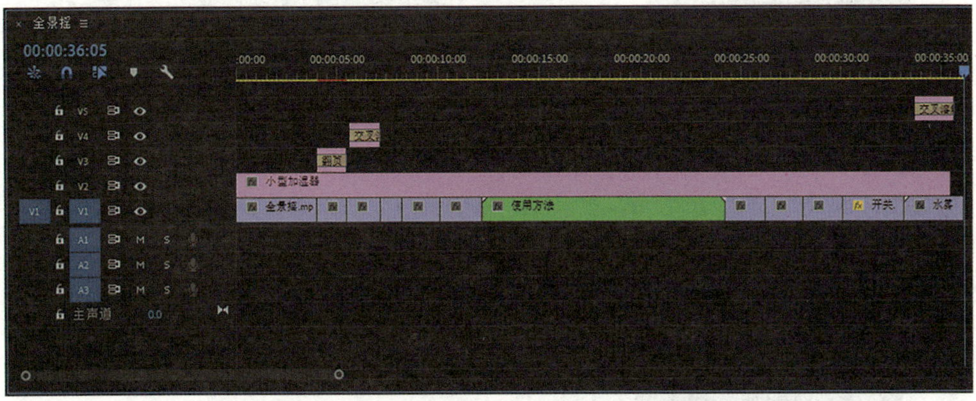

图 8-31 添加字幕后的“时间轴”面板效果

3. 调整画面

步骤 1 在“效果”面板的“视频效果”→“颜色校正”列表中依次选择并拖动“亮度与对比度”和“颜色平衡”效果至“V1”轨道中的“碰倒 .mp4”片段上。

步骤 2 在“效果控件”面板中设置“亮度与对比度”中的“亮度”参数，提高画面整体亮度，然后设置“颜色平衡”中的相关参数，使原本暗淡的画面变得更明亮、通透，如图 8-32 所示。

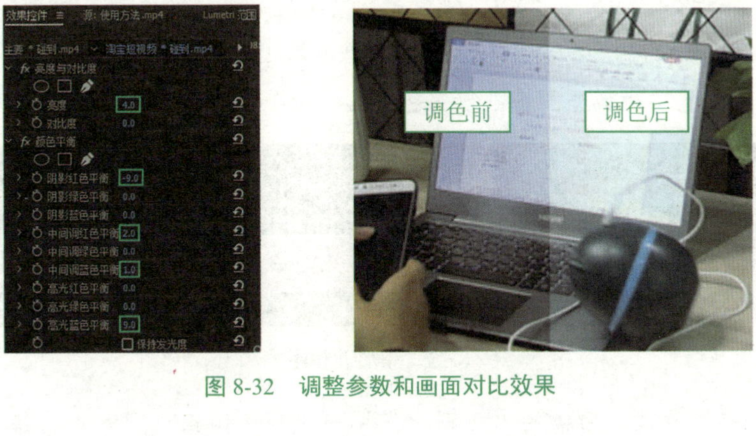

图 8-32 调整参数和画面对比效果

步骤 3 采用上述方法，为“全景摇 .mp4”片段单独调色，将偏红色调的画面调整成明亮、通透的淡蓝色调，如图 8-33 所示。

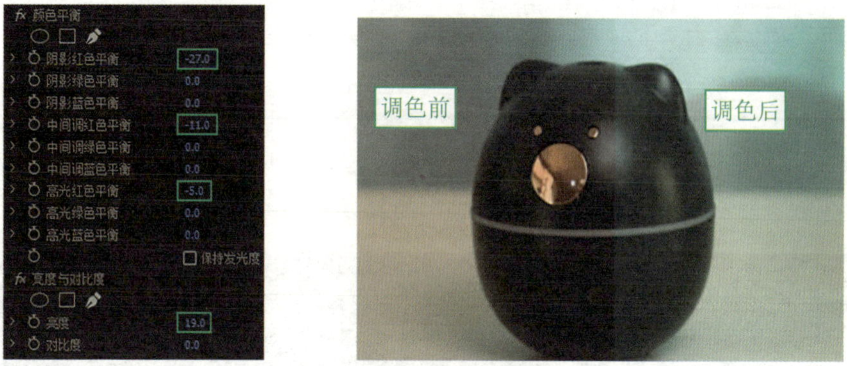

图 8-33 调整参数和画面对比效果

步骤 4 切换到“项目”面板，选择“文件”→“新建”→“调整图层”菜单项，在打开的“调整图层”对话框中单击“确定”按钮，此时在面板中新增了一个调整图层。

步骤 5 在“V1”轨道名称右侧空白处右击，从弹出的快捷菜单中选择“添加单个轨道”项，此时在“V1”轨道上方新增一个轨道，如图 8-34 所示。

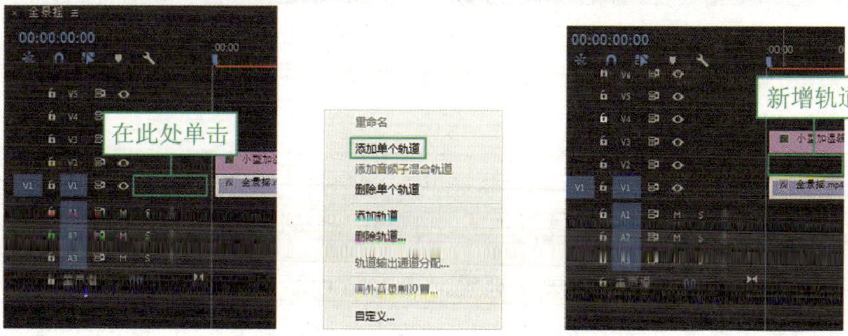

图 8-34 添加轨道

步骤 6 将调整图层拖至“V2”轨道（新增轨道）上，并设置其时长与“V1”轨道上的整个视频时长相同，这样调整图层会完全覆盖“V1”轨道上的所有视频素材（见图 8-35），此时只需要对调整图层进行颜色设置，即可对所有视频素材统一调色。

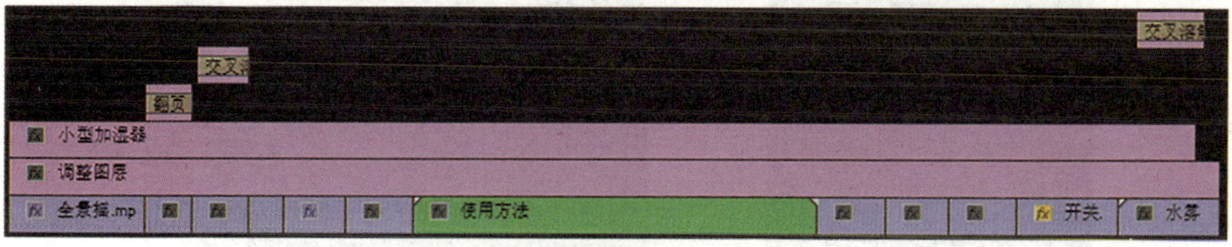

图 8-35 添加调整图层

步骤 7 在“效果”面板的“视频效果”→“颜色校正”列表中选择“Lumetri 颜

色”效果，并将其拖至调整图层上。

步骤 8 在“效果控件”面板中展开“Lumetri 颜色”效果下的“曲线”列表，在“RGB 曲线”设置区单击两次中间的斜线，创建两个调节点，选中调节点并向上拖动（见图 8-36），将整个视频画面调亮（向下拖动则是调暗）。

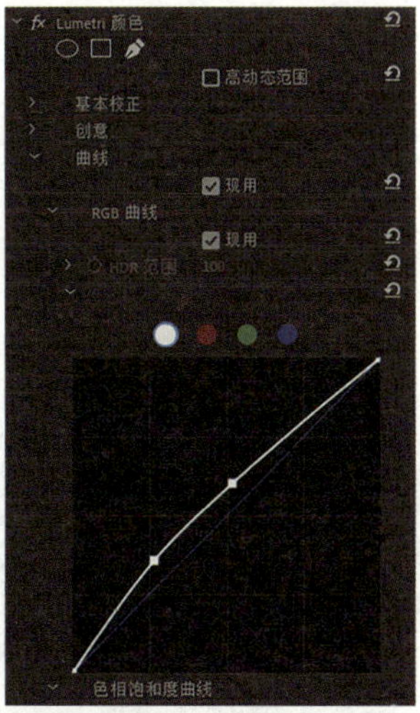

图 8-36 调整 RGB 曲线

步骤 9 在“效果”面板的搜索框中输入“镜头光晕”，然后将搜索出的“镜头光晕”效果拖至“V1”轨道中的“水雾特写 .mp4”片段上。

步骤 10 在“效果控件”面板中设置“镜头光晕”的相关参数，调整光晕的位置、亮度等，使光晕效果更真实、自然，如图 8-37 所示。

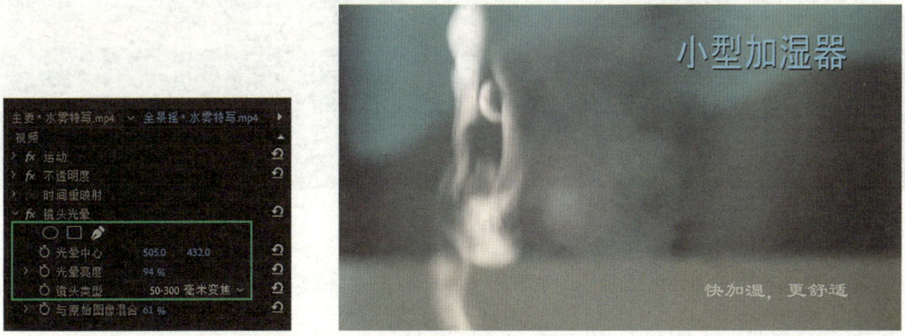

图 8-37 镜头光晕参数和画面效果

4. 添加背景音乐并输出

步骤 1 导入素材文件夹中的“配乐 .mp3”素材，然后将其拖至“A1”轨道上，接着在整个视频的末端处将其剪断，并删除右侧部分，使其整体时长与视频一致，如图 8-38 所示。

图 8-38　添加背景音乐

步骤 2　在“效果”面板的“音频过渡”→“交叉淡化”列表中选择“指数淡化”效果，并将其拖至素材“配乐 .mp3”的末端，为该背景音乐设置淡出效果。

步骤 3　按“Ctrl+M”组合键（或选择“文件”→“导出”→“媒体”菜单项），打开“导出设置”对话框，在其中设置输出格式为“H.264”，输出名称为“小型加湿器”（见图 8-39），然后单击“导出”按钮输出短视频。

图 8-39　导出视频

步骤 4　输出完成后可在指定路径找到制作完成的短视频。至此，小型加湿器短视频制作完成，最后按“Ctrl+S”组合键保存项目。

本章实训——设计与制作腐竹详情页视频

本实训以腐竹详情页视频的设计与制作为例，练习商品短视频的处理技巧与制作方法。案例最终效果可参考本书配套素材“素材与实例”→“Ch8”→“腐竹”文件夹中的“凉拌腐竹 .mp4”文件。

1．设计腐竹详情页视频

本实训首先导入视频和音频素材，然后根据做菜的逻辑和顺序对画面进行剪辑，并为画面添加字幕解说，以充分表现腐竹的使用方法，再利用图文混排制作片头、片尾，用美观的成品图吸引消费者目光，接着添加转场效果和背景音乐，丰富短视频效果，最后输出。

2．制作腐竹详情页视频

（1）新建“凉拌腐竹”项目，进入 Premiere 工作界面。

（2）导入“素材与实例”→“Ch8”→“腐竹”→“素材”文件夹中的全部素材。

（3）在“项目”面板中新建一个名为“视频素材”的素材箱，然后将所有视频素材放入该素材箱中。

（4）采用上述方法，依次新建“音频素材”和“图片素材”素材箱，并分别将音频素材和图片素材放入对应的素材箱中。

（5）在“项目”面板空白处右击，从弹出的快捷菜单中选择“新建项目”→“序列”项，然后在打开的“新建序列”对话框中选择合适的可用预设，接着在“序列名称”编辑框中输入预设名称（见图 8-40），最后单击“确定”按钮新建序列。

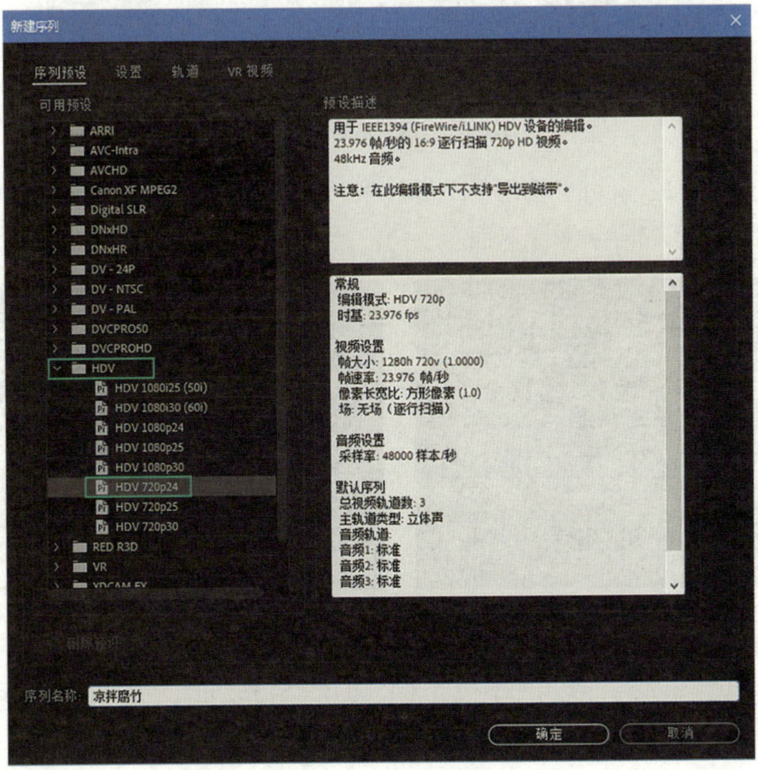

图 8-40　新建序列

（6）在“项目”面板中双击“视频素材”素材箱将其打开，然后将素材“1 处理腐竹 .mp4”拖至“V1”轨道上，接着按空格键预览素材，最后截取处理腐竹、加温水和加盐 3 个片段后删除不需要的片段。

（7）设置处理腐竹片段的“持续时间”为“00:00:03:20”，然后对所有片段进行拼接。

（8）采用上述方法，依次将“2 切蔬菜 .mp4”和“3 切腐竹 .mp4”素材拖入“V1”轨道上，然后从中截取切胡萝卜、切芹菜、切蒜瓣和切腐竹的片段各 4 秒。

（9）在“V3”轨道上方添加一个轨道“V4”。

（10）依次将截取出的切芹菜、切蒜瓣和切腐竹 3 个片段，拖至“V2”“V3”“V4”轨道上，并使它们的起始点与“V1”轨道中切胡萝卜片段的起始点对齐，接着单击轨道中的“可视”按钮，隐藏除“V1”轨道以外的其他 3 个视频轨道，以便下一步操作，如图 8-41 所示。

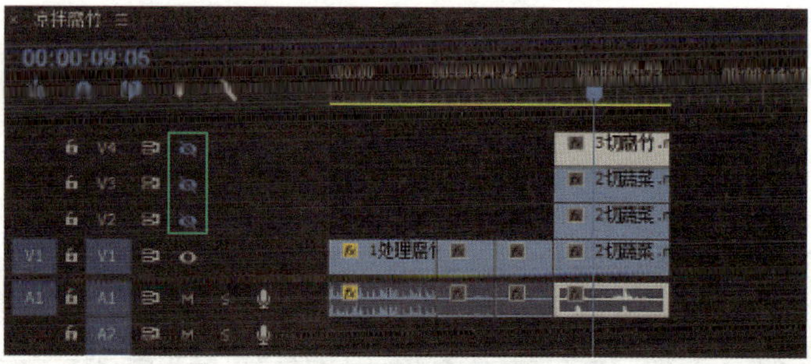

图 8-41　调整素材所在轨道

（11）选中“V1”轨道中切胡萝卜的片段，然后在“效果控件”面板中设置其位置和大小，以将该片段缩小并移至画面右下角，具体参数和效果如图 8-42 所示。

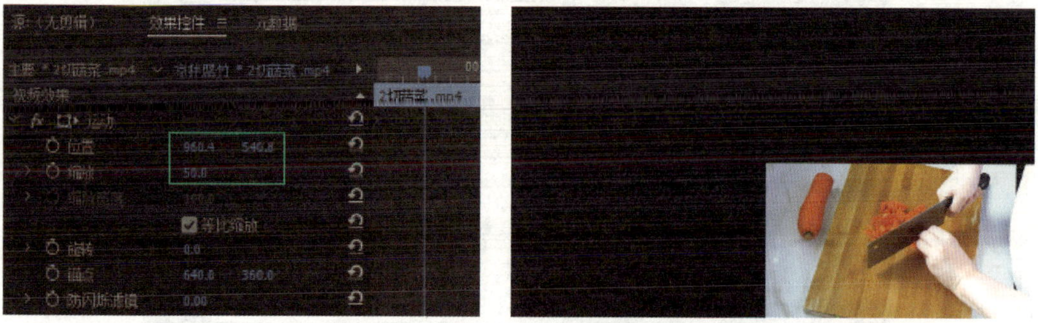

图 8-42　位置大小参数和画面效果

（12）采用上述方法，逐层显示切芹菜、切蒜瓣、切腐竹 3 个片段所在的轨道并设置它们在画面中的位置和大小，以使 4 个片段同屏播放，效果如图 8-43 所示。

图 8-43　4 个片段同屏播放效果

（13）依次将“4 蔬菜焯水 .mp4”和“5 腐竹焯水 .mp4”素材拖至“V1”轨道上，并从中截取倒油、蔬菜焯水和腐竹焯水 3 个片段各 2 秒，然后将倒油和蔬菜焯水片段在“V1”轨道中一前一后进行拼接，将腐竹焯水片段拖至“V2”轨道上，并使其起始点与蔬菜焯水起始点对齐。

（14）在“效果”面板中搜索“裁剪”，然后将其拖至“V2”轨道的腐竹焯水片段上，以添加“裁剪”效果，接着在“效果控件”面板中调整腐竹焯水片段的“位置”和“裁剪”参数，以使该片段与蔬菜焯水片段同屏播放，如图 8-44 所示。

图 8-44　位置、裁剪参数和画面效果

（15）采用同样方法，依次将过冷水、盛出备用、加盐、加醋、加蒜蓉、搅拌、盛出装盘等片段从剩余素材中截取出来，并按剪辑顺序在“V1”轨道中进行拼接。

（16）为视频片段添加字幕，并适当调整字幕的字体、字体大小、出现时间及整体时长。

（17）选中“时间轴”面板中的所有素材，然后整体向右侧拖动 2 秒，以便加入片头。

（18）将“图片素材”素材箱中的“图 2.jpg”素材拖至“V2”轨道中的空白处，然后将其时长调整为 2 秒后拖至“V1”轨道上，并使其起始点位于第 0 帧。

（19）将时间指针拖至 0 帧，在“效果控件”面板中设置图片的位置，然后单击“位置”属性左侧的“关键帧开关”图标启用关键帧，自动在当前时间指针位置生成一个关键帧。将时间指针拖至 1 秒 23 帧处，调节“位置”参数让图片向右位移，并自动生成第 2 个关键帧，具体参数和画面效果如图 8-45 所示。此时，预览视频可发现图片自左向右位移。

图 8-45　制作关键帧动画

（20）为片头添加字幕，效果如图 8-46 所示。

（21）采用（18）～（20）的方法制作片尾，效果如图 8-47 所示。

图 8-46　片头效果

图 8-47　片尾效果

（22）将“交叉溶解”转场效果拖至“V1”轨道的切腐竹片段与加水片段之间，为其添加转场，使画面过渡更自然。

（23）采用上述方法，在其他片段之间添加转场效果。

（24）框选“V1”和“A1”轨道中的所有素材后右击，从弹出的快捷菜单中选择“取消链接”选项，将所有素材的视频和音频链接取消。

（25）选择“A1”轨道中的所有音频，按“Delete”键将其删除。

（26）将“音乐素材”素材箱中的“背景音乐 .mp3”素材拖至“A1”轨道上，然后在整个视频的末端将其剪断，并删除右侧部分，使其整体时长与视频一致。

（27）将“指数淡化”效果拖至素材“背景音乐 .mp3”的末端，为该背景音乐设置淡出效果。

（28）输出短视频并保存文件。

应用篇

第9章

PC端电子产品店铺装修

章|前|导|读

好的店铺装修可以增加网店和商品的吸引力，吸引消费者关注，最终达成推广店铺和销售商品的目的。本章将从实战角度出发，综合运用前面所学知识，对 PC 端店铺进行装修，带领大家学习 PC 端店铺装修的方法。

知|识|目|标

- 掌握PC端店铺装修的方法。

技|能|目|标

- 能够完成PC端店铺的装修工作。

素|质|目|标

- 培养周到细致、全面系统的思维方式。

9.1 电子产品 PC 端店铺首页的设计与制作

扫一扫

本节将以电子产品 PC 端店铺首页的设计与制作为例，学习 PC 端店铺首页的设计技巧与制作方法。案例最终效果（见图 9-1）可参考本书配套素材“素材与实例”→“Ch9”→“电子产品 PC 端店铺首页”文件夹中的“电子产品 PC 端店铺首页 .psd”文件。

不同平台的装修规范不同，使得店铺最终装修效果与效果图有所不同。因此，案例效果图仅为店铺装修提供参考

图 9-1 电子产品 PC 端店铺首页效果

9.1.1 店铺装修规划

1. 店铺布局规划

（1）页头。从左到右依次安排用于展示店铺形象、信息的店铺标志和品牌口号，用于吸引消费者目光的优惠券、新品，便于消费者快速查找所需商品的链接，这样安排页头既分区明确，让消费者一目了然，又能逐步引导消费者在店内消费。

（2）页中。从上到下依次安排主推单品海报、“新品上市”商品展示区、优惠券、分类导航和商品展示区，这么安排能够起到逐步引导消费者在店内消费的作用，让消费者产生“引起注意→了解店铺动态→产生购买欲望→根据需要选购商品”心理活动。

（3）页尾。从上到下依次安排返回顶部按钮、底部导航、店铺声明，目的是便于消费者操作，同时提高消费者对店铺的信任度。

此外，页中的组成元素大多采用长短、宽窄不同的矩形，这种设计可以消除画面过于规整所导致的沉闷、呆板，使画面既稳定又活泼，如图 9-2 所示。

图 9-2　店铺布局规划示意图

2. 店铺配色方案确定

本例中的店铺主营电子产品，将背景、页头颜色、大部分文案颜色等设置为无彩色系，可以使画面极具质感，间接表现商品的品质与档次。另外，将重要信息设置为极具视觉冲击力的红色，能将其突显出来，吸引消费者目光的同时使画面效果更加丰富。

3．店铺风格定位

本例采用排版简约、没有过于复杂装饰和设计的简约风。这种风格的页面可以使消费者更加直观地获取关键信息。

9.1.2 制作店铺首页效果图

1．制作店铺页头

步骤 1 新建一个名为“电子产品 PC 端店铺首页”，宽度为 1 920 像素，高度自定，分辨率为 72 像素 / 英寸，颜色模式为 RGB 颜色的文档。

步骤 2 选择“视图”→“新建参考线”菜单项，打开“新建参考线”对话框，选中“水平”单选钮，然后在“位置”编辑框中输入“120 像素”，单击“确定”按钮创建参考线。采用同样方法在水平 150 像素、垂直 485 像素和垂直 1 435 像素处创建参考线，效果如图 9-3 所示。

图 9-3 创建参考线

步骤 3 新建一个名为“店铺招牌背景”的图层，然后在图像编辑区上方绘制一个宽度为 1 920 像素，高度为 150 像素的矩形选区，接着将其填充为深灰色（#34373a），最后按“Ctrl+D”组合键取消选区。

步骤 4 置入素材文件夹中的“店铺标志 .png”文件并将其移至合适位置，然后在其右侧添加文本并设置文本属性，如图 9-4 所示。

图 9-4 置入店铺标志并添加店铺名称

步骤 5 在文本右侧绘制一个宽度为 114 像素，高度为 27 像素，圆角半径为 10 像素，描边宽度为 1 像素，描边色为白色的圆角矩形，然后使用“钢笔工具”在圆角矩形内左侧位置绘制一个白色心形，接着在白色心形右侧添加文本并设置文本属性，最后在店铺标志下方添加文本并设置文本属性，如图 9-5 所示。

图 9-5 制作关注店铺模块并输入品牌口号

步骤 6 在步骤 5 绘制的圆角矩形右侧绘制一个宽度为 120 像素，高度为 50 像素，描边宽度为 1 像素，描边色为白色的矩形，然后在矩形内添加文本并设置文本属性，制作 30 元优惠券，如图 9-6 所示。采用同样方法在 30 元优惠券右侧制作 50 元优惠券。

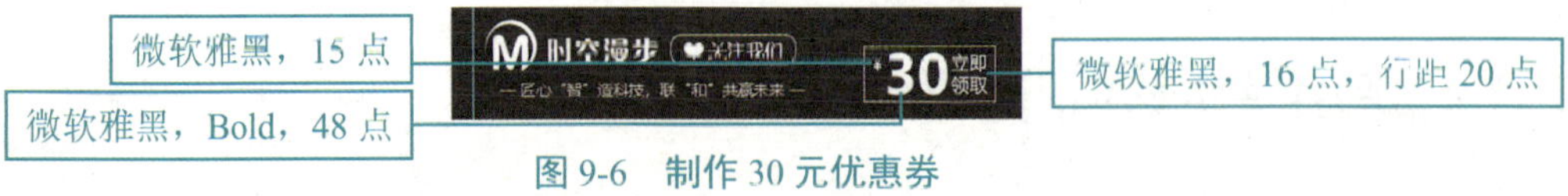

图 9-6 制作 30 元优惠券

步骤 7 在 50 元优惠券右侧置入素材文件夹中的“手机 1.png”文件，然后在手机右侧添加文本并设置文本属性，接着在“了解详情”文本下方绘制白色圆角矩形作为装饰，如图 9-7 所示。至此，店铺招牌制作完成。

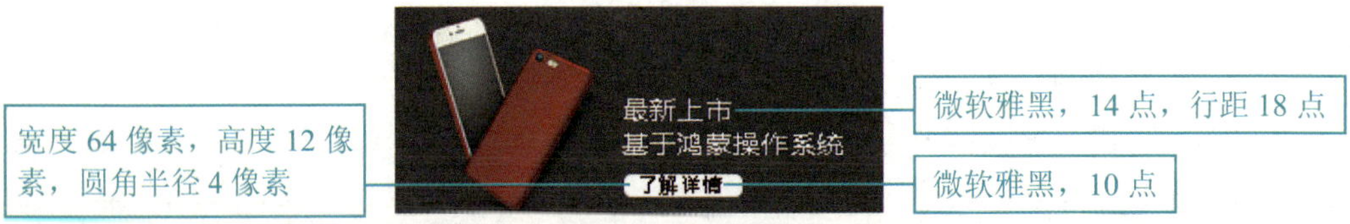

图 9-7 制作新品上市

步骤 8 在店铺招牌下方添加文本并设置文本属性，然后在文本之间添加描边宽度为 2 像素的白色装饰线，以制作导航，如图 9-8 所示。至此，店铺页头制作完成。

图 9-8 制作导航

2. 制作店铺海报

步骤 1 新建一个图层，然后在页头下方绘制一个宽度为 1 920 像素，高度为 500 像素的矩形选区，接着将其填充为浅灰色（#f7f8f8），作为店铺海报背景。

步骤 2 置入素材文件夹中的“平板 1.png”和“平板 2.png”文件，然后将它们移至合适位置，如图 9-9 所示。

图 9-9 置入素材

步骤 3 在平板左侧添加文本并设置文本属性，然后在“新品”“¥3799”和“立即抢购”文本下方绘制圆角矩形作为装饰，如图 9-10 所示。至此，店铺海报制作完成。

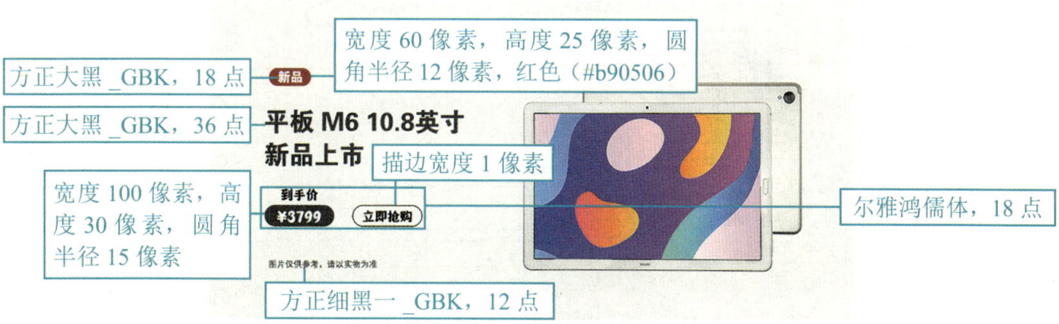

图 9-10 添加文本和装饰图形

步骤 4 将制作海报用到的所有图层进行编组，然后隐藏图层组，接着采用上述方法在当前位置再制作一幅店铺海报，如图 9-11 所示。

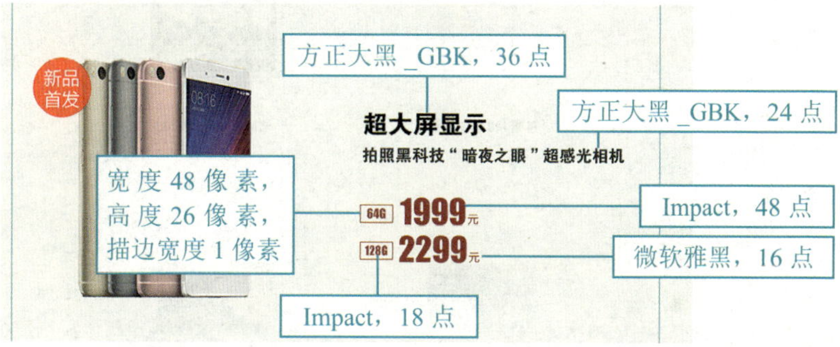

图 9-11 制作店铺海报

3. 制作“新品上市”商品展示区

步骤 1 在店铺海报下方绘制一个宽度为 950 像素，高度为 40 像素的深灰色矩形，然后在矩形上添加文本并设置文本属性，作为“新品上市”商品展示区标题，如图 9-12 所示。

图 9-12 制作“新品上市”商品展示区标题

步骤 2 新建一个图层，然后在标题左下方绘制一个宽度和高度均为 450 像素的浅灰色矩形，接着置入素材文件夹中的“平板 1.png”和“平板 2.png”文件并将它们移至合适位置，最后添加文本并设置文本属性，此时一个商品展示图制作完成，如图 9-13 所示。

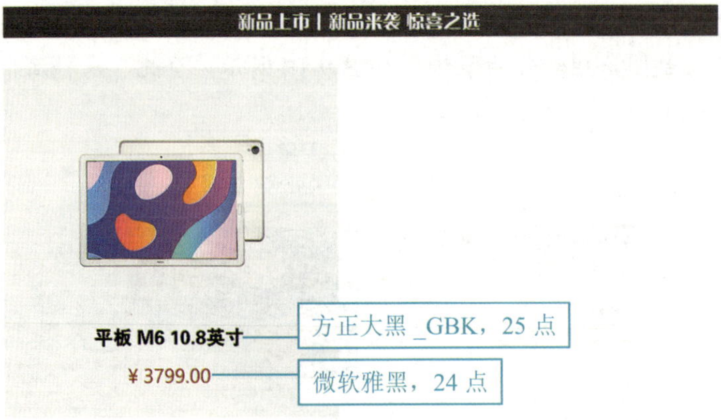

图 9-13 制作商品展示图

步骤 3 采用上述方法制作其他商品展示图，效果如图 9-14 所示。

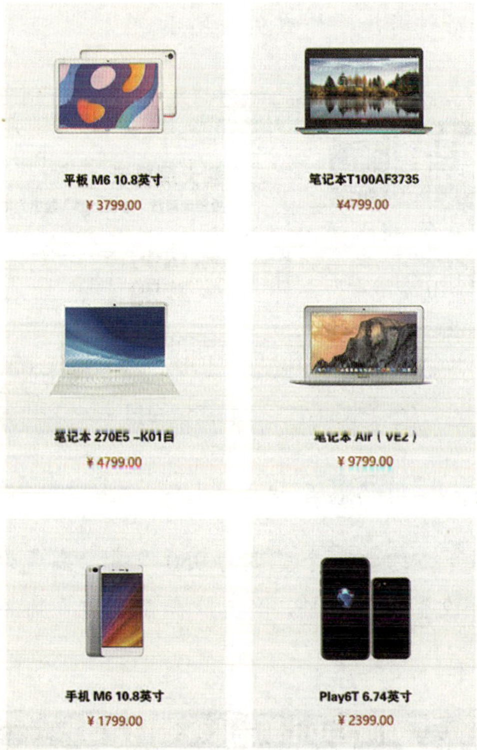

图 9-14 制作其他商品展示图

步骤 4 在商品展示图下方绘制一个宽度为 300 像素，高度为 40 像素，圆角半径为 16 像素，描边宽度为 1 像素，描边色为深灰色的圆角矩形，然后在圆角矩形内添加文本并设置文本属性，以制作“查看更多商品”按钮，如图 9-15 所示。至此，“新品上市”商品展示区制作完成。

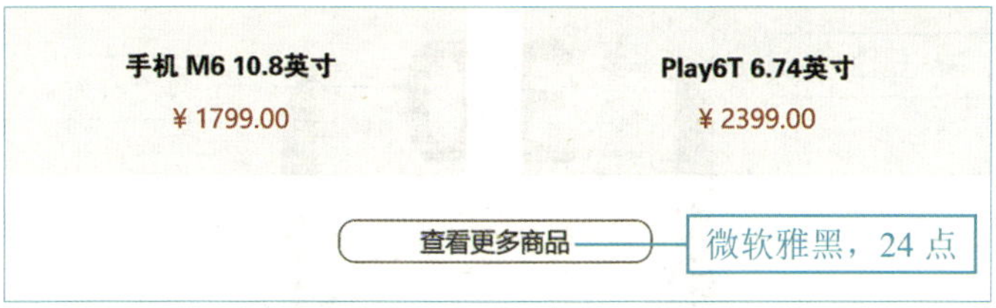

图 9-15　制作“查看更多商品”按钮

4. 制作优惠券

步骤 1　使用“钢笔工具”在商品展示区左下方位置绘制一个适当大小的红色图形（见图 9-16），然后在红色图形上绘制一个宽度为 164 像素，高度为 160 像素，圆角半径为 2 像素，填充色为淡黄色（#fdfaef）的圆角矩形，如图 9-17 所示。

步骤 2　在淡黄色圆角矩形两侧偏下位置各绘制一个直径为 12 像素的红色正圆，然后在两个正圆之间绘制一条虚线，如图 9-18 所示。

图 9-16　绘制红色图形

图 9-17　绘制淡黄色圆角矩形

图 9-18　绘制正圆和虚线

步骤 3　使用“钢笔工具”在圆角矩形底部绘制一个图形，然后为其添加“渐变叠加”图层样式，以完成优惠券底图的制作，如图 9-19 所示。

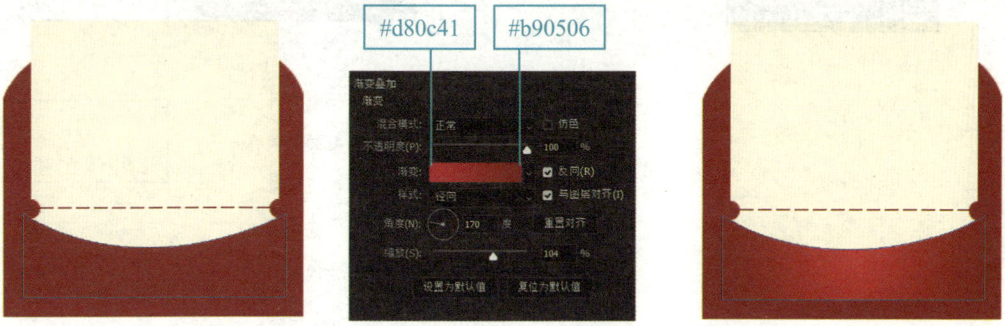

图 9-19　绘制图形并为其添加“渐变叠加”图层样式

步骤 4　在优惠券底图合适位置添加文本并设置文本属性，然后在“点击领取”文本下方绘制白色圆角矩形作为装饰，如图 9-20 所示。至此，30 元优惠券制作完成。

步骤 5　复制 3 个 30 元优惠券并移至合适位置，然后修改文本内容，制作其他优惠券，效果如图 9-21 所示。

图 9-20　制作 30 元优惠券

图 9-21　制作其他优惠券

5. 制作分类导航及商品展示区

步骤 1　在优惠券左下方绘制一个宽度为 190 像素，高度为 440 像素的浅灰色矩形，然后在其顶部绘制一个宽度为 190 像素，高度为 40 像素的深灰色矩形，接着在其底部绘制一个宽度为 190 像素，高度为 12 像素的深灰色矩形，效果如图 9-22 所示。

步骤 2　在已绘制的矩形上添加文本并设置文本属性，如图 9-23 所示。

图 9-22　绘制矩形

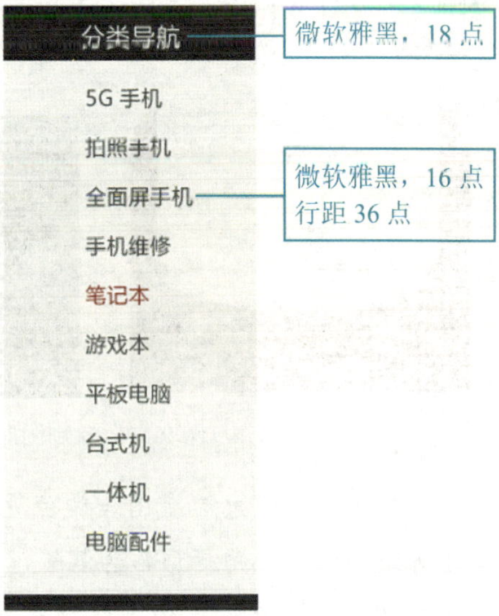

图 9-23　添加文本并设置文本属性

步骤 3 在分类导航右侧绘制一个宽度为 236 像素，高度为 308 像素的白色矩形，然后为其添加“投影”图层样式，如图 9-24 所示。

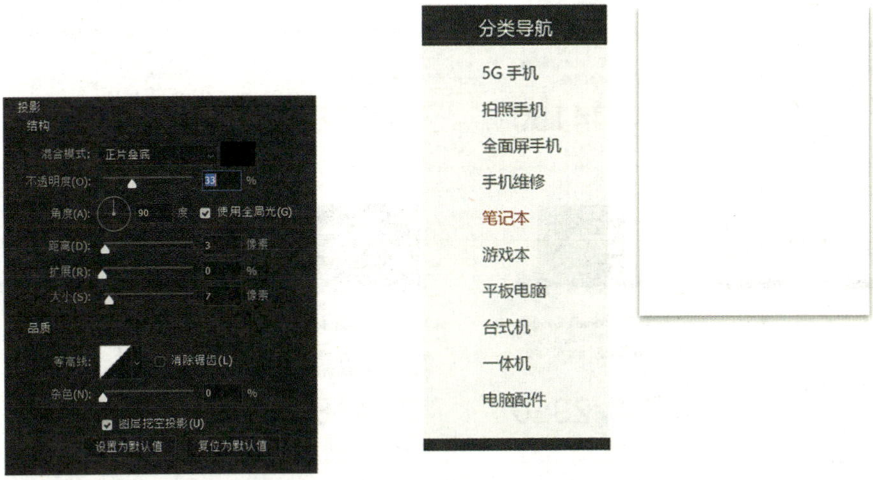

图 9-24 绘制矩形并为其添加“投影”图层样式

步骤 4 置入素材文件夹中的“电脑展示 1.jpg”文件，然后将其等比例缩放后移至合适位置，接着在其下方添加文本并设置文本属性，以制作商品展示图，如图 9-25 所示。

图 9-25 制作商品展示图

步骤 5 采用步骤 3～步骤 4 的方法绘制矩形并添加“投影”图层样式，然后置入素材文件，接着添加文本并设置文本属性，以制作其他商品展示图，效果如图 9-26 所示。

图 9-26 制作其他商品展示图

6. 制作页尾

步骤 1 在分类导航及商品展示区的下方绘制一个宽度为 1 920 像素，高度为 370 像素的浅灰色矩形，然后在矩形中上部绘制一个直径为 149 像素的浅灰色正圆，接着在矩形底部绘制一个宽度为 1 920 像素，高度为 44 像素的深灰色矩形，效果如图 9-27 所示。

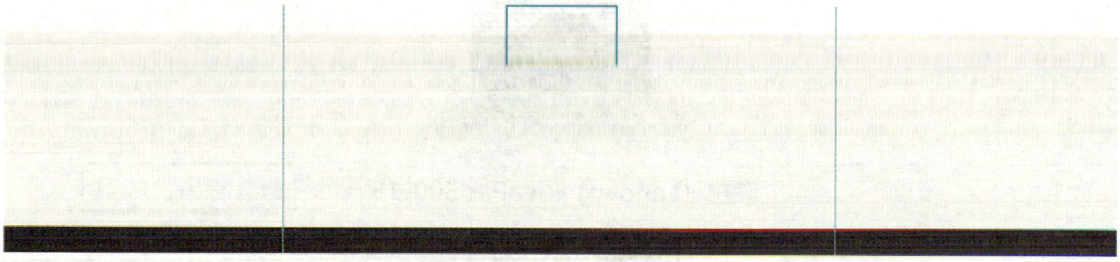

图 9-27 制作页尾背景

步骤 2 在页尾背景合适位置添加文本并设置文本属性，如图 9-28 所示。

图 9-28 添加文本并设置文本属性

步骤 3 在文本下方绘制一个宽度为 144 像素，高度为 212 像素，圆角半径为 10 像素的白色圆角矩形，然后为其添加“投影”图层样式，如图 9-29 所示。

图 9-29 绘制圆角矩形并为其添加“投影”图层样式

步骤 4 使用“钢笔工具”在白色圆角矩形内绘制一个红色盾牌图形，然后为其添加“渐变叠加”图层样式，如图 9-30 所示。

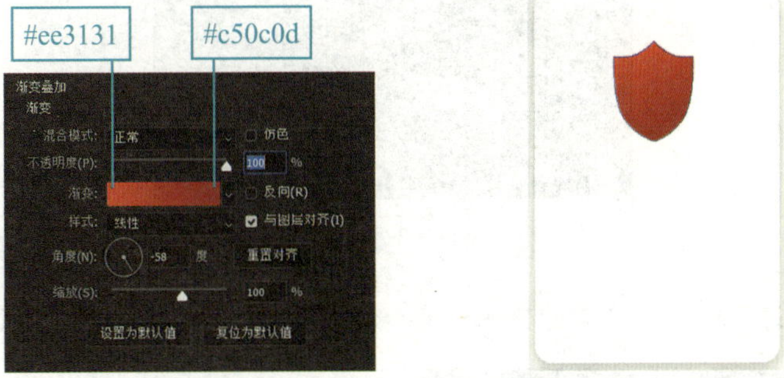

图 9-30 绘制图形并为其添加“渐变叠加”图层样式

步骤 5 在圆角矩形合适位置添加文本并设置文本属性，此时店铺声明中的一项制作完成，如图 9-31 所示。

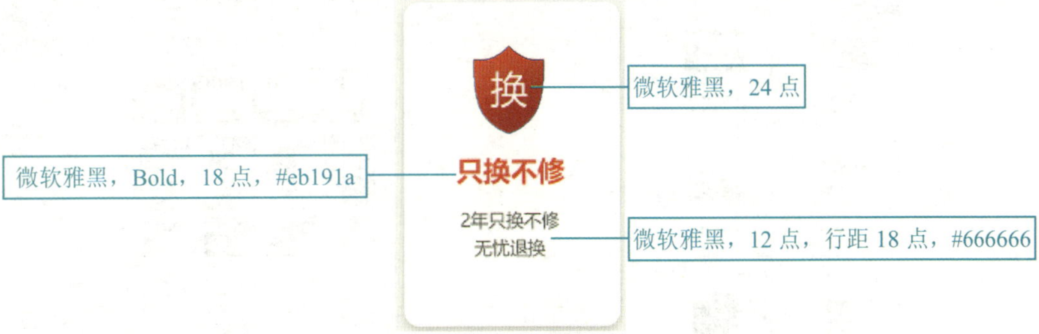

图 9-31 制作店铺声明中的一项

步骤 6 采用上述方法制作店铺声明中的其他项，效果如图 9-32 所示。

图 9-32　制作店铺声明中的其他项

7. 切片

步骤 1　使用“切刀工具”在店铺招牌上绘制要切片的区域，然后在“切片选项”对话框中设置切片名称为“店铺招牌”，如图 9-33 所示。

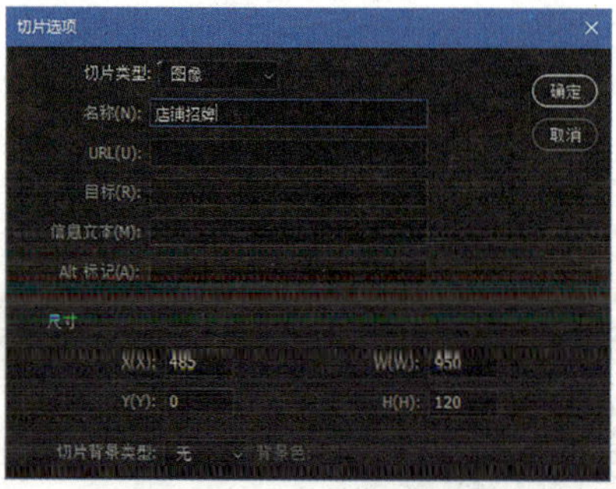

图 9-33　设置切片参数

步骤 2　采用上述方法在首页其他位置绘制要切片的区域，效果如图 9-34 所示。

①　　②

图 9-34　完成切片后的效果

步骤 3 选择“文件”→“导出”→“存储为 Web 所用格式（旧版）”菜单项，打开“存储为 Web 所用格式”对话框，在“优化的文件格式”下拉列表中选择“JPEG”项，“品质”参数为默认的“80”，然后单击“存储”按钮，打开“将优化结果存储为”对话框。

在该对话框“保存在”下拉列表中选择文件的存储位置，在“文件名”文本框中输入“电子产品 PC 端店铺首页切片 .jpg”；在“格式”下拉列表中选择“仅限图像”项，在“切片”下拉列表中选择“所有用户切片”项，然后单击“保存”按钮将切片存储在了一个名为“images”的文件夹中，如图 9-35 所示。

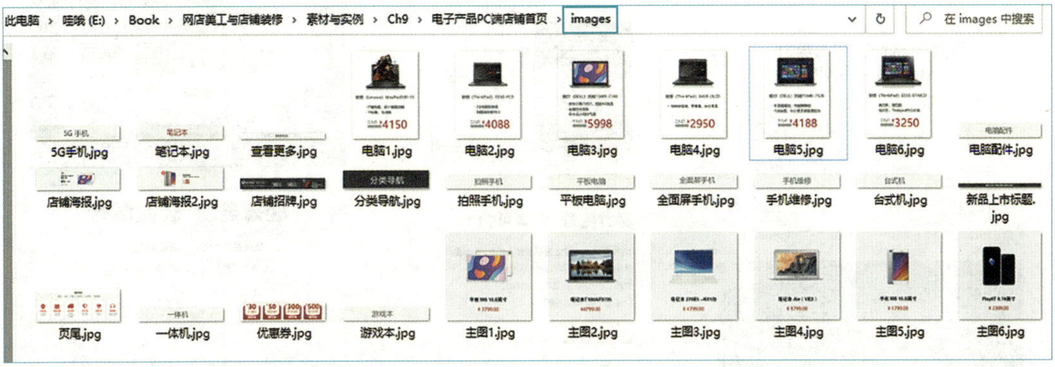

图 9-35 切片效果

9.2 设计与制作平板详情页

本节以店铺首页“新品上市”商品展示区中平板的详情页设计与制作为例，练习与巩固商品详情页的设计技巧与制作方法。案例最终效果（见图 9-36）可参考本书配套素材“素材与实例”→“Ch9”→“平板详情页”文件夹中的“平板详情页 .psd”文件。

扫一扫

9.2.1 设计平板详情页

（1）**内容安排**。页头安排宣传内容，以吸引消费者驻足；接下来的五个版块均展示平板卖点，让消费者深入了解平板及其特点；最后一个版块展示平板详细信息，让消费者全面了解平板。

（2）**配色分析**。用白色作为背景颜色，用黑色作为文案颜色，让整个页面呈现出大气、简洁的效果。

（3）**布局方式确定**。采用层叠布局方式，可以增强画面的层次感。

①　　②　　③

图 9-36　平板详情页效果

9.2.2　制作平板详情页

1. 制作宣传版块

步骤 1　新建一个宽度为 750 像素，高度自定，分辨率为 72 像素 / 英寸，颜色模式为 RGB 颜色的文档，然后在图像编辑区上方置入素材文件夹中的“IMG_9793.jpg”文件，并将其旋转合适角度，效果如图 9-37 所示。

步骤 2　在素材文件下方添加文本并设置文本属性，如图 9-38 所示。

图 9-37　置入素材

图 9-38　添加文本并设置文本属性

步骤 3　新建一个图层，在文本下方绘制一个宽度为 750 像素，高度为 360 像素的矩形选区，然后将其填充为浅灰色（#efefef），接着打开素材文件夹中的“平板图标.psd”文件，并将图标复制到已绘制的浅灰色矩形上，效果如图 9-39 所示。

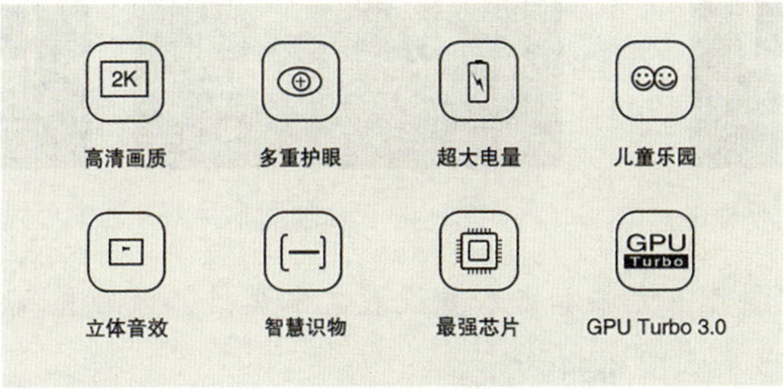

图 9-39　绘制矩形并添加图标

2. 制作卖点版块

步骤 1　置入素材文件夹中的“星空素材.jpg”文件，并移至浅灰色矩形下方。置入“平板.jpg”文件，将其进行抠图处理后，放在星空素材偏下位置，效果如图 9-40 所示。

步骤 2　新建一个图层，使用“多边形套索工具”在平板屏幕上绘制选区并为其填充白色，效果如图 9-41 所示。

图 9-40　置入素材

图 9-41　绘制选区并填充

步骤 3 复制星空素材，并将复制的图层移到绘制的白色选区图层上方，然后将光标移至两个图层之间，当光标呈↓□状时单击创建剪贴蒙版，接着适当缩小复制的星空素材，效果如图 9-42 所示。

步骤 4 在平板上方添加文本并设置文本属性，然后为其添加“投影”图层样式，如图 9-43 所示。

图 9-42 将图片剪切到平板中

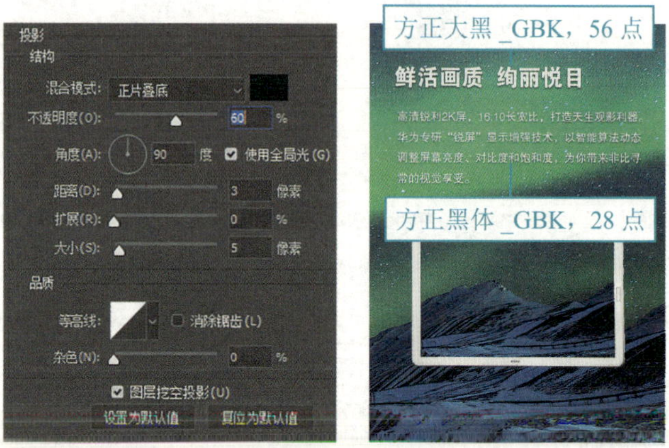

图 9-43 添加文本并为其添加“投影”图层样式

步骤 5 在星空图片下方添加文本并设置文本属性，然后置入素材文件夹中的“平板素材.jpg”文件，效果如图 9-44 所示。

步骤 6 采用上述方法制作其他卖点版块，如图 9-45 所示。

图 9-44 添加文本和素材

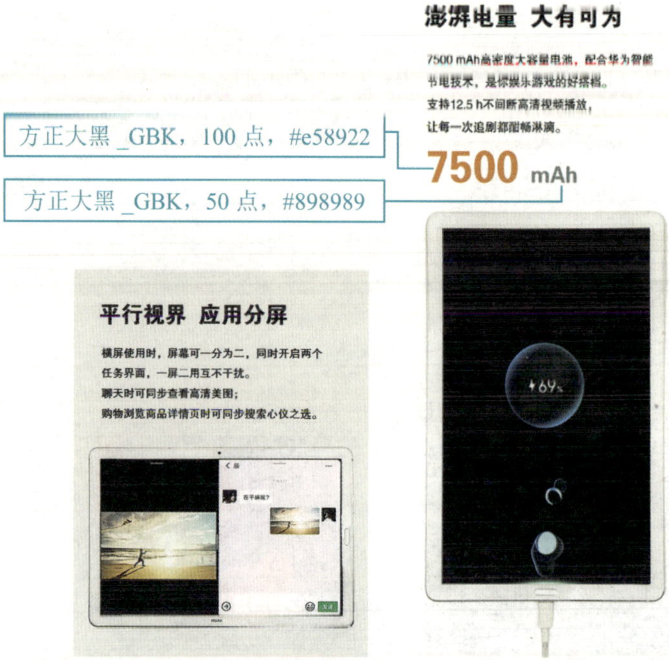

图 9-45 制作其他卖点版块

步骤 7 置入素材文件夹中的“儿童乐园素材.jpg”文件，按“Ctrl”键的同时单击其图层缩览图将其载入选区，然后新建一个图层并为其填充黑色，接着设置其图层不透明度为“50%”，效果如图 9-46 所示。

步骤 8 置入素材文件夹中的“IMG_9785.jpg”文件，然后在其上方添加文本并设置文本属性，效果如图 9-47 所示。

图 9-46 置入素材并在其上方添加黑色蒙版

图 9-47 添加文本和素材

3. 制作商品信息版块

步骤 1 在儿童乐园下方添加文本并设置文本属性，效果如图 9-48 所示。

步骤 2 置入素材文件夹中的“IMG_9787.jpg”文件，然后在平板图片上添加描边宽度为 1 像素的灰色（#898989）装饰线，效果如图 9-49 所示。

图 9-48 添加文本并设置文本属性

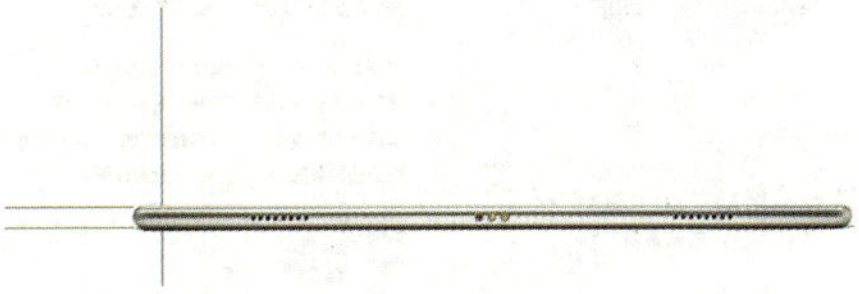

图 9-49 置入素材并绘制装饰线

步骤 3 新建一个图层，在上下两条装饰线靠近平板的一端各绘制一个灰色箭头，如图 9-50 所示。选中所有装饰线与箭头，按“Ctrl+E”组合键合并图层。

步骤 4 在平板图片上方绘制两个宽度为 212 像素，高度为 74 像素，圆角半径为 3 像素，描边宽度为 1 像素，描边色为灰色的圆角矩形，效果如图 9-51 所示。

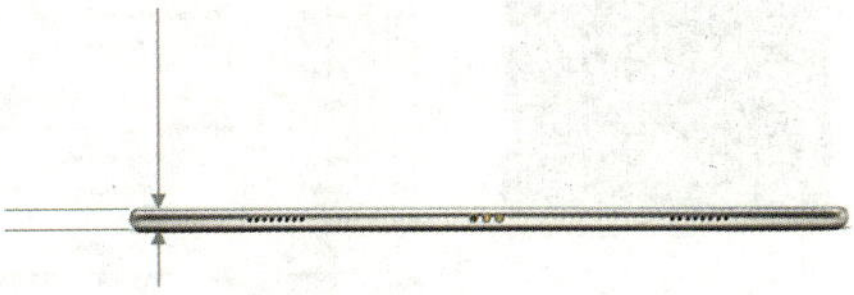

图 9-50 添加箭头

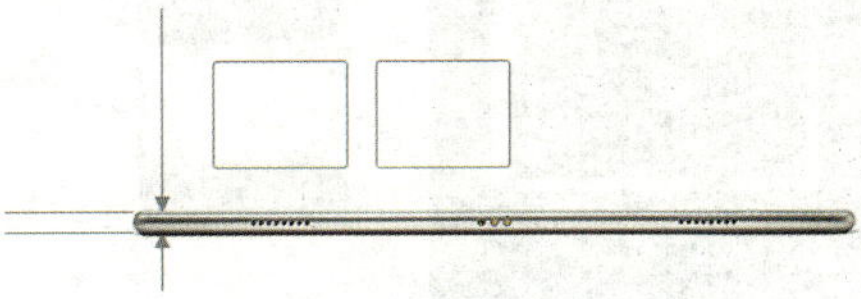

图 9-51 绘制圆角矩形

步骤 5 在圆角矩形内添加文本，并设置其字体为方正黑体_GBK，字体大小为 28 点，效果如图 9-52 所示。

步骤 6 在平板图片下方添加背景、文本、装饰矩形及文本之间的装饰线，如图 9-53 所示。至此，平板详情页制作完成。

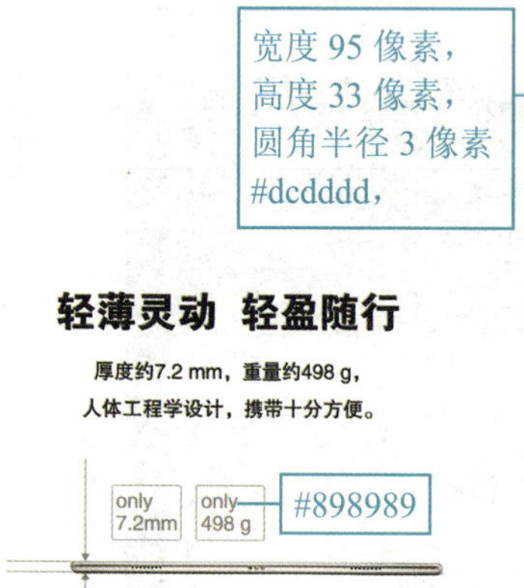

图 9-52 添加文本并设置文本属性

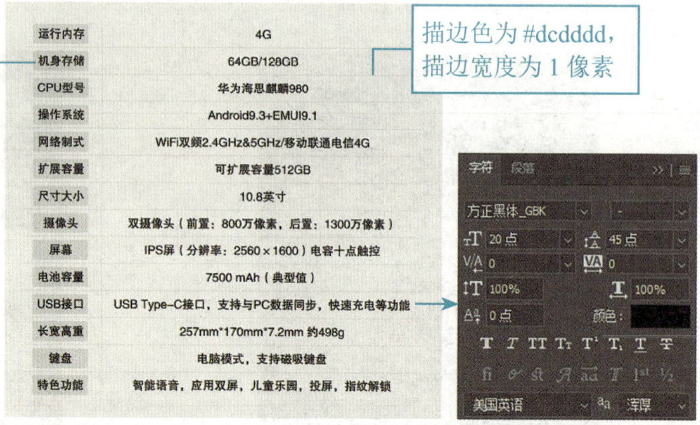

图 9-53 添加背景、文本、装饰矩形及文本之间的装饰线

4. 切片

步骤 1 使用“切刀工具”在平板详情页上绘制要切片的区域并为其命名，切图效果如图 9-54 所示。

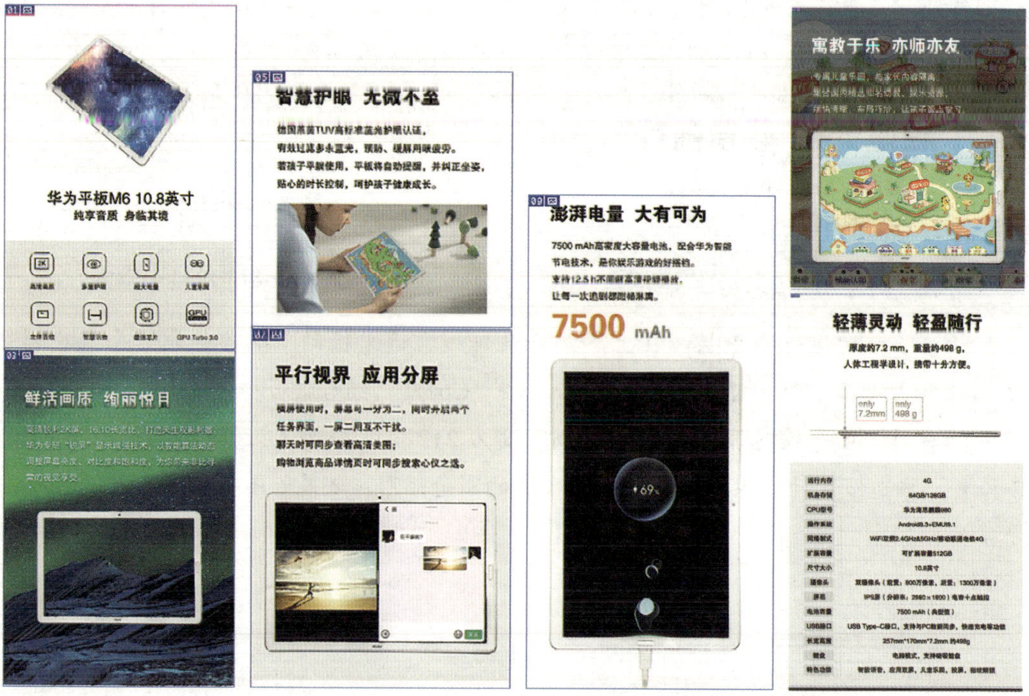

图 9-54 完成切片后的效果

步骤 2 将切片存储到“images”文件夹中，如图 9-55 所示。

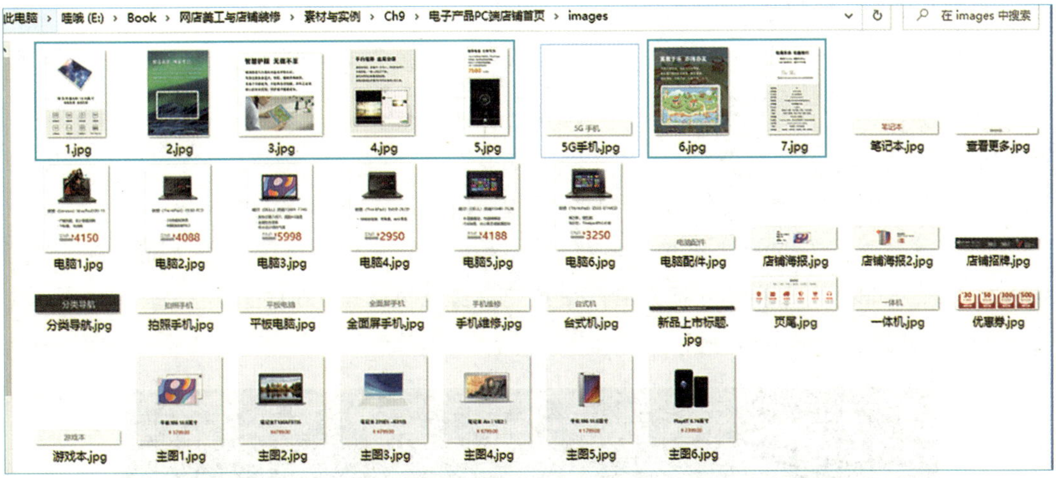

图 9-55 切片效果

9.3 设计与制作平板主图视频

本节以店铺首页“新品上市”商品展示区中平板主图视频的设计与制作为例，练习与巩固商品短视频的设计与制作方法，案例最终效果可参考本书配套素材“素材与实例”→“Ch9”→“平板主图视频”文件夹中的“平板主图 .mp4”文件。

扫一扫

9.3.1 设计平板主图视频

本例首先导入视频素材，然后按照“展示平板外观→展示平板使用功能”的顺序对画面进行剪辑，并添加商品名称、广告解说等字幕，以便消费者全面、深入地了解平板，接着调整画面的亮度和色调，使画面效果更加明亮、通透，这有利于消费者获得良好的视觉体验，最后添加背景音乐并输出。

9.3.2 制作平板主图视频

1. 剪辑素材

步骤 1 启动 Premiere Pro，单击欢迎界面中的“新建项目”按钮，在打开的“新建项目”对话框的“名称”编辑框中输入“平板”，然后单击“确定”按钮新建项目。

步骤 2 选择“文件”→“导入”菜单项，在打开的“导入”对话框中选择本书配套素材“素材与实例”→“Ch9”→“平板主图视频”→“素材”文件夹中的所有素材，然后单击“打开”按钮导入素材。

步骤 3 将素材“正面特写 .mp4”从“项目”面板拖至“时间轴”面板中，此时自动生成“V1”轨道，按空格键预览素材“正面特写 .mp4”，发现该素材前段、后段冗长，需剪辑。

单击“时间轴”面板左上方的当前时间码，然后在激活的编辑框中输入“00:00:03:18”并按“Enter”键确认，接着选择工具箱中的“剃刀工具”，在“V1”轨道的当前时间指针处单击剪辑素材，采用同样方法在“00:00:15:10”处剪辑素材，将其剪成 3 个片段，如图 9-56 所示。

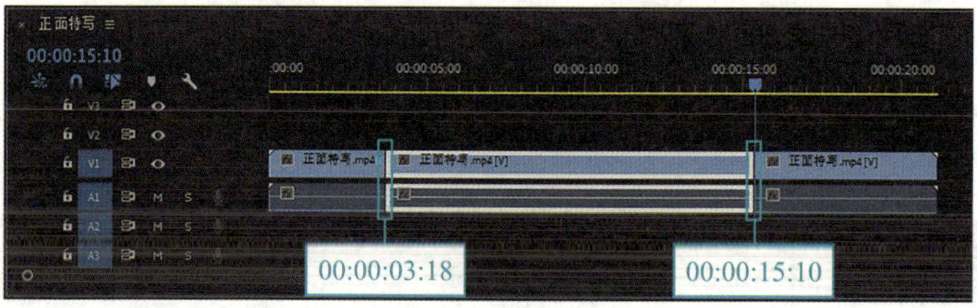

图 9-56 剪辑素材

步骤 4 使用“选择工具”依次单击选择第 1 个片段和第 3 个片段，并按“Delete”键删除，然后将剩余片段向左拖动，使其起始点位于第 0 帧。

步骤 5 使用“剃刀工具”在剩余片段的“00:00:06:00”处单击，将其剪成两个片段，然后在第 1 个片段上右击，并从弹出的快捷菜单中选择“速度 / 持续时间”项，接着在打开的“剪辑速度 / 持续时间”对话框中将“速度”设置为“300”后单击“确定”按钮，使片段播放速度加快，最后移动第 2 个片段使其与第 1 个片段衔接。

步骤 6 将素材“按键特写 .mp4”从“项目”面板拖至“正面特写 .mp4”后，然后使用“剃刀工具”将素材“按键特写 .mp4”从“00:00:13:15”处分成两个片段，并将第 1 个片段的速度设置为 300，将第 2 个片段的速度设置为 80，最后使两个片段衔接，如图 9-57 所示。

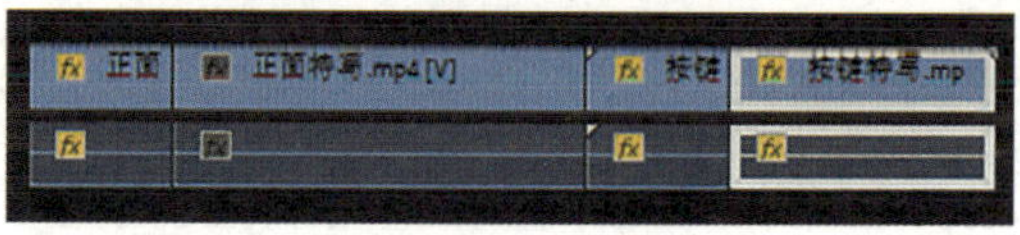

图 9-57 剪辑素材

步骤 7 将“观影 .mp4”和“玩游戏 .mp4”两个素材依次拖至“V1”轨道“按键特写 .mp4”后进行拼接，然后分别设置其速度为 200 和 250。至此，平板主图视频初步剪辑完成，当前“时间轴”面板效果如图 9-58 所示。

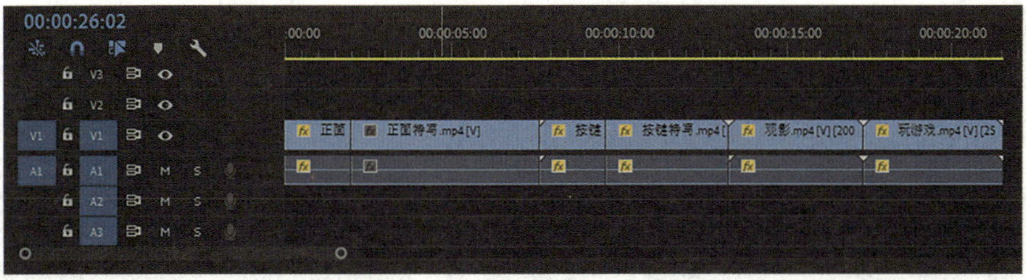

图 9-58　剪辑素材后“时间轴”面板效果

2．添加字幕

步骤 1　选择“文件”→“新建”→“旧版标题”菜单项，在打开的“新建字幕”对话框中单击“确定”按钮，进入字幕编辑界面。

步骤 2　选择“文字工具”，在字幕编辑区单击并输入文字“华为平板 M6”，然后在“字幕属性”面板“属性”设置区设置字幕的参数（见图 9-59），设置完成后单击字幕编辑界面右上角的“关闭”按钮关闭编辑界面。

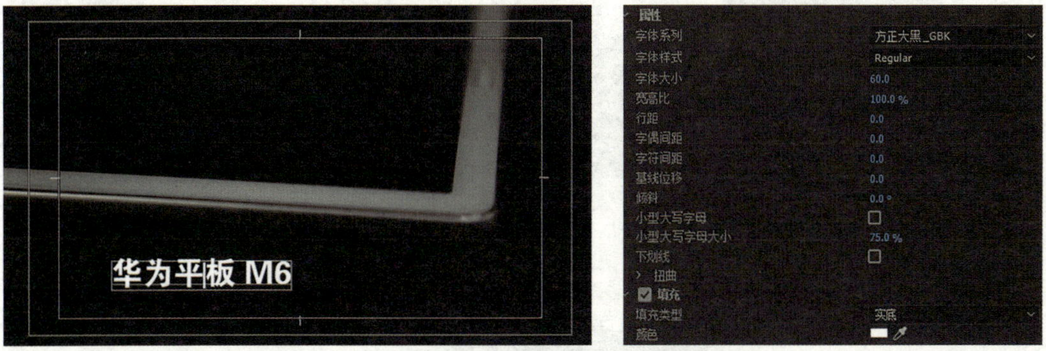

图 9-59　新建字幕 01

步骤 3　将“字幕 01”素材从“项目”面板拖至“时间轴”面板的“V2”轨道上，然后选择“选择工具”，将光标移至字幕素材末端，当光标呈状时拖动鼠标调整字幕时长，使其时长与“正面特写”的第 1 个片段时长相同，如图 9-60 所示。

图 9-60　添加字幕后的“时间轴”面板效果

步骤 4　新建“字幕 02”，在字幕编辑界面输入文字并设置其字体、大小、行距和颜色，然后调整字幕所在位置，如图 9-61 所示。

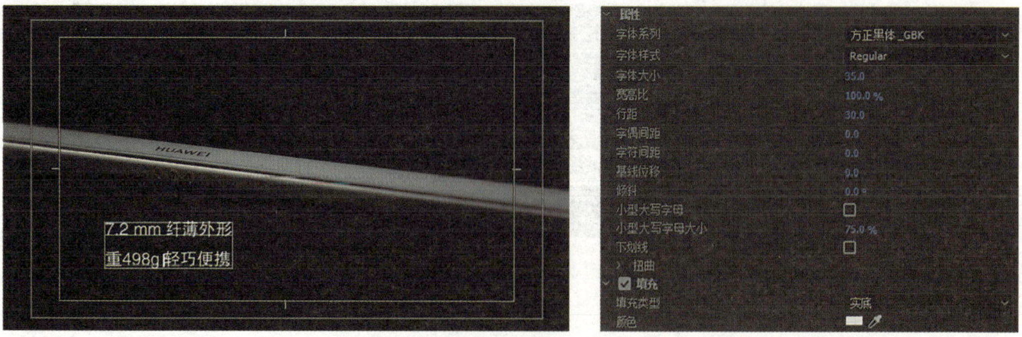

图 9-61　新建字幕 02

步骤 5　将“字幕 02”素材拖至“V2”轨道上，并使其时长与“正面特写”的第 2 个片段时长相同。

步骤 6　采用上述方法，依次为后面的视频素材添加字幕，如图 9-62 所示。

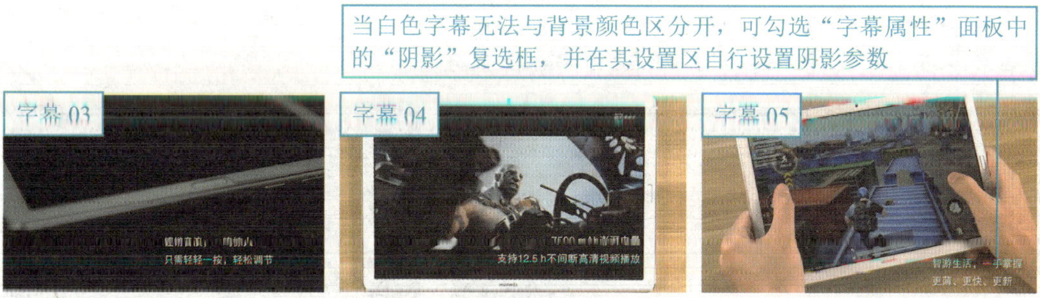

图 9-62　添加字幕 03 ~ 05

步骤 7　新建“字幕 06”，在字幕编辑界面输入文字并设置其属性，如图 9-63 所示。

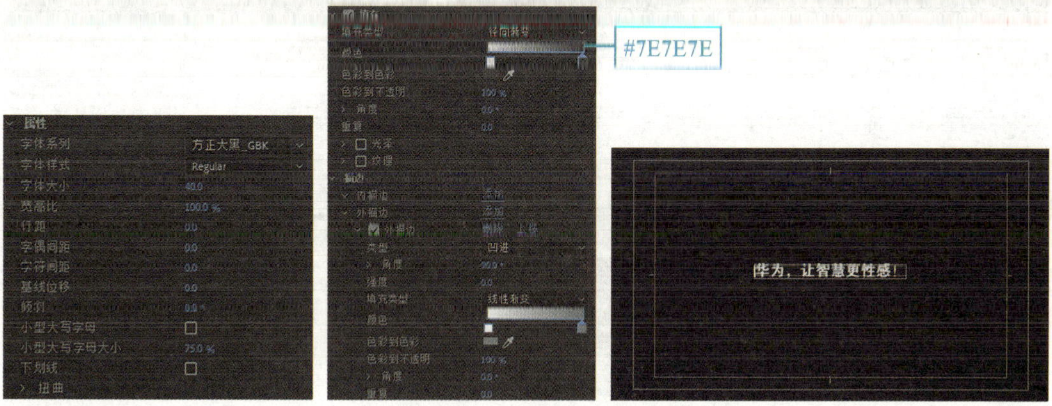

图 9-63　新建字幕 06

步骤 8　将“字幕 06”素材拖至“V2”轨道“字幕 05”后，然后设置其持续时间为“00:00:02:05”。

步骤 9　导入素材文件夹中的“平板标志（反白）.png”文件，并将其拖至“V2”

轨道“字幕 06”后，然后设置其持续时间为“00:00:01:24”，接着在“效果控件”面板中设置“缩放”为 25 后按“Enter”键确认，此时“时间轴”面板效果如图 9-64 所示。

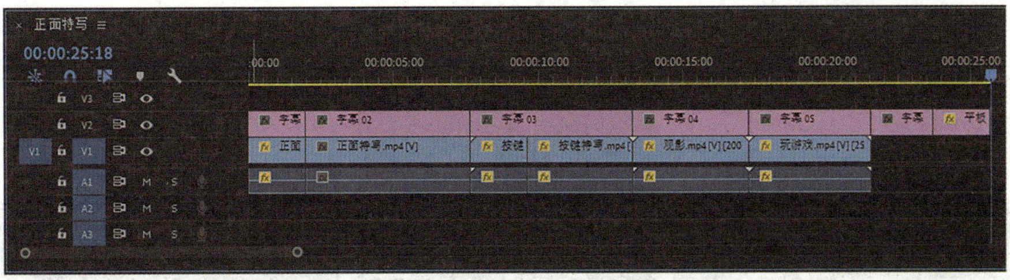

图 9-64　添加字幕后“时间轴”面板效果

步骤 10　选择“效果”面板“视频过渡”→“页面剥落”列表中的“翻页”效果，将其拖至“字幕 01”素材的起始点，为字幕添加转场效果。采用同样方法将“黑场过渡”效果拖至其他字幕衔接处，添加转场效果，如图 9-65 所示。

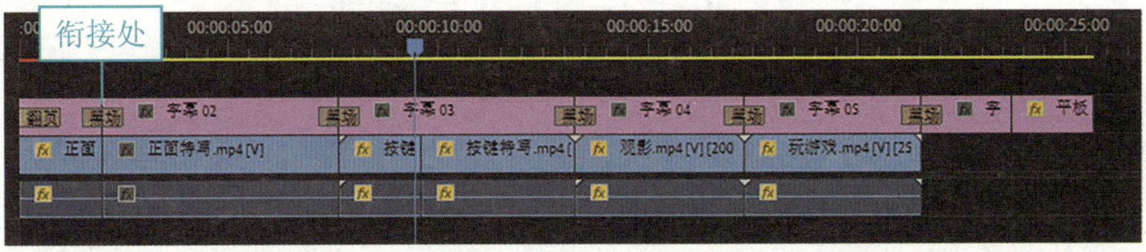

图 9-65　添加转场效果后“时间轴”面板效果

3. 调整画面

步骤 1　切换到“项目”面板，然后选择“文件”→“新建”→“调整图层”菜单项，接着在打开的“调整图层”对话框中单击“确定”按钮，此时面板中新增了一个调整图层。

步骤 2　在“V1”轨道上方添加单个轨道，然后将调整图层拖至新建的“V2”轨道，并调整其时长与“V1”轨道上的所有视频素材的时长相同，如图 9-66 所示。

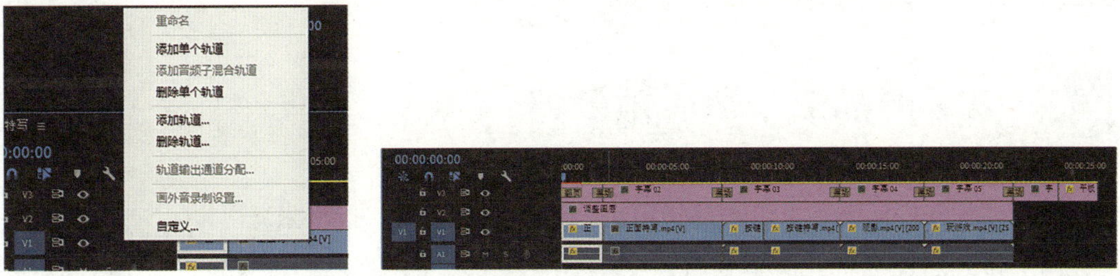

图 9-66　新建轨道并添加调整图层

步骤 3　在“效果”面板“视频效果”→“颜色校正”列表中选择“Lumetri 颜色”效果，并将其拖至调整图层上。

步骤 4 在“效果控件”面板中展开“Lumetri 颜色”效果下的“曲线”列表，在“RGB 曲线”设置区单击两次中间的斜线，以创建两个调节点，并将其向上拖动，使画面更明亮，如图 9-67 所示。

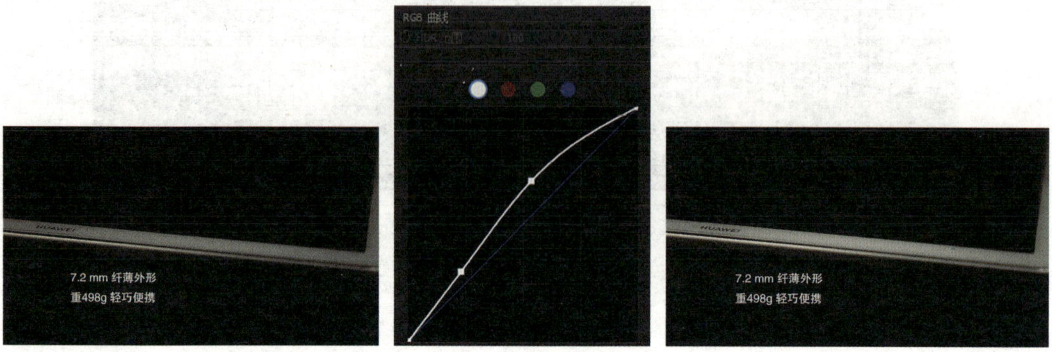

图 9-67 调整 RGB 曲线

4. 添加背景音乐并输出

步骤 1 导入素材“配乐.mp3”并将其拖至“A2”轨道上，然后将其“00:00:02:12”之前的部分剪掉，接着向左拖动剩余片段，使其起始点位于第 0 帧，最后在整个视频的末端处将其剪断，并删除右侧部分，使其整体时长与视频一致。

步骤 2 在“效果”面板“音频过渡”→“交叉淡化”列表中选择“指数淡化”效果，并将其拖至素材“配乐.mp3”的首端和末端，为该背景音乐设置淡入和淡出的效果。

步骤 3 按“Ctrl+M”组合键，在打开的“导出设置”对话框中设置输出格式为“H.264”，输出名称为“平板主图”，然后设置输出路径并单击“导出”按钮，渲染输出短视频。

步骤 4 输出完成后可在指定路径找到制作完成的短视频。至此，平板主图视频制作完成。

9.4 电子产品 PC 端店铺装修

扫一扫

设计并制作好店铺首页、商品详情页、商品短视频后，接下来就可以将它们上传到店铺后台并展示到店铺中。本节以在淘宝网展示店铺首页、商品详情页等为例来介绍店铺装修的方法。

9.4.1 店铺素材管理

淘宝网店铺后台用于管理店铺装修图片的网络空间是图片空间，其用法如下。

步骤 1 打开淘宝网官方网站，然后单击该网站页面右上角的“卖家中心”文字超链接，进入登录页面，接着在该页面中输入店铺账号，进入“千牛卖家工作台”页面，如图 9-68 所示。

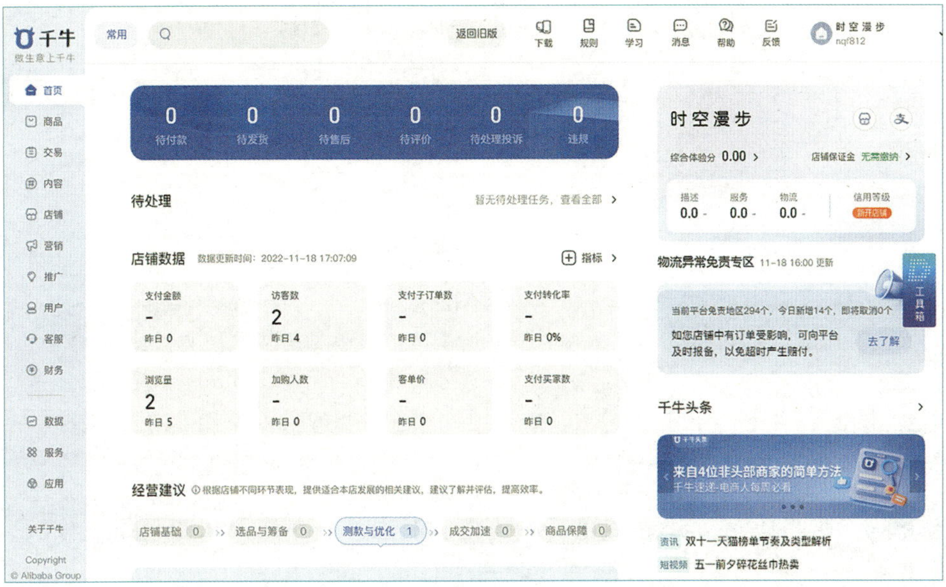

图 9-68 “千牛卖家工作台”页面

步骤 2 单击“千牛卖家工作台”页面左侧列表中的“商品”，然后在其下拉列表中选择“图片空间”文字超链接进入“素材中心”页面，如图 9-69 所示。

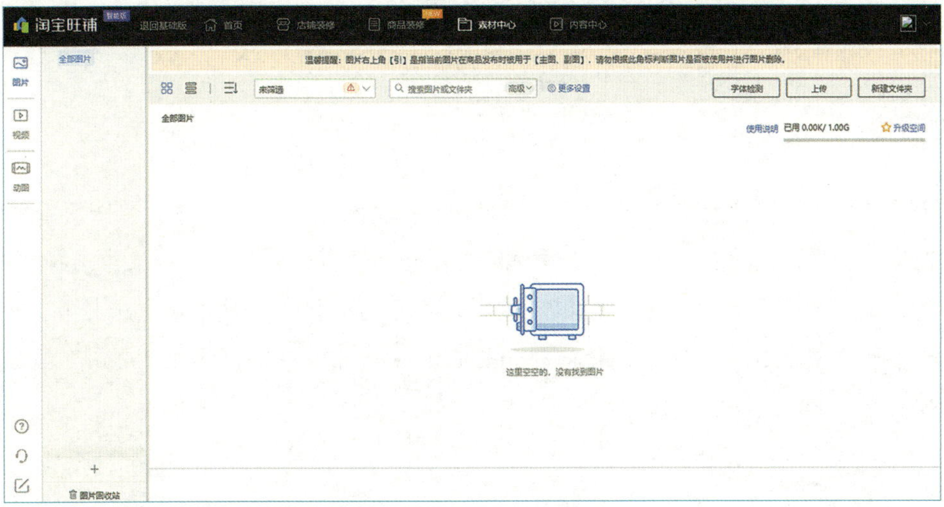

图 9-69 “素材中心”页面

步骤 3 单击“素材中心”页面右上角的“新建文件夹”按钮，在打开的“新建文件夹”对话框“分组名称”编辑框中输入“首页”，单击“确定”按钮新建“首页”文件夹。

双击“首页”文件夹将其打开，单击页面右上角的“上传”按钮，然后在打开的“上传图片”对话框中单击“上传”文字超链接（见图 9-70），接着在打开的“打开”对话框中选择“images”文件中的首页素材（9.1 节的切片），单击“打开”按钮上传图片，最后单击“确定”按钮，首页素材上传完成，如图 9-71 所示。

图 9-70　单击“上传”文字超链接

图 9-71　上传首页素材

步骤 4 采用上述方法新建“商品详情页”文件夹（见图 9-72）并上传 9.2 节的切片。

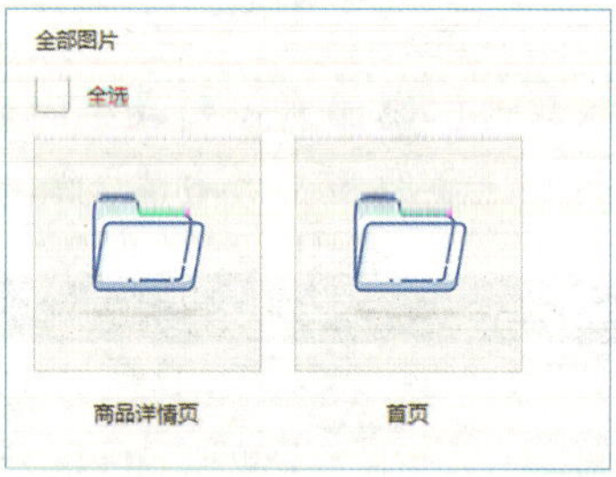

图 9-72　新建“商品详情页”文件夹

步骤 5 单击“素材中心”页面左侧列表中的“视频”按钮，然后单击页面右上角的“上传”按钮，接着在打开的“上传视频”对话框“上传到”下拉列表中选择“PC 电脑端视频库”项后单击“上传”按钮，最后在打开的“打开”对话框中选择 9.3 节制作完成的平板主图视频，并设置视频标题和封面图（见图 9-73）后单击“确认”按钮，上传视频。

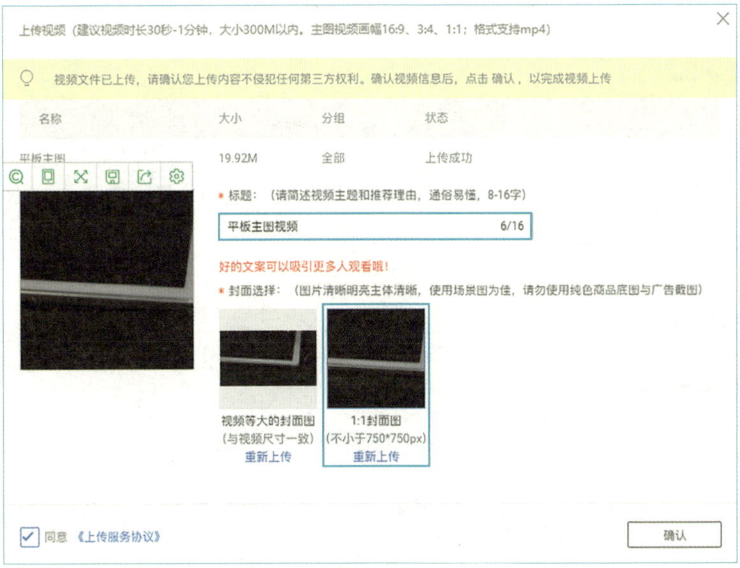

图 9-73　设置视频标题与封面图

步骤 6　至此，店铺部分素材上传完成。

9.4.2　店铺布局管理

根据店铺布局规划示意图对店铺首页进行布局，具体操作步骤如下。

步骤 1　回到“千牛卖家工作台”页面，单击左侧列表中的“店铺”，然后在其下级列表中选择“PC 店铺装修”文字超链接进入“基础页”设置页面，如图 9-74 所示。

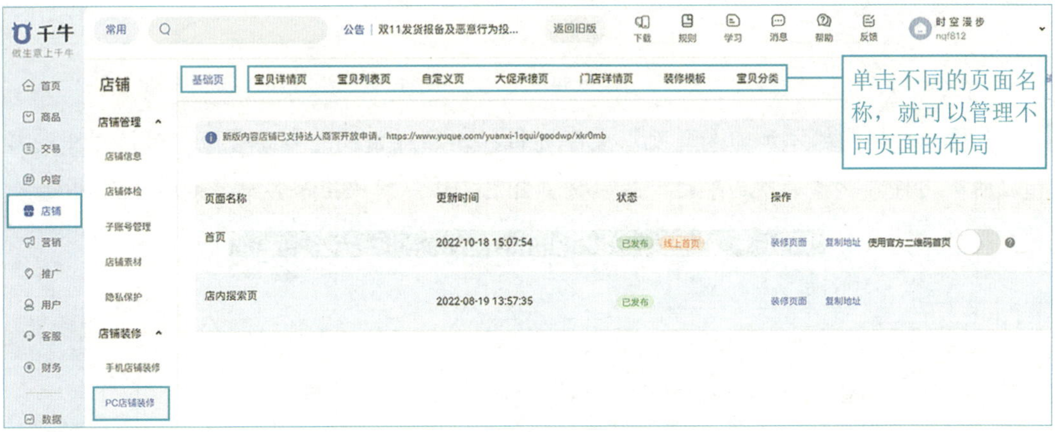

图 9-74　“基础页”页面

步骤 2　单击“基础页”设置页面中“首页”右侧的“装修页面”文字超链接进入首页的“页面编辑”页面，然后单击“布局管理”按钮，进入“布局管理”页面，如图 9-75 所示。

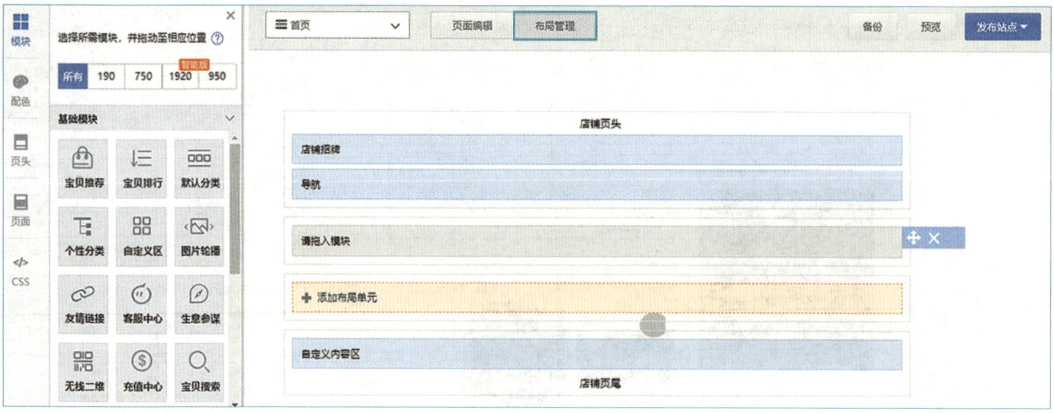

图 9-75　“布局管理”页面

步骤 3　将“基础模块”中的“全屏轮播”模块拖入布局单元中，如图 9-76 所示。

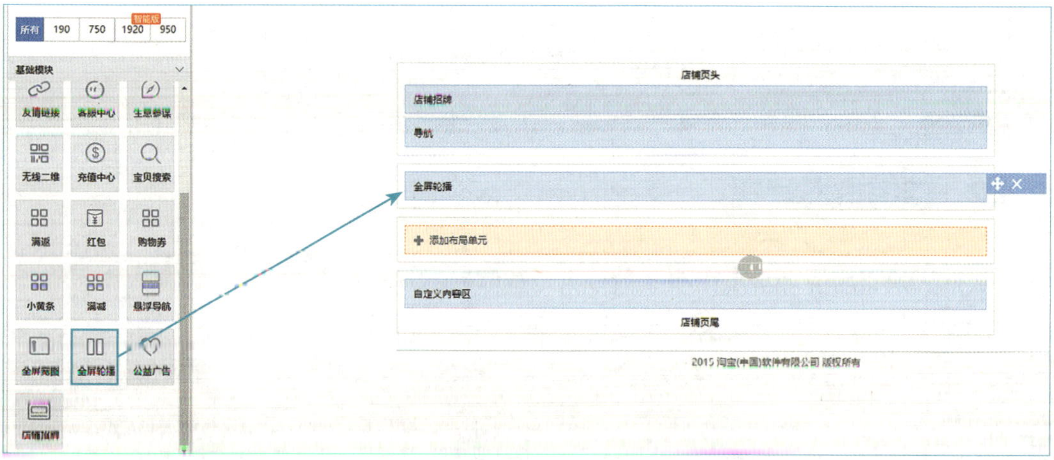

图 9-76　将“全屏轮播”模块拖入布局单元中

步骤 4　单击“添加布局单元”文字超链接，从弹出的“布局管理”对话框中选择相应的布局样式，添加布局单元，然后将“自定义区”模块拖入其中，如图 9-77 所示。

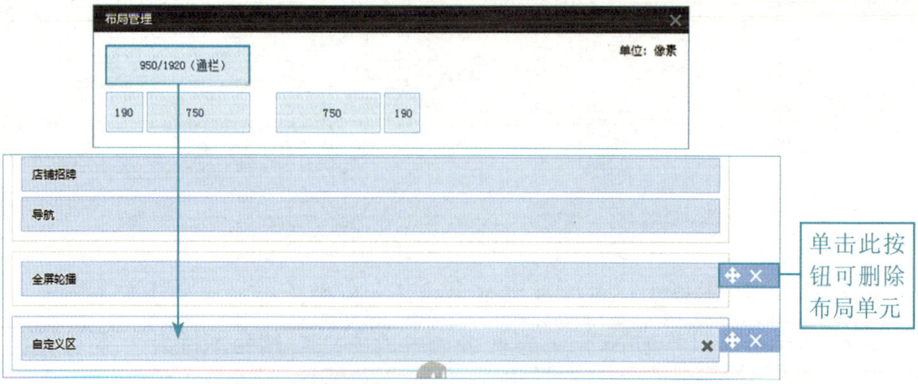

图 9-77　添加布局单元并添加模块

步骤 5 采用上述方法继续添加布局单元并添加模块，效果如图 9-78 所示。

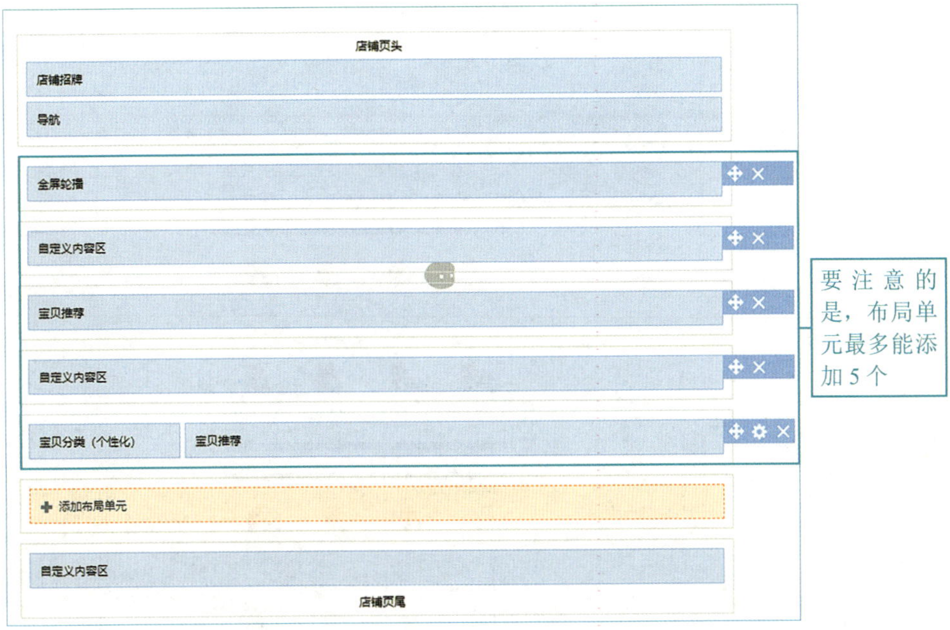

图 9-78　店铺布局效果

步骤 6 将光标移至“布局管理”页面右上角的“发布站点”按钮上，并在其下拉列表中选择“立即发布”项，然后在打开的“发布”对话框中单击“确认发布”按钮（见图 9-79），确定店铺布局。

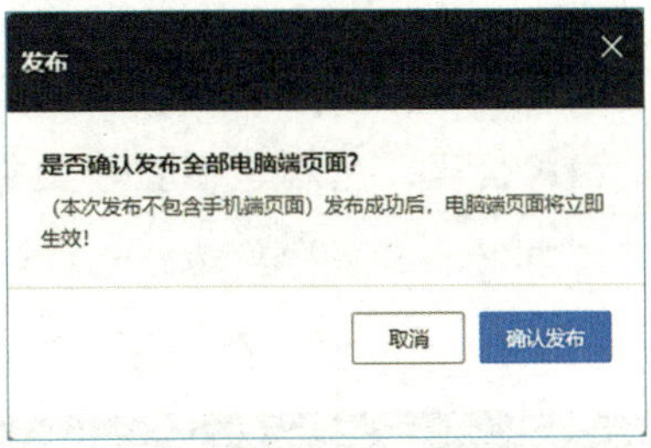

图 9-79　发布店铺布局

9.4.3　装修店铺

在准备好素材图片并构建好店铺布局后，就可以开始装修店铺了。

1. 页头模块展示

步骤 1 单击“布局管理”按钮左侧的“页面编辑”按钮，进入首页“页面编辑”页面，此时页面效果如图 9-80 所示。

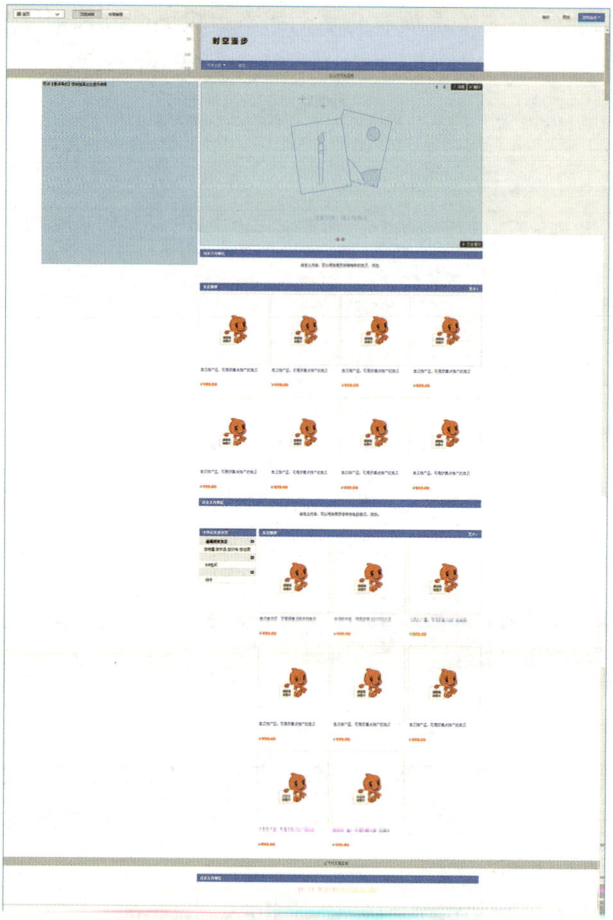

图 9-80 首页"页面编辑"页面

步骤 2 将光标移至店铺招牌位置，然后单击其右上角的"编辑"按钮，并在打开的"店铺招牌"对话框中选中"自定义招牌"单选钮，进入"自定义招牌"设置区，如图 9-81 所示。

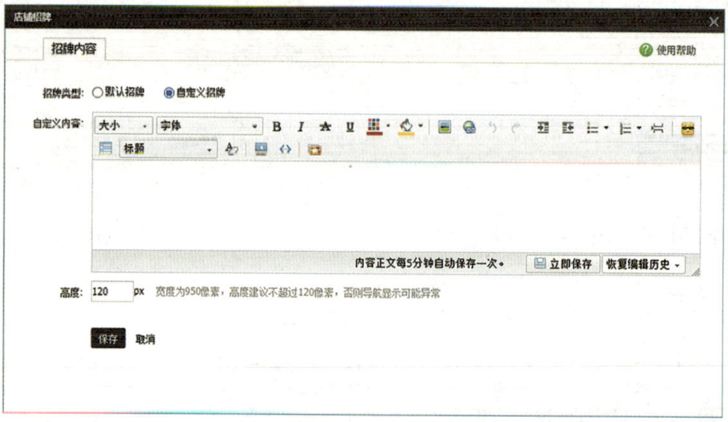

图 9-81 "店铺招牌"对话框"自定义招牌"设置区

步骤 3 单击“店铺招牌”对话框中的“插入图片空间图片”按钮，然后在打开的下拉面板中选择图片空间中的店铺招牌图片，接着依次单击“插入”和“完成”按钮，插入店铺招牌素材（见图 9-82），最后单击“保存”按钮，此时店铺招牌将在首页中展示，如图 9-83 所示。

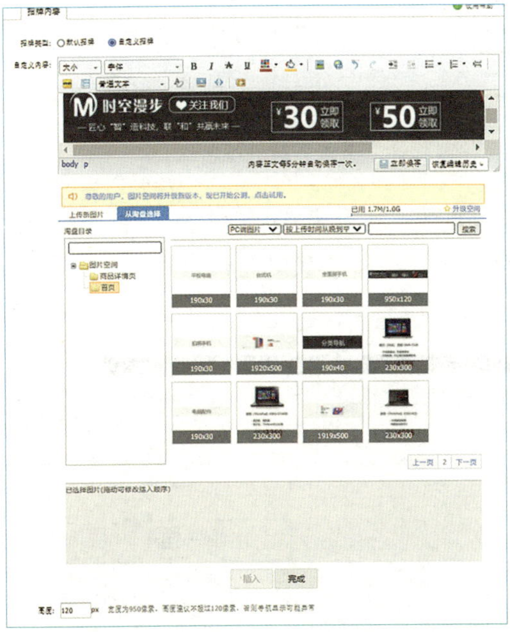

图 9-82　插入店铺招牌素材

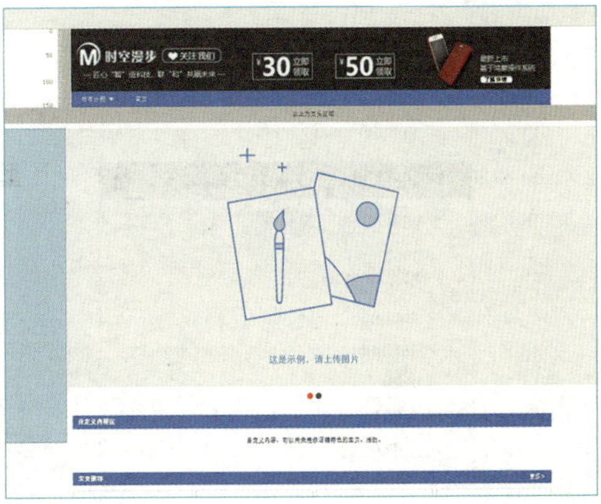

图 9-83　店铺招牌在首页中的展示效果

步骤 4 单击页面左侧列表中的“页头”按钮，然后在打开的设置面板中设置页头背景颜色，如图 9-84 所示。

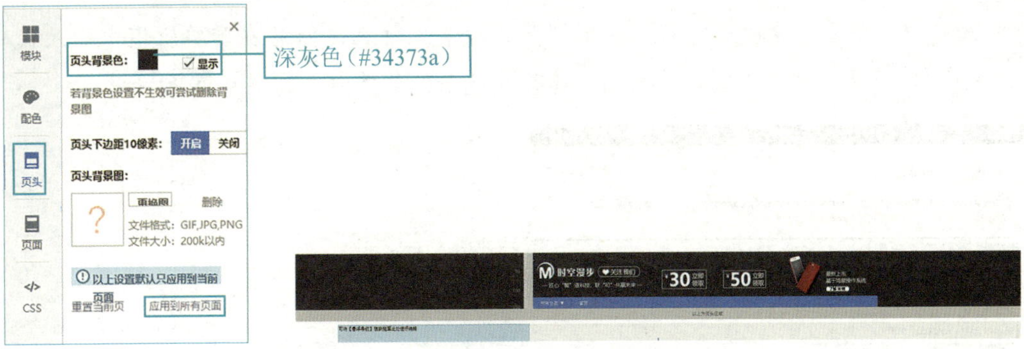

图 9-84　设置页头背景颜色

步骤 5 单击“导航条”右上角的“编辑”按钮，打开“导航”对话框，然后单击其中的“添加”按钮，打开“添加导航内容”对话框（见图 9-85），单击其中的“管理分类”文字超链接，打开“分类管理”页面，单击页面左上角的“添加手工分类”按钮，并在激活的条目编辑框中设置导航分类名称，如图 9-86 所示。

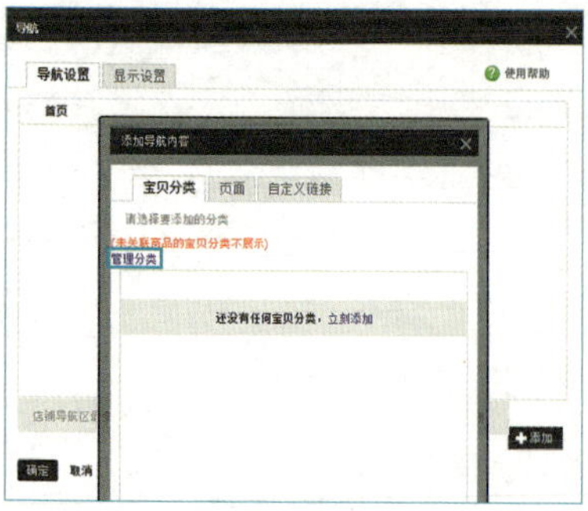

图 9-85 “添加导航内容”对话框

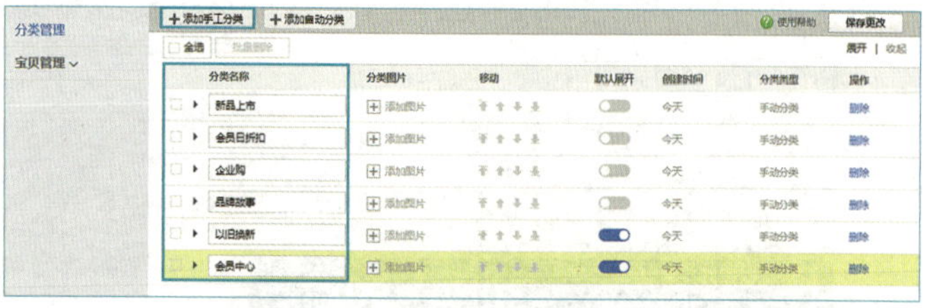

图 9-86 设置导航分类名称

步骤 6 设置导航分类名称后单击页面右上角的“保存更改”按钮，回到“添加导航内容”对话框。勾选导航分类名称左侧的复选框，单击“确定”按钮返回到“导航”对话框，最后调整导航分类的排列顺序，如图 9-87 所示。

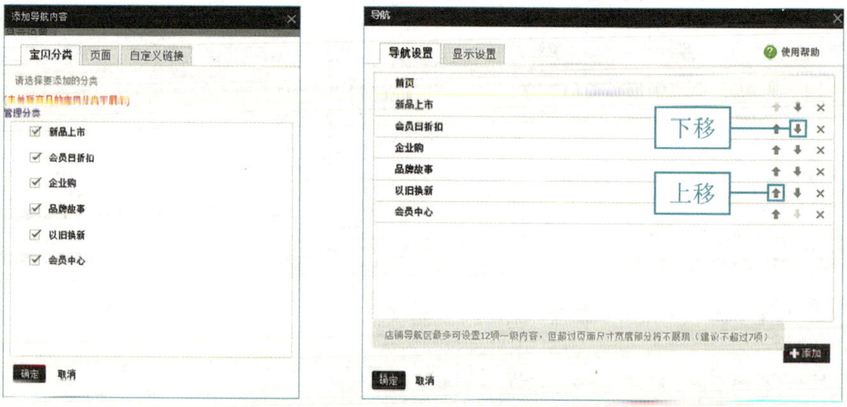

图 9-87 添加导航内容并调整其顺序

步骤 7 单击“导航”对话框中的“显示设置”按钮，然后在其编辑框中输入代码（见图 9-88），最后单击“确定”按钮，将导航展示到首页中，如图 9-89 所示。

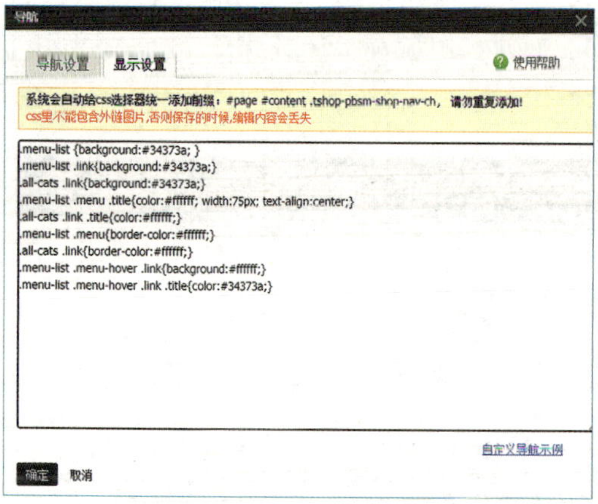

图 9-88 输入代码

图 9-89 导航内容在首页中的展示效果

知识库

(1) 设置整个导航条背景颜色。

.menu-list {background:#34373a;}

(2) 设置导航分类背景色（除“所有分类”外）。

.menu-list .link{background:#34373a;}

(3) 设置导航分类“所有分类”的背景色。

.all-cats .link{background:#34373a;}

(4) 设置导航分类文字样式（除“所有分类”外）。

.menu-list .menu .title{color:#ffffff; width:75px; text-align:center;}

(5) 设置导航分类“所有分类”的文字颜色。

.all-cats .link .title{color:#ffffff;}

(6) 设置导航分类（除“所有分类”外）分隔线颜色。

.menu-list .menu{border-color:#ffffff;}

(7) 设置导航分类“所有分类”的分隔线颜色。

.all-cats .link{border-color:#ffffff;}

(8) 设置鼠标滑过导航分类时其背景变换色。

.menu-list .menu-hover .link{background:#ffffff;}

(9) 设置鼠标滑过导航分类时其文字变换色。

.menu-list .menu-hover .link .title{color:#34373a;}

2. 全屏轮播模块与自定义模块展示

步骤 1 在“页面编辑”页面中单击“全屏轮播”右上角的“编辑”按钮，然后在打开的“全屏轮播”对话框中单击按钮，从弹出的下拉面板中选择图片空间中的店铺海报图片（要注意的是，该模块至少要添加两幅全屏海报），最后单击“保存”按钮将店铺海报展示到店铺中，如图 9-90 所示。

步骤 2 单击“自定义区域”右上角的“编辑”按钮，在打开的“自定义内容区”对话框中选中左上角的“不显示”单选钮（见图 9-91），然后选择图片空间中的新品上市标题图片，接着单击“确定”按钮，将新品上市标题展示到首页中。

图 9-90　将店铺海报展示到店铺中

图 9-91　将新品上市标题展示到首页中

3. 宝贝推荐模块展示

步骤 1　要想在“宝贝推荐”模块中展示商品，需要先发布宝贝。首先回到“千牛卖家工作台”页面，然后单击该页面左侧列表中的“商品”，接着在其下拉列表中选择“发布宝贝”文字超链接，进入“淘宝网商品发布”页面，如图 9-92 所示。

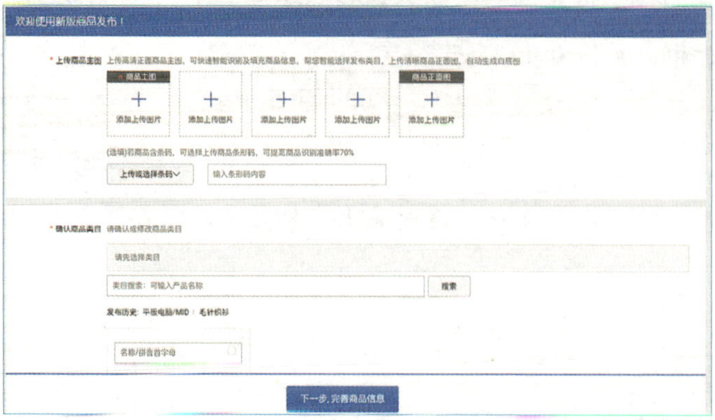

图 9-92　“淘宝网商品发布”页面

步骤2 在“上传商品主图”设置区单击“商品主图”中的十图标，然后在打开的下拉面板中选择图片空间中的商品主图图片，如图9-93所示。

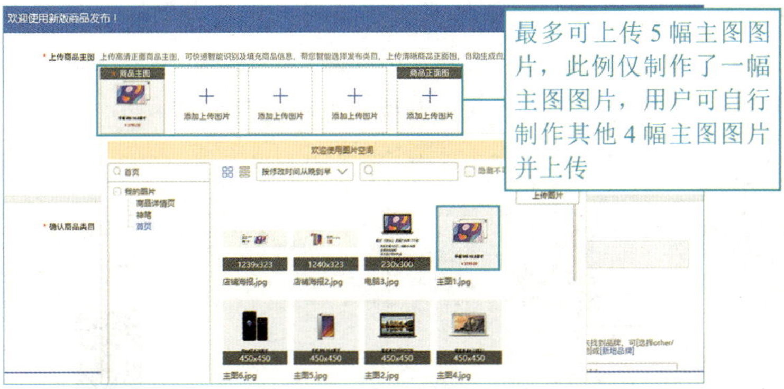

图9-93 上传商品主图

步骤3 在“确认商品类目”设置区设置商品发布类目（见图9-94），然后单击“下一步，完善商品信息”按钮，进入“完善商品信息”设置页面。

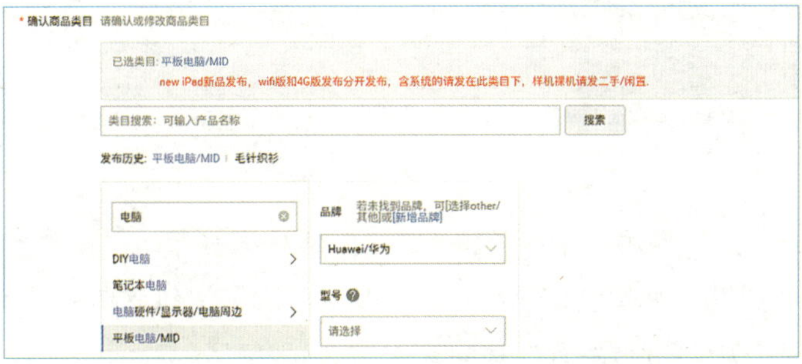

图9-94 确认商品类目

步骤4 在商品“基础信息”设置区如实填写商品基本信息，如图9-95所示。要注意的是，加“*”编辑框为必填框，只有正确填写后，商品才能成功发布。

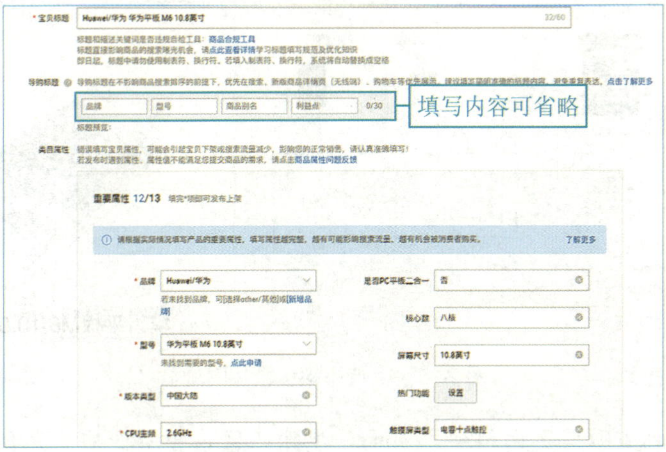

图9-95 填写商品基本信息

步骤 5 采用上述方法在商品“销售信息”“支付信息”“物流信息”设置区如实填写商品相关信息。

步骤 6 在“图文描述”设置区单击“主图多视频”中的图标，页面右侧会弹出“选择视频”设置面板，单击其中的“主图视频”图标，从打开的对话框中选择平板主图视频（见图 9-96），最后单击“确认”按钮上传主图视频。

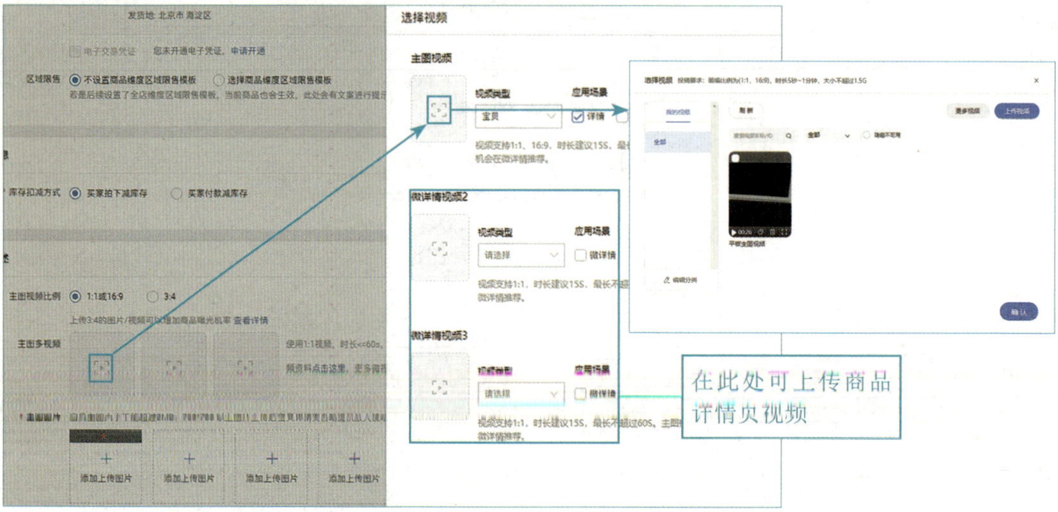

图 9-96 上传主图视频

步骤 7 单击“详情描述”中的图片图标，然后从打开的“图片空间”对话框中选择平板详情页相关图片（见图 9-97），接着单击“确认”按钮返回到“淘宝网商品发布”页面，最后单击页面底部的“发布”按钮发布商品。

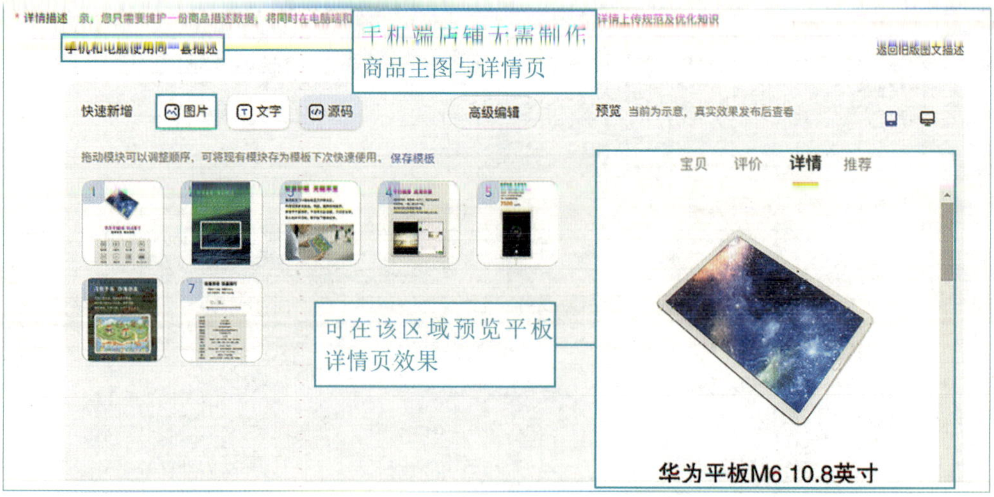

图 9-97 上传平板详情页图片

步骤 8 回到首页“页面编辑”页面，单击“宝贝推荐”右上角的“编辑”按钮，然后从打开的“宝贝推荐”对话框中设置商品展示属性（见图 9-98），最后单击“保存”按钮将商品展示到首页中。

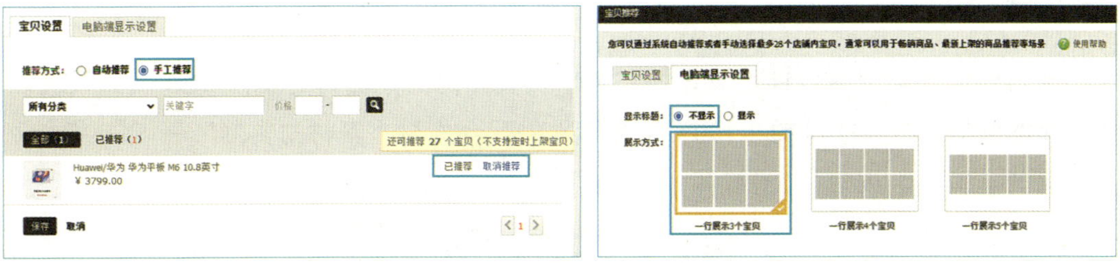

图 9-98　设置商品展示属性

步骤 9　采用上述方法，将优惠券、分类导航和页尾等展示到店铺首页中，最后将光标移至页面右上角的“发布站点”按钮上，并在其下拉列表中选择“立即发布”项，发布店铺，店铺首页效果如图 9-99 所示。采用上述方法发布其他商品。

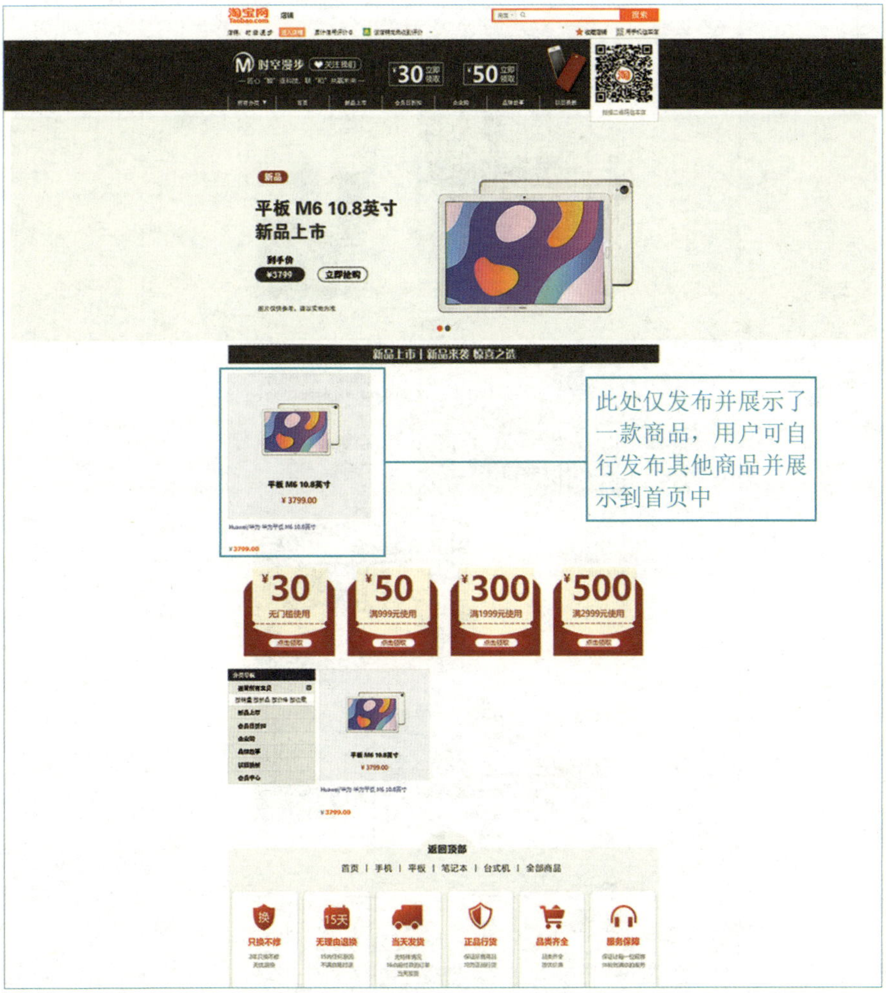

图 9-99　电子产品 PC 端店铺首页装修后的效果

本章实训——装修家居用品 PC 端店铺

本实训以家居用品店铺首页设计、制作与装修为例，练习与巩固 PC 端店铺装修的方法。案例最终效果（见图 9-100）可参考本书配套素材“素材与实例”→“Ch9”文件夹中的“家居用品 PC 端店铺首页 .psd”文件。

图 9-100　家居用品 PC 端店铺首页效果图

1. 店铺装修规划

（1）**店铺布局规划**。页头安排店铺标志、名称、导航和搜索栏，帮助消费者识别品牌，并能够快速找到所需商品；页中从上到下依次安排主推单品海报、热销商品展示区，这样安排是想渲染店铺销售火爆，以吸引消费者目光；页尾添加二维码、底部导航、店铺公告，这样可以起到引导消费者关注店铺，方便消费者选购商品等作用。

（2）**店铺配色方案确定**。背景图案采用店铺标志中的黄色，一些文案采用店铺标志中的蓝色，能加深消费者对品牌的印象。不仅如此，黄色和蓝色可以形成一定的对比，为画面增添视觉冲击力。

（3）**店铺风格定位**。该店铺出售的商品是高端家具，因此店铺风格确定为简单、大气的简约风。

2. 店铺装修

（1）根据布局规划制作店铺首页，并根据首页风格和商品的属性制作商品详情页、商品短视频等，然后将店铺首页、商品详情页进行切片。

（2）将制作完成的素材上传到店铺后台，然后根据效果图对店铺进行布局，最后将制作的店铺首页、商品详情页、商品短视频展示到店铺中。

第10章 手机端电子产品店铺装修

章｜前｜导｜读

移动互联网背景下，伴随着智能手机的普及，移动端用户已远超 PC 端用户，移动端访问量也已超出 PC 端访问量，成为最大的互联网流量领域，由此可见手机端店铺的重要性。本章将介绍手机端店铺的装修技巧与方法。

知｜识｜目｜标

- 掌握手机端店铺的装修方法。

技｜能｜目｜标

- 能够完成手机端店铺的装修工作。

素｜质｜目｜标

- 增强紧跟时代发展的意识。
- 了解我国移动电子商务的发展现状。

10.1 电子产品手机端店铺首页设计与制作

扫一扫

本节将以电子产品手机端店铺首页的设计与制作为例，学习手机端店铺首页的设计技巧与制作方法。案例最终效果（见图 10-1）可参考本书配套素材“素材与实例”→“Ch10”文件夹中的“电子产品手机端店铺首页 .psd”文件。

图 10-1　电子产品手机端店铺首页效果

10.1.1 店铺装修规划

手机淘宝客户端经过几年的更新换代，后台操作越来越简单明了，也越来越便于中小商家和新手商家的应用。下面在电子产品 PC 端店铺装修的基础上对手机端店铺布局进行规划。

店铺首页中自上而下安排了页头、店铺海报、新品上市展示区、商品排行榜展示区和页尾等。其中，页头与页尾会因电商平台的不同而显示不同。考虑到手机端店铺是 PC 端店铺的延伸与补充，所以在手机端店铺首页中安排了与 PC 端店铺首页相同的店铺海报。此外，为避免首页布局比较死板，新品上市展示区和商品排行榜展示区采用长短、宽窄不同的矩形来展示，如图 10-2 所示。

图 10-2　店铺布局规划示意图

另外，手机端店铺采用与 PC 端店铺首页相同的主色（深灰色）与辅助色（红色），以及排版简约、没有过于复杂装饰和设计的简约风格。

10.1.2 制作店铺首页效果图

步骤 1　新建一个名为“电子产品手机端店铺首页”，宽度为 1 200 像素，高度自定，分辨率为 72 像素 / 英寸，颜色模式为 RGB 颜色的文档。

提 示

不同平台对手机端店铺首页尺寸的要求有所不同，建议淘宝手机端店铺首页宽度为 1 200 像素，高度自定，图片格式为 JPG、PNG 等。

步骤 2 将背景图层填充为浅灰色（#fafafa），然后置入本书配套素材“素材与实例”→“Ch10”文件夹中的“页头.jpg”文件，将其移至图像编辑区顶部中间位置，如图 10-3 所示。

图 10-3 置入素材并移至合适位置

步骤 3 绘制一个宽度为 1 200 像素，高度为 200 像素的深灰色（#34373a）矩形，然后置入素材文件中的店铺标志，接着添加文本并设置文本属性，最后打开本书配套素材“素材与实例”→“Ch9”→“电子产品 PC 端店铺首页”文件夹中的“电子产品 PC 端店铺首页.psd”文件，将其中的“关注我们”图标移至新文档合适位置后等比例缩小，此时店铺招牌绘制完成，如图 10-4 所示。

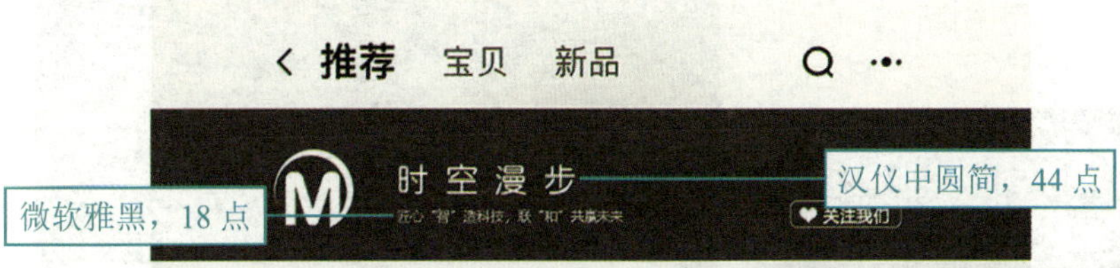

图 10-4 绘制页头中的店铺招牌

步骤 4 保持“电子产品 PC 端店铺首页.psd”文档处于打开状态，将其中的“店铺海报 1”移至新文档中合适位置，效果如图 10-5 所示。

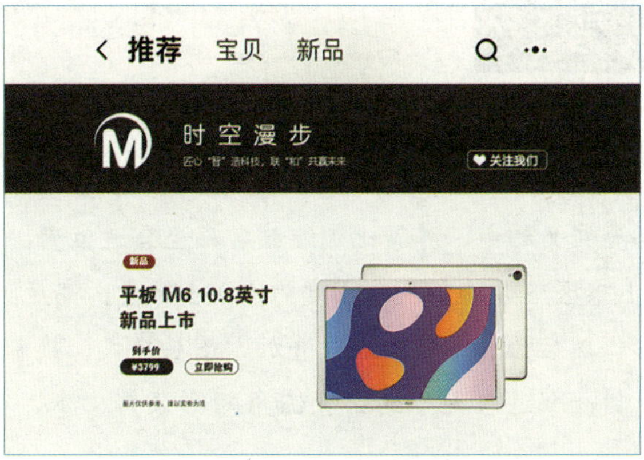

图 10-5 添加店铺海报

步骤 5 绘制一个宽度为 1 160 像素，高度为 600 像素，圆角半径为 20 像素的圆角矩形，然后将素材文件夹中的“星空素材 .jpg”文件剪切到其中，接着在其中添加文本并设置文本属性，最后在“查看全部”文本下方绘制一个白色圆角矩形作为装饰，新品上市区上方展示图绘制完成，如图 10-6 所示。

图 10-6 绘制新品上市区上方展示图

步骤 6 在展示图下方绘制一个宽度为 500 像素，高度为 538 像素，圆角半径为 20 像素的白色圆角矩形，然后为其添加“投影”图层样式，接着复制一个圆角矩形并移至合适位置，最后将“电子产品 PC 端店铺首页 .psd”文档中的“主图”“主图 2”分别移至两个白色圆角矩形上，如图 10-7 所示。

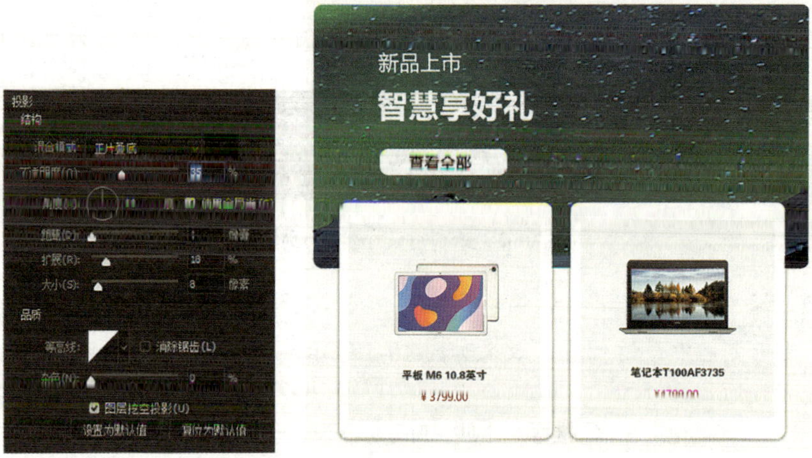

图 10-7 绘制新品上市区的商品主图

步骤 7 采用上述方法将“电子产品 PC 端店铺首页 .psd”文档中的“主图 3”“主图 4”和“主图 5”移至新文档中，并等比例缩放后移至合适位置，如图 10-8 所示。

步骤 8 在新品上市区下方绘制一个宽度为 1 035 像素，高度为 80 像素，圆角半径为 20 像素的圆角矩形，然后为其添加“渐变叠加”图层样式，接着在其中添加文本并设置文本属性，最后绘制一个适当大小的白色圆角矩形装饰文本，得到店铺优惠券，如图 10-9 所示。

图 10-8　添加商品主图

图 10-9　制作店铺优惠券

步骤 9　在店铺优惠券下方绘制 3 个宽度为 310 像素，高度为 80 像素，圆角半径为 20 像素的白色圆角矩形，然后在圆角矩形上添加文本并设置文本属性，制作商品排行榜展示区标签，如图 10-10 所示。

图 10-10　制作商品排行榜展示区标签

步骤 10　在标签下方添加宽度为 1 020 像素，高度为 300 像素，圆角半径为 20 像素的白色圆角矩形，然后复制“主图”图层组中的平板素材并将其移至白色圆角矩形上，接着在平板素材右侧添加文本并设置文本属性，此时商品排行榜展示区中的商品展示图制作完成，如图 10-11 所示。

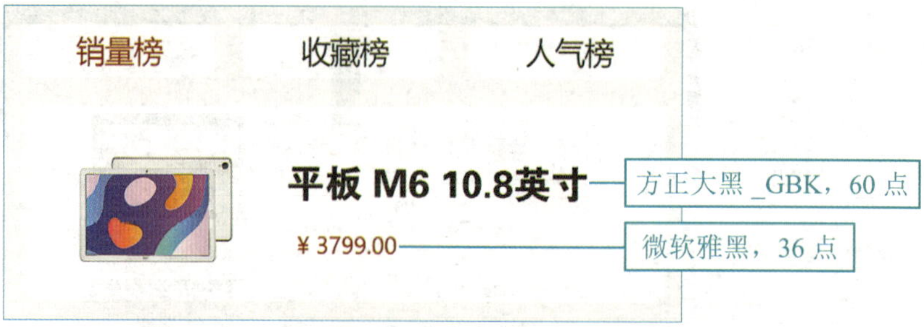

图 10-11　制作商品排行榜展示区中的商品展示图

步骤 11　采用上述方法制作商品排行榜展示区中的其他商品展示图。最后在图像编辑区底部置入素材文件夹中的“页尾 .jpg”文件，效果如图 10-12 所示。

图 10-12　绘制店铺首页剩余部分

10.2 电子产品手机端店铺装修

扫一扫

在制作好店铺首页效果图后，就可以根据效果图装修店铺了。本节主要讲解手机端店铺装修的方法。

10.2.1 店铺布局管理

步骤 1　进入“千牛卖家工作台”页面，单击左侧列表中的“店铺”，然后在其下拉列表中选择“手机店铺装修”文字超链接，进入“推荐（首页）”设置页面，单击“默认首页”右侧的“装修页面”文字超链接，进入首页的“页面装修”页面，如图 10-13 所示。

图 10-13　“页面装修”页面

步骤 2　将页面左侧“图文类”列表中的“轮播图海报”模块拖入首页页面中，如图 10-14 所示。

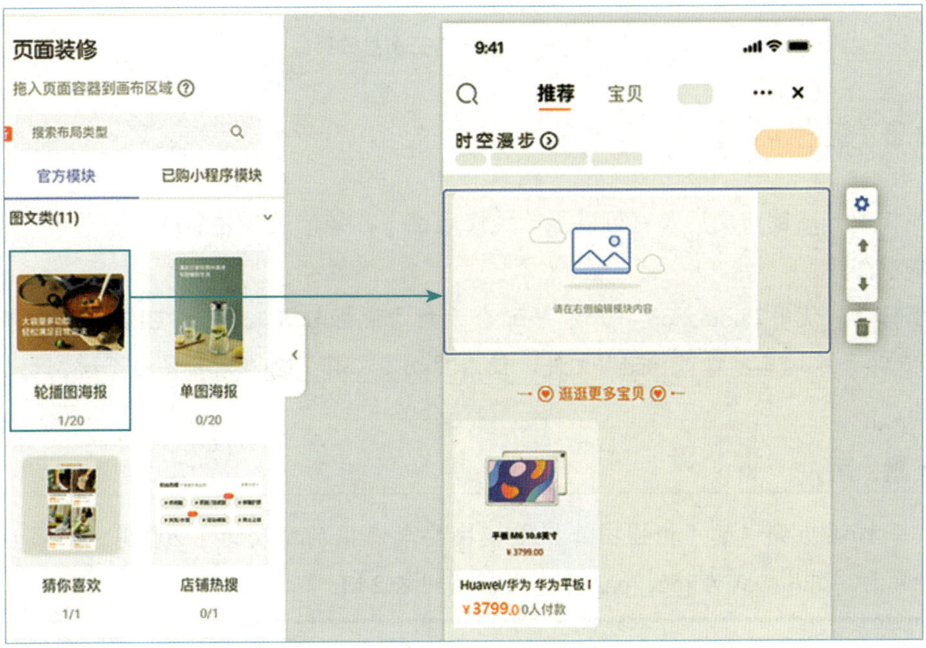

图 10-14　将“轮播图海报”模块拖入首页页面中

步骤 3　采用上述方法将“宝贝类”列表中的“系列主题宝贝”和“排行榜”模块依次拖至“轮播图海报”模块下方，然后将“营销互动类”列表中的“店铺优惠券”模块拖至“系列主题宝贝”模块下方，效果如图 10-15 所示。

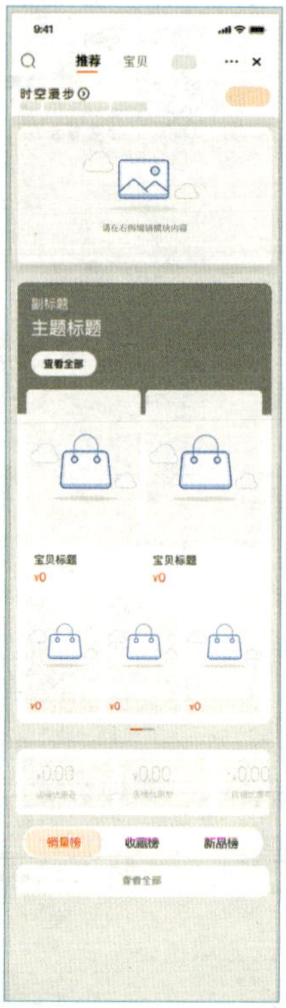

图 10-15　店铺首页布局效果

10.2.2　装修店铺

在构建好店铺布局后，就可以开始装修店铺了。装修店铺之前最好能准备好需要用到的素材图片。

步骤 1　使用 Photoshop 打开本书配套素材“素材与实例”→“Ch10”文件夹中的“电子产品手机端店铺首页 .psd”文件，使用“切刀工具”在店铺海报上绘制切片区域并导出。

> **提　示**
>
> 手机端店铺中的“轮播图海报”模块要求海报的宽度为 1 200 像素，高度为 600 像素，图片格式为 jpg、png 等，大小不超过 2 M。

步骤 2　回到首页“页面装修”页面，单击“轮播图海报”模块打开其右侧设置区，然后在“模块名称”编辑框中输入“店铺海报”，接着单击“上传图片”中的＋后再单击“上传图片”按钮打开“图片空间”对话框，可以看到其中已有素材（PC 端装修的素材图片）的尺寸均不符合要求，如图 10-16 所示。

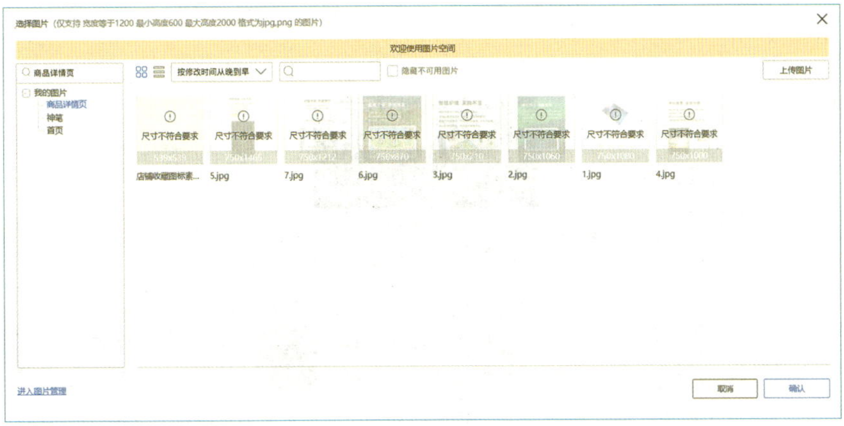

图 10-16　图片空间的素材

步骤 3　单击“图片空间”对话框右上角的“上传图片”按钮，上传步骤 1 中导出的店铺海报图片，接着单击图片下方的链接按钮🔗，打开“添加链接”对话框，勾选其中“宝贝链接”下已发布的商品（见图 10-17），单击“确定”按钮返回到“轮播图海报”设置区并单击“保存”按钮，将店铺海报展示到店铺中，如图 10-18 所示。

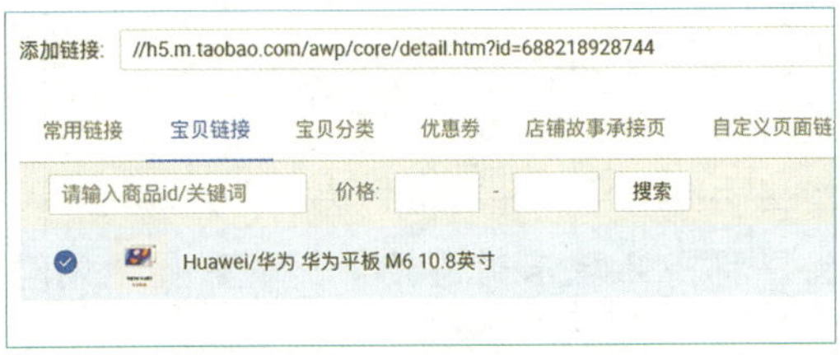

图 10-17　将海报链接到商品

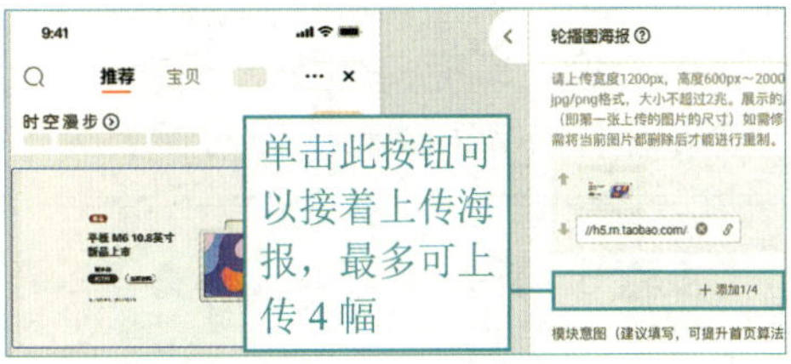

图 10-18　将店铺海报展示到店铺中

步骤 4　单击“系列主题宝贝”模块打开其右侧设置区，在其中设置模块名称、主标题与副标题，如图 10-19 所示。

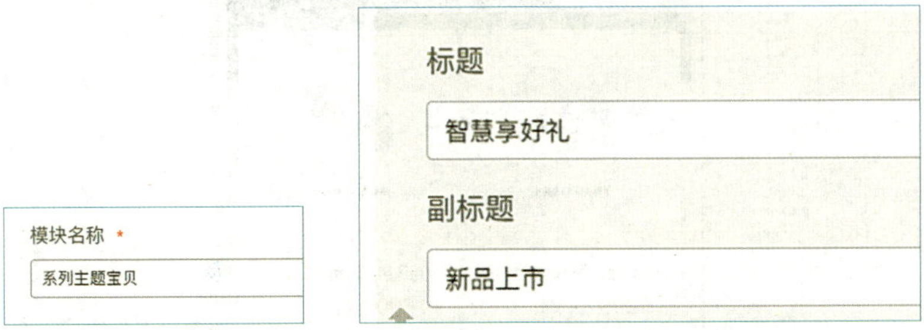

图 10-19　设置模块名称、主标题与副标题

步骤 5　打开本书配套素材“素材与实例”→“Ch10”文件夹中的“星空素材.jpg”文件，根据上传图片的要求处理图片并上传，选中“千人千面”单选钮，并添加已发布的商品，如图 10-20 所示。

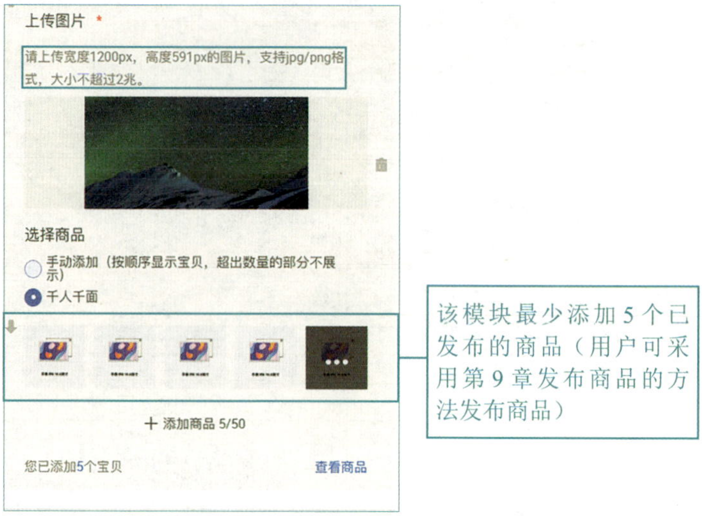

图 10-20　上传图片并添加商品

知识库

千人千面能依靠淘宝大数据及云计算，帮助商家锁定真正的潜在消费者，实现精准营销。例如，它能从细分类目中抓取那些特征与消费者兴趣点匹配的商品，展现在目标消费人群浏览的网页上。

步骤 6　添加完商品后单击“保存”按钮，将商品展示到店铺中，效果如图 10-21 所示。

图 10-21　将商品展示到店铺中

步骤 7 单击“店铺优惠券”模块，在其右侧设置区设置模块名称与优惠券样式（见图 10-22），然后设置优惠券的数量为 1，接着单击“创建优惠券”并在打开的页面中单击“创建店铺券”文字超链接（见图 10-23），打开“创建店铺优惠券”页面。

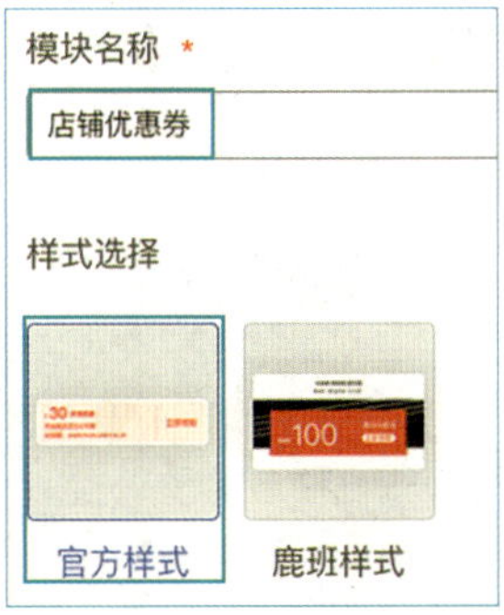

图 10-22　设置优惠券模块名称与样式

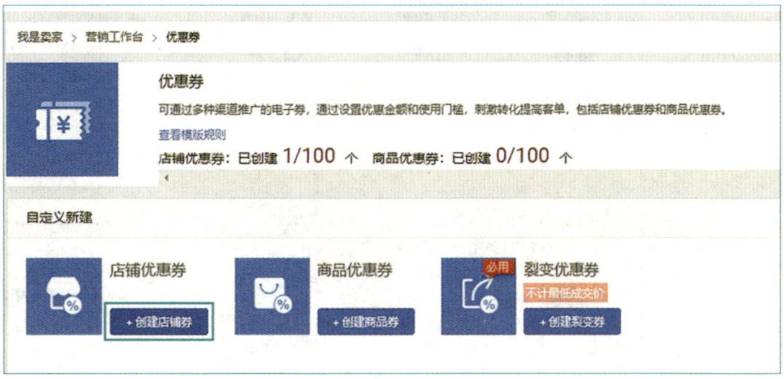

图 10-23　单击“创建店铺券”文字超链接

步骤 8 在“创建店铺优惠券”页面中设置优惠券基本信息与面额信息（见图 10-24），最后单击“资损风险校验”按钮，创建店铺优惠券。

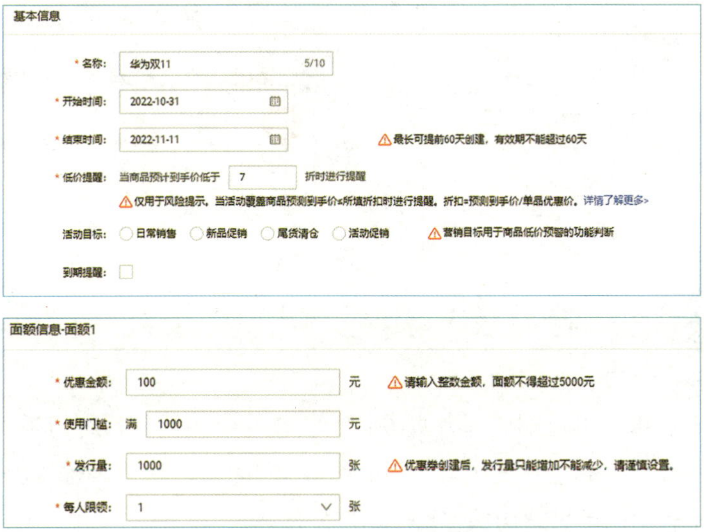

图 10-24　设置优惠券基本信息与面额信息

步骤 9 单击设置优惠券数量下方的 ，从弹出的页面中勾选已创建的优惠券，单击“确定”按钮将优惠券展示到店铺中，如图 10-25 所示。

图 10-25　将优惠券展示到店铺中

步骤 10 “排行榜”模块中的商品由系统根据算法自动展现，无须编辑。至此，手机端店铺装修完成，最后将光标移至页面右上角的“发布站点”按钮上，并在其下拉列表中选择“立即发布”项，发布店铺，店铺首页效果如图 10-26 所示。

图 10-26　电子产品店铺装修后的效果

本章实训　装修家居用品手机端店铺

本实训以家居用品手机端店铺首页设计、制作与装修为例，练习手机端店铺装修方法与技巧。案例最终效果（见图 10-27）可参考本书配套素材“素材与实例”→“Ch10”文件夹中的“家居用品手机端店铺首页 .psd”文件。

提示：

（1）对店铺首页布局进行规划。

（2）处理 PC 店铺首页中的图片素材。

（3）店铺整体装修。

图 10-27 家居用品手机端店铺首页效果图

参考文献

［1］邱春红．图形图像处理项目式教程：网店美工方向［M］．镇江：江苏大学出版社，2021．

［2］蔡雪梅，夏收，马梦远．网店美工实战教程：全彩微课版［M］．第2版．北京：人民邮电出版社，2021．

［3］赵爱香，余云晖，陈婕．网店美工案例教程：全彩微课版［M］．北京：人民邮电出版社，2020．

［4］创锐设计．网店美工实战手册：网店装修 • 平面广告设计 • 视频广告制作一本通［M］．北京：机械工业出版社，2018．

［5］翁国秀，阳三元．淘宝美工从入门到精通 配色设计、图片后期、店铺装修、广告海报一本就够［M］．北京：人民邮电出版社，2016．